# 宗教研究

RELIGION STUDIES

总第17期

主办：教育部人文社会科学重点研究基地
中国人民大学佛教与宗教学理论研究所

宗教文化出版社

图书在版编目（CIP）数据

宗教研究 . 总第 17 期 / 张风雷主编 . -- 北京：宗教文化出版社，2024.9
ISBN 978-7-5188-1604-0

Ⅰ. B9-53

中国国家版本馆 CIP 数据核字第 2024G88605 号

### 宗教研究（总第 17 期）
创办人：方立天
主　编：张风雷
执行主编：惟　善　曹南来

出版发行：宗教文化出版社
地　　址：北京市西城区后海北沿 44 号（100009）
电　　话：64095215（发行部）　13691373138（编辑部）
责任编辑：孟金霞（158504349@qq.com）
版式设计：武俊东
印　　刷：河北信瑞彩印刷有限公司

版权专有　侵权必究

版本记录：787 毫米 ×1092 毫米　16 开　16 印张　300 千字
　　　　　2024 年 9 月第 1 版　2024 年 9 月第 1 次印刷
书　　号：ISBN 978-7-5188-1604-0
定　　价：90.00 元

主办：教育部人文社会科学重点研究基地
　　　中国人民大学佛教与宗教学理论研究所

创 办 人：方立天
主　　编：张风雷
执行主编：惟　善　曹南来
编辑委员：（按姓氏笔画排序）
　　　　　王宇洁　王俊淇　孙　帅　孙　毅　孙晓雯　李秋零
　　　　　杨慧林　何光沪　何建明　张风雷　张文良　张雪松
　　　　　钟智锋　宣　方　姜守诚　梅　瑛　曹南来　惟　善
　　　　　程乐松　温金玉　魏德东
工作人员：王　丹　史　瑛

# 目 录

## ◎佛教研究专题

韩国海印寺刻本《详集记》与辽代的南山律学 ············ 国　威 3

《提谓波利经》与南朝社会
　　——以隐士刘虬为中心 ············ 侯广信 21

智俨研究的新进展 ············ 平燕红 29

空印镇澄对《物不迁论》的因果关系批判刍议 ············ 杨本华 39

援《易》释佛：中土佛教的十方世界 ············ 徐国富 49

助道：论《文选》文体总数与佛教三十七道品之关系 ············ 王　楚 66

清代地方社会中的僧人涉讼透视
　　——以《巴县档案》为中心 ············ 吴　冬 84

## ◎道教研究专题

玉封圣母信仰的发展与潮普揭同安善堂的建立 ············ 欧俊勇 103

涌现理论与神仙信仰的形成、演变和发展
　　——基于先秦两汉时期的神仙信仰研究 ············ 胡亚楠 118

形神俱妙与阳神解脱
　　——从形神问题看唐宋之际钟、吕内丹道教的思想突破 ············ 邓盛涛 137

## ◎宗教学理论与其他宗教研究专题

对我国宗教学发展若干理论问题的探索 ················· 张雪松 155

海外华人宗教社群文化认同与民俗实践
　　——以温哥华天金堂为例 ······················· 杨子路 162

净化"玛杜"
　　——凉山彝族"尼木措毕"仪式中的祛污除秽 ········· 丁木乃 173

民国时期民众祈神禳灾心态探赜
　　——基于民国时期两广地区的分析 ················· 李华文 185

民间信仰空间分布的历史形成及其发展
　　——以珠三角佛山市为例 ······················· 杨思敏 200

俳谐文学的周边
　　——论俳谐文学与民间信仰、道教、佛教诸文学的关系 ····· 陈　芳 219

寻找神性意义的旅程
　　——宗教视觉艺术的哲学审思 ··············· 孟　飞　詹蕊齐 237

# CONTENTS

**Studies of Buddhism**

The Korean Haeinsa Woodblock Edition of the Xiangjiji and Studies on Vinaya of the Southern Mountain in the Liao Dynasty ............................................................ GUO, Wei / 3

The *Tiweibolijing* and the Society in the Southern Dynasties ............... HOU, Guangxin / 21

Advances in Research on Zhiyan ............................................... PING, Yanhong / 29

A Study on the Critique of the Causal Relationship in "*Wu Buqian Lun*" by Zhencheng
................................................................................ YANG, Benhua / 39

To Explain Buddhism by Interpreting *Yijing*: Worlds of the Ten Directions in Chinese Buddhism
................................................................................ XU, Guofu / 49

The Aid of Enlightenment: On the Relationship Between the Number of Wenxuan Genres and the Thirty-seven Methods (bodhi-pākṣika) in Buddhism ....................... WANG, Chu / 66

A Perspective on Monks Involved in Litigation in the Qing Dynasty Local Societies: Focus on the Baxian Archives ............................................................ WU, Dong / 84

**Studies of Daoism**

The Development of the *Yufeng Shengmu* Belief and the Establishment of the Chao-Pu-Jie Tong'an Shantang ............................................................... OU, Junyong / 103

The Emergence Theory and the Formation, Evolution, and Development of the Immortal Belief: A Study of the Immortal Belief in the Pre-Qin and Han Dynasties ............ HU, Yanan / 118

The Intellectual Breakthrough in Zhonglv Inner Alchemy Daoism from the Late Tang to Early Song Period from the Perspective of Body and Soul ....................... DENG, Shengtao / 137

## Studies of Religious Theory and Other Religions

An Exploration of Several Theoretical Issues in the Development of Religious Studies in China ....................................................................ZHANG Xuesong / 155

Cultural Identity and Folk Practice of Overseas Chinese Religious Communities: A Case Study of Tianjin Temple in Vancouver ..................................................... YANG, Zilu / 162

Purifying "Madu": Decontamination and Purification in the Nimu Cuobi Ceremony of the Yi Ethnic Group in Liangshan...................................................... DING, Munai / 173

Exploring the Attitudes of the Masses Towards Praying to Gods and Performing Rituals to Avert Disasters During the Republic of China ............................................. LI, Huawen / 185

The Historical Formation and Development of the Spatial Distribution of Folk Beliefs: A Case Study of Foshan City in the Pearl River Delta ............................... YANG, Simin / 200

The Periphery of Humorous Literature: On the Relationship Between Humorous Literature and the Literatures of Folk Religion, Daoism and Buddhism ....................... CHEN, Fang / 219

A Journey in Search of Sacred Significance: Philosophical Reflections on Religious Visual Arts ................................................................. MENG, Fei; ZHAN, Ruiqi / 237

◎ 佛教研究专题

# 韩国海印寺刻本《详集记》与辽代的南山律学①

四川大学中国俗文化研究所、四川大学文学与新闻学院　国　威

**内容提要**：《详集记》是辽代律宗僧人澄渊为道宣《行事钞》所撰写的注释作品，于中国早已亡佚，但韩国海印寺保存了李氏朝鲜时代雕刻的完整版片。经过20世纪初及1943年的两次印刷，印本分藏于韩国学中央研究院、韩国国立中央图书馆等处。此书的体例为广泛征引戒律原典、相关经论、道宣著作及前代钞记，故以"详集"为名。其注释方法为名相训释与文意疏通相结合，体现了重文辞解释而轻理论发挥、偏于守成而较少新创的学风。此外，受辽代佛教的影响，此书还融入了一些密教因素。《详集记》保存了大量钞记、字书等古佚资料，同时展现了辽代南山律学的概貌，具有文献、历史、思想等多方面的价值。

**关键词**：海印寺；《详集记》；钞记；辽代；南山宗

《四分律删繁补阙行事钞详集记》（略称《详集记》）是辽代僧人澄渊所撰的一部律学著述，其体裁类型属于"钞记"，是对南山律宗道宣（596-667）《四分律删繁补阙行事钞》所作的随文注释。此书完成之后，流传极稀，除高丽义天（1055-1101）《新编诸宗教藏总录》卷二曾有著录外②，余皆未见征引乃至提及。直到20世纪初，于韩国海印寺发现了朝鲜天顺五年至七年（1461-1463）开雕的完整版片，此书方再次为世人所知。作为一部四十余万字的鸿篇巨制，《详集记》具有多方面的价值：首先，历代《行事钞》的注释虽多达七十余家③，但流传至今的仅有唐大觉《行事钞批》、五代景霄《简

---

① 本文为2018年国家社科基金青年项目"日韩所藏南山律宗文献及文物搜集、整理与研究"（18CZJ011）的阶段性成果。
② [高丽]义天：《新编诸宗教藏总录》卷二："《律钞评（详）集记》十四卷，科三卷，澄渊述。"《大正藏》第55册，第1173页a栏。
③ 关于《行事钞》的注释，《律宗新学名句》胪列六十家，《行事钞诸家记标目》又增补两家。《传律图源解集》则谓七十三家，然有数而无目。经笔者钩稽爬梳，作者或书名可考者至少有七十家，此论将于另文详申。

正记》、北宋元照《资持记》三部完整作品以及唐志鸿《搜玄录》残卷。《详集记》的发现，不仅丰富了《行事钞》的阐释路径与方法，而且填补了北方钞记文献的空白，极大拓展了南山律学的研究基础；其次，辽代佛教著述存世极少，规模如此宏大者更是绝无仅有，故其对辽代佛教史及佛教思想的补阙价值可以想见。另外，此书广引律典、章疏、钞记和字书，对相关文献的校勘和辑逸多有裨益。职是之故，学界对此书十分关注，但由于藏本稀少、流通不广，再加上内容古拙僻涩，故现有研究基本停留于著录和介绍，对于藏本的搜集、体例的归纳以及内容和思想的分析等皆未有充分讨论。有鉴于此，本文拟从"钞记"的整体视角出发，在详考《详集记》的版本来源、分卷标准、命名之由等文献问题的基础上，通过与《行事钞》其他注释作品的比较，对其阐释特点、思想倾向等进行分析、考察，以期较为全面地展现这部作品的价值。

# 一、前人研究综述

从《详集记》被重新发现迄今，学界对其多有关注，但特点是著录、提及者多而深入研究者少，且研究亦局于对版片的调查，基本未涉及内容。另外，由于语言的限制，中、日、韩三国学者相互交流不多，未能充分参考和吸收他人的研究成果，从而导致了大量重复工作，故本文在展开讨论前有必要对前期研究进行回顾。以下就笔者所见略作梳理：

著录方面，大屋德城较早刊文向外界披露了此书版片的存在，并对其规模和形制做了说明，同时迻录了书中的刊记[①]。江田俊雄在一篇考察朝鲜刊经都监的文章中，著录了京城帝国大学（今首尔大学）所藏版本[②]。《佛书解说大辞典》记载此书的状态是"存"，但却未提供典藏之处，同时书名误作"四分律行事钞评集记"，明显是受到了《新编诸宗教藏总录》的影响[③]。崔凡述统计了《详集记》各卷版片的次第、规格、是否有漏字坏字、每版的字数行数、刊记等，是同时期最为详尽的调查报告[④]。The Korean Buddhist Canon: A Descriptive Catalogue 简略介绍了《四分律详集记》版片的刊刻年代和地点，但将作者澄渊

---

① [日]大屋德城：《朝鲜海印寺经板考：特に大藏経补板并に藏外杂板の仏教文献学的研究》，《东洋学报》第十五卷第三号，1926年6月，第285-362页。
② [日]江田俊雄：《李朝刊经都监と其の刊行佛典》，《朝鲜之图书馆》第五卷第五号，1936年，第24-25页。
③ [日]小野玄妙：《佛书解说大辞典》，大东出版社，1980年重版，第4册，第225页。
④ [韩]崔凡述：《海印寺寺刊镂板目录》，《东方学志》第11卷，1970年，第26-29页。

误作宋人①。《奎章阁图书中国本综合目录》亦描述了首尔大学藏本的版式②。朴相国统计了此书版片及纸张的数目，并介绍了其雕刻的时间和地点③。藤田亮策《海印寺杂板考》将《新编诸宗教藏总录》所载"评集记"订正为"详集记"④。金永善将《详集记》列入官板中的刊经都监板，并记录了其雕刻的时间和地点⑤。정필모《高丽佛典目录研究》亦著录了此书，但沿袭了《新编诸宗教藏总录》的文字讹误，作"律钞评集记十四卷，科三卷"⑥。搜集和著录较详的是《韩国所藏中国汉籍总目》一书，其中共收延世大学、首尔大学奎章阁、东国大学和精神文化研究院（今改称韩国学中央研究院）四个藏本，并详细列出了各版的作者、版式、刊记、卷册等信息⑦。林基荣不仅介绍了海印寺所藏《详集记》版片的基本信息，而且还对此书的抄写者和校勘者进行了统计和横向比较⑧。上述考察虽然覆盖了《详集记》的版片及部分藏本，但仍有遗漏，通过对韩国国立中央图书馆、国史编纂委员会、韩国历史情报统合系统、韩国古典籍综合目录系统等数据库的联合检索及实地访查，笔者又发现了若干藏本及资料，计有：

韩国国立中央图书馆所藏1943年印本⑨

韩国东亚大学图书馆所藏残卷（卷七、卷八）

韩国国史编纂委员会所藏图像资料（底本来源未详）⑩

另外，首尔大学奎章阁在其主页上不仅罗列了版式、卷册、藏书编号等信息，还添

---

① Lewis R. Lancaster & Sung-bae Park, *The Korean Buddhist Canon: A Descriptive Catalogue*, Berkeley & Los Angeles: University of California Press, 1979, p.485.

② [韩]首尔大学校图书馆编：《奎章阁图书中国本综合目录》，首尔：首尔大学校图书馆，1982年，第219页。

③ [韩]朴相国：《경남의 사찰소장 경판고》，《文化财》第15卷，1982年，第88、105页。

④ [日]藤田亮策：《海印寺雜板攷》(1)(2)(3)，《朝鲜学报》第138、139、140卷，1991年。尚未获取此文，此处转引自圆映《〈行事钞详集记〉の発现について》，《印度哲学仏教学》第21卷，2006年，第173页。

⑤ [韩]金永善：《海印寺 소장 책판의 판각처에 관한 연구》，《图书馆学论集》第28辑，1998年，第433页。

⑥ [韩]정필모：《高丽佛典目录研究》，서울：한국학술정보，1990年，第324页。

⑦ [韩]全寅初主编：《韩国所藏中国汉籍总目》，首尔：学古房，2005年，第1026页。

⑧ [韩]林基荣：《海印寺寺刊板殿所藏木板研究》，庆北大学校2009博士学位论文，第101-104页。

⑨ https://www.nl.go.kr/NL/contents/search.do?srchTarget=total&pageNum=1&pageSize=10&kwd=%E8%A9%B3%E9%9B%86%E8%A8%98#viewKey=CNTS-00047979351&viewType=C&category=%EA%B3%A0%EB%AC%B8%ED%97%8C&pageIdx=2，2021年1月7日10：33。

⑩ http://library.history.go.kr/search/DetailView.ax?sid=1&cid=142139，2021年1月18日13：00。

加了简明解题，并推定此本的印刷时间可能为20世纪早期①。上述内容对于《详集记》的著录和介绍虽然都较为简略，但一者提供了典藏线索，便于寻检和获取原书，二者版式、刊记等信息有助于版本的辨别及流传情况的梳理。因此，这些前期调查对《详集记》的深入研究仍然具有一定参考价值。

由于《详集记》是辽代僧人的作品，故在辽代佛教、文献及文化的研究中多有提及。野上俊静《辽金の佛教》据《新编诸宗教藏总录》收录了此书，但同样误作"评集记"②。镰田茂雄《简明中国佛教史》将其作为辽代佛教文献的代表之一③。吉田睿礼《辽朝佛教与其周边》提到了澄渊及其《详集记》，并认为其主要活动于辽兴宗时期（1031—1055）④。藤原崇人《契丹（辽）的授戒仪与不空密教》在介绍辽代律学的背景时亦有提及，只是书名脱漏了"集"字⑤。而中国学者对于《详集记》的关注基本皆属此类：游侠《辽代佛教》、姜立勋等《北京的宗教》、魏道儒《辽代佛教的基本情况和特点》、何孝荣《辽朝燕京佛教》、朱子方和王承礼《辽代佛教的主要宗派和学僧》、赖永海主编《中国佛教通史》、王建光《中国律宗通史》、徐威《北京汉传佛教史》、张国庆《佛教文化与辽代社会》、黄夏年主编《辽金元佛教研究》、温金玉《辽金律宗发展大势》《辽金时期燕京律宗一系考察》等佛教史论著都简单提及了这部作品⑥；林子青撰写的"国师"词条、任道斌主编《佛教文化辞典》、何孝荣《明代北京佛教寺院修建研究》、张云涛《北京戒台寺石刻》和王欣欣《辽代寺院研究》则以人物或寺院为切入点，引出了

---

① http://kyudb.snu.ac.kr/book/view.do，2020年12月25日15:25。
② [日]野上俊静：《辽金の佛教》，平乐寺书店，1953年，第52—53页。
③ [日]镰田茂雄著，郑彭年译：《简明中国佛教史》，中国书店，2010年，第299页。
④ [日]吉田睿礼：《辽朝佛教与其周边》，《佛学研究》第17期，2008年，第239页。
⑤ 藤原崇人撰，姚义田译：《契丹（辽）的授戒仪与不空密教》，载《辽金历史与考古》（第五辑），2014年，第252页注24。
⑥ 游侠：《辽代佛教》，载《中国佛教》（第一辑），东方出版中心，1996年，第92页；姜立勋、富丽、罗志发：《北京的宗教》，天津古籍出版社，1995年，第65页；魏道儒：《辽代佛教的基本情况和特点》，《佛学研究》第17期，2008年，第234页；何孝荣：《辽朝燕京佛教》，载《历代王朝与民族宗教》，民族出版社，2012年，第113页；朱子方、王承礼：《辽代佛教的主要宗派和学僧》，载《王承礼文集》，吉林人民出版社，2007年，第560页；赖永海主编：《中国佛教通史》第十卷，江苏人民出版社，2010年，第327页；王建光：《中国律宗通史》，凤凰出版社，2008年，第401页；徐威：《北京汉传佛教史》，宗教文化出版社，2010年，第134页；张国庆：《佛教文化与辽代社会》，辽宁民族出版社，2011年，第48页；黄夏年主编：《辽金元佛教研究》，大象出版社，2012年；温金玉：《辽金律宗发展大势》，《世界宗教文化》2008年第4期，第21页；温金玉：《辽金时期燕京律宗一系考察》，《宗教学研究》2020年第2期，第100页。

澄渊与《详集记》①。朱子方《辽代佛学著译考》、王巍《辽史艺文志订补》从书目文献的角度介绍了此书②。王铁钧《中国佛经翻译史稿》、成叙永《辽代八大菩萨造像研究》等在各自研究背景的介绍中也有涉及③。此外，对《行事钞》及义天的相关研究也提到了《详集记》，如隆莲为《四分律行事钞》所撰解题、"南山律典校释系列"的序言部分、王承礼和李亚泉《从高丽义天大师的著述考察辽和高丽的佛教文化交流》等④。与前述著录类的作品不同，这些成果的作者恐怕并未见到《详集记》原书，只是辗转引述，故多缺少核心信息，且在书名、撰者及存佚情况等方面还沿袭了前人错误，参考价值较为有限。

至于对《详集记》的直接研究，目前仅见圆映《<行事钞详集记>の発现について》，此文首先梳理了日本学界对《详集记》的部分调查，其次介绍了海印寺的寺刊藏经及《行事钞》的价值等背景知识，最后对此书版片的规格、数量、首尾题、刊记、各卷内容、作者等做了简要说明⑤。此文虽较前人更为具体，但主要关注点仍是版片调查，并未全面搜检现存藏本，且基本未涉及内容分析，故尚有较大的拓展空间。

综上，学界对《详集记》的研究看似溢简盈篇，实则存在明显的问题与不足：一是在文献信息的著录上多有阙讹，严重影响了其学术价值及检索功能；二是基本停留于存目与介绍的层次，未见对内容的深入考察。只有在充分吸收前人成果的基础上继续考证、探索，才能进一步拓展《详集记》的研究。

---

① 中国佛教协会编：《中国佛教》（第二辑），东方出版中心，1996年，第362页；任道斌主编：《佛教文化辞典》，浙江古籍出版社，1991年，第141页；何孝荣：《明代北京佛教寺院修建研究》，南开大学出版社，2007年，第33页；张云涛：《北京戒台寺石刻》，北京燕山出版社，2007年，第23页；王欣欣：《辽代寺院研究》，吉林大学2015年博士学位论文，第152页。

② 朱子方：《辽代佛学著译考》，载《辽金史论集》（第二辑），书目文献出版社，1987年，第184页；邴正、邵汉明主编：《东北历史与文化论丛——东胡与辽金问题论》，吉林文史出版社，2007年，第294页。

③ 王铁钧：《中国佛经翻译史稿》，中央编译出版社，2006年，第279页注①；辽宁省博物馆、辽宁省辽金契丹女真史研究会编：《辽金历史与考古》（第七辑），辽宁教育出版社，2017年，第107页。

④ 中国佛教协会编：《中国佛教》（第四辑），知识出版社，1989年，第79页；《四分律删繁补阙行事钞校释》，宗教文化出版社，2015年，序言第8页；王承礼、李亚泉：《从高丽义天大师的著述考察辽和高丽的佛教文化交流》，载《辽金史论集》（第六辑），社会科学文献出版社，2001年，第65页。

⑤ ［日］圆映：《〈行事钞详集记〉の発现について》，《印度哲学佛教学》第21卷，2006年，第173-187页。

## 二、《详集记》的作者、版本及体例

前人虽然主要致力于《详集记》的文献调查与著录，但在诸多问题上仍然未尽如人意，如作者生平的考察、现存藏本的搜集、体例与书名的分析等。笔者通过翻检爬梳以及实地访查，发现了一些新资料，同时对此书的内容也有新的解读与结论，以下分别讨论。

### （一）关于作者

《详集记》各卷卷首皆有"燕台奉福寺特进守太师兼侍中国师圆融大师赐紫沙门澄渊集"的题名，可知作者为辽代僧人澄渊。但由于史料匮乏，故其生平不详，仅知号"圆融大师"，地位尊崇，曾驻锡于燕京奉福寺。奉福寺今已不存，光绪《顺天府志》卷十七载其沿革大略：

> 又白云观西南有广恩寺，即辽之奉福寺也，太康十年（1084）正月复建寺浮图。明正统间改名广恩寺院册，土人目为三教寺。今寺址已废，其地犹以三教寺为名。寺内旧有辽石幢，守司空齐国公中书令为故太尉大师特建。《佛顶尊胜陀罗尼幢记》，讲僧真延撰并书，清宁九年岁次癸卯七月庚子朔十三日壬子记。（周篔《析津日记》）⑥

所谓"故太尉大师"，指澄渊的弟子非浊（？-1063）。释真延撰于辽道宗清宁九年（1063）的《非浊禅师行实幢记》（此应即上述引文中提到的《佛顶尊胜陀罗尼幢记》，又名《纯慧大师塔幢记》）载：

> 京师奉福寺忏悔主崇禄大夫检校太尉纯慧大师之息化也，附灵塔之巽位，树佛顶尊胜陀罗尼幢，广丈有尺。门弟子状师行实，以记为请。大师讳非浊，字贞照，俗姓张氏，其先范阳人。重熙（1032-1055）初，礼故守太师兼侍中圆融国师为师。⑦

据非浊的行实推测，其老师澄渊约活动于10世纪末、11世纪初，相当于辽代圣宗（972-1031）和兴宗（1031-1055）时期。师徒二人皆为辽帝所尊，在北方佛教的地位举足轻重。

---

⑥ （清）周家楣修，张之洞纂：《顺天府志》卷十七，清光绪十五年（1889）重印本，第十叶左。
⑦ 阎凤梧主编：《全辽金文》，山西古籍出版社，2002年，第374页。

另外，还有两条前人未曾注意到的材料：一是明代马纶撰于天顺四年（1460）的《重修大悲阁碑记》：

> 地方驻旌之暇，遥见海中有山，一塔高峙，意彼必有古刹……是岁冬，冰忽自结，使人视之，果有古迹，置一碑，上有千人邑记，曰：觉华岛大龙宫寺，肇自大辽，圆融大师所建也。历年弥远，殿宇倾颓，上雨旁风，神像损坏，碑文剥落，诵不成章。①

据"大辽""圆融国师"等关键词，知其为澄渊无疑，可惜原记文已残损严重，未能提供更多信息。但从中可知除了燕京地区，澄渊还曾活动于中京道兴城（今辽宁兴城）一带，且拥有一定的影响力。其二，王鼎撰于大安七年（1091）的《法均大师遗行碑铭并序》载："大师讳法均，无字……兰苗潜幽，珠英阅润。自非精鉴，孰可前知？则有京西紫金寺非辱律师，目击净器，收而教之。"②其中提到了"非辱律师"。法均（1021—1075）为非辱的弟子，则非辱与非浊的生活年代相近。至于京西紫金寺，亦在北京，光绪《顺天府志》卷十六"善果寺"条下载："又，寺东南百余步旧有紫金寺，久废。"③考虑到相同的时间、相同的地点，"非浊"与"非辱"两个较为罕见却又十分相近的法名，推测二人很可能为一师之徒。不过，在新的证据出现之前，仍取存疑的态度为上。

据《新编诸宗教藏总录》卷二，澄渊的著作除了《评（详）集记》外，还有《科》三卷。此当为《四分律删繁补阙行事钞》的科文，即划分段落、归纳各段大意的辅助作品。为了使《行事钞》层次分明、易于理解，很多律师都曾为其撰写科文，最早者就是道宣本人。敦煌文献中发现的《行事钞中分门图录》一卷，署"京兆崇义寺沙门道宣述"，虽然不以"科"名，但实际上就是此类作品④。唐代崇福律师撰《西河记》，同时另有《律钞科约》四卷；志鸿《搜玄录》亦附有科文；北宋允堪《会正记》有科六卷；元照《资持记》有科三卷⑤。科文虽然在内容上附庸于《行事钞》和记文，但形式上却是独立别行的。直到贞享三年（1686），日僧慈光和瑞芳将记和科分别系于钞文之下，才出现了"三籍合观"的合会本。正是由于科文乃单行，且并非不可或缺的核心内容，故易于亡佚，现存的四部钞记中，除了元照的《四分律行事钞科》，其他所附科文皆未能保存下来。

---

① （民国）恩麟修，杨荫芳纂：《兴城县志》卷十五，民国十六年（1927）铅印本，第三叶。
② 阎凤梧主编：《全辽金文》，第507页。
③ （清）周家楣修，张之洞纂：《顺天府志》卷十六，清光绪十五年（1889）重印本，第四十七叶右。
④ 方广锠主编：《藏外佛教文献》（第一辑），宗教文化出版社，1995年，第101–168页。
⑤ [高丽] 义天：《新编诸宗教藏总录》卷二，《大正藏》第55册，第1173页c栏。

## （二）版片与藏本

前人对《详集记》版本价值的认识主要集中于其版片在佛典印刷史上的地位，而对现存的印本则不甚重视。实际上，对印本的搜集与研究不唯可考此书的流传，而且通过不同时期印本的比较亦能反映版片的变化，故二者不可偏废。

《详集记》的版片现藏于韩国海印寺内，是刊经都监主持雕造的藏外典籍，属于"八万大藏经"之外的杂版。前人对这批版片的数目、规格等早有调查，但数据多有出入。相较而言，海印寺2003年的官方统计更加准确：《详集记》木版的总数为377片，由于是双面雕刻，故版面共计754面。其中，有10面为空白的过渡页，故刻有字迹的共744面。版片的规格为横76–80cm、竖25–27cm，天地单边，无界行，无鱼尾，每版31–32行，每行19–22字不等，双行小字注释[1]。以卷一第一版为例，其概貌如图1所示：

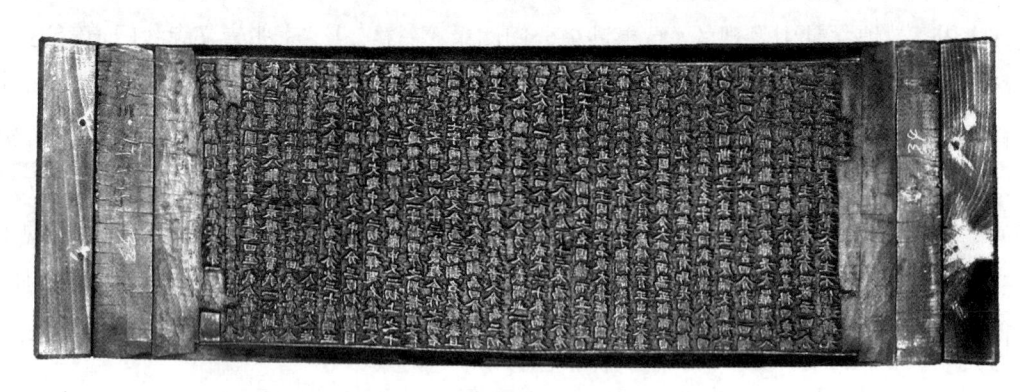

图1

版片每卷首尾皆有题目，首题一般作"四分律删繁补阙行事钞详集记卷第某"，尾

---

[1] ［日］圆映：《〈行事钞详集记〉の发现について》，《印度哲学仏教学》第21卷，2006年，第181页。

题亦多同，唯卷五、卷十、卷十一稍有出入，分别作"四分律行事钞详集记卷第五""四分律详集记卷十"和"新集律记第十一"。另外，每卷末皆有刊记，记载了开雕时间、地点及书写者等重要信息，卷十四末还有校勘者的官衔及姓名，现迻录如下：

  卷一：天顺七年（1463）癸未岁朝鲜国刊经都监奉教于庆尚道尚州牧雕造，议政府知印臣金自源书。

  卷二：天顺五年（1461）辛巳岁朝鲜国刊经都监奉教于庆尚道尚州牧雕造，司樽别监臣郑晞书。

  卷三：天顺六年（1462）壬午岁朝鲜国刊经都监奉教于庆尚道尚州牧雕造，司酝直长同正臣柳轴书。

  卷四：天顺六年（1462）壬午岁朝鲜国刊经都监奉教于庆尚道尚州牧雕造，议政府知印臣金自源书。

  卷五：天顺六年（1462）壬午岁朝鲜国刊经都监奉教于庆尚道尚州牧雕造，幼学臣柳益谦书。

  卷六：天顺六年（1462）壬午岁朝鲜国刊经都监奉教于庆尚道尚州牧雕造，司樽别监将仕郎臣尹伯琇书。

  卷七：天顺六年（1462）壬午岁朝鲜国刊经都监奉教于庆尚道安东府雕造，彰信校尉忠武卫左郎摄司直臣李孟信书。

  卷八：天顺六年（1462）壬午岁朝鲜国刊经都监奉教于庆尚道尚州牧雕造，奉直郎前行南部令臣金混书。

  卷九：天顺六年（1462）壬午岁朝鲜国刊经都监奉教于庆尚道尚州牧雕造，宣教郎前典牲署令臣洪处敬书。

  卷十：天顺六年（1462）壬午岁朝鲜国刊经都监奉教于庆尚道尚州牧雕造，修义校尉典卫中部摄副司直臣柳约书。

  卷十一：天顺六年（1462）壬午岁朝鲜国刊经都监奉教于庆尚道尚州牧雕造，修义校尉前忠武卫后部摄副司直臣李孟信书。

  卷十二：天顺六年（1462）壬午岁朝鲜国刊经都监奉教于庆尚道尚州牧雕造，议政府知印臣金自源书。

  卷十三：天顺六年（1462）壬午岁朝鲜国刊经都监奉教于庆尚道尚州牧雕造，议政府知印臣金自源书。

  卷十四：天顺七年（1463）癸未岁朝鲜国刊经都监奉教于庆尚道尚州牧雕造，忠赞卫臣赵琛书。

奉训郎司膳署令臣崔灏校勘。

通德郎成均直讲艺文王应教知制教兼承文院校理臣李克墩校勘。

威毅将军行龙骧卫摄护军知制教臣尹弼商校勘。

通政大夫吏曹参议知制教兼春秋馆编修官臣姜希孟校勘。

官兼判军资监事知户曹事臣卢思慎校勘。

通政大夫承政院右副旨知制教充春秋馆编修嘉靖大夫吏曹参判臣韩继禧校勘。

可知此书由不同的人所抄写、校勘，并且各卷分别刊印，历时三年方完工。开版地点除第七卷在庆尚道安东府外，其余皆在庆尚道尚州牧。这些抄写者和校勘者的生平不详，但从官衔看，多为中下级官员，其中部分人亦参与了另一部辽代佛教典籍《俱舍论颂疏抄》的刊刻。由于《详集记》没有序文，故关于撰述缘起、创作过程等信息已不可考。但卷首有一则偈文，未见于他处，应是澄渊所亲撰：

福智不思议，圆明大觉尊。常住过四生，我今稽首礼。能除三种毒，及越八难处。最胜轨持宝，我一心归依。久入解脱门，住诸妙学处。如是贵福田，我当常归命。不揆粗浅识，欲兴毗尼藏。愿三宝加护，令正法久住。

主旨是赞叹戒律拔苦济溺、维持正法的大功德，以及作者弘阐毗尼的愿心。

目前《详集记》的所有已知藏本都源出于海印寺经版，但因为印刷和装订的批次不同，故在纸张、墨色、书名题签、文字残损、保存状况等方面都有差异。通过对这些藏本的比较和归纳，可推知《详集记》至少经历过两次印刷，并形成了两个主要版本系统：

一是韩国国立中央图书馆藏本。线装方册，纸墨质量及保存情况较好，封面题签为"详集记 卷某"，各卷卷首皆钤有"朝鲜总督府图书馆藏书之印"的篆文印章。更重要的是，每册末页都有"此书昭和十八年七月特派馆员于名刹伽耶山海印寺使之印出者也 本馆"的手写题记，据此可知其为韩国国立中央图书馆的前身——朝鲜总督府图书馆于1943年所印，这也是唯一一部有明确印刷时间的版本（见图2）。

二为首尔大学奎章阁、韩国学中央研究院等所藏年代不明印本，笔者所见的大部分藏本都属于这一系统。同样是线装方册，但封面题签与前者稍有差异，为"四分律详集记 某"。奎章阁本有朝鲜总督府图书之印、京城帝国大学图书馆章印和서울大学校图书印，可见流传有序；韩国学中央研究院本各卷卷首均有"藏书阁印"（见图3）；国史编纂委员会图像资料上的藏书章则为楷体的"朝鲜总督府图书之印"。

图 2　　　　　　　　　　图 3

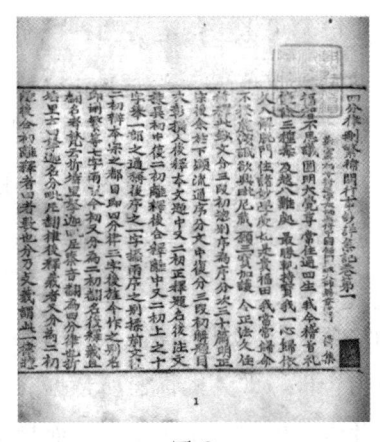

这一版本的印刷时间虽不明确，但肯定早于 1943 年，证据为 1943 版《详集记》及现存版片的卷十二末皆出现了相同的残损，而此版本的对应部分则是完好的，说明它是在版片损坏之前所印（见图 4）[①]。至于大体的印刷时间，奎章阁的解题推测为 20 世纪初，笔者赞同此说，同时进一步认为可能与藏书阁（1911）或朝鲜总督府图书馆（1925）的成立及开展图书搜集有关。

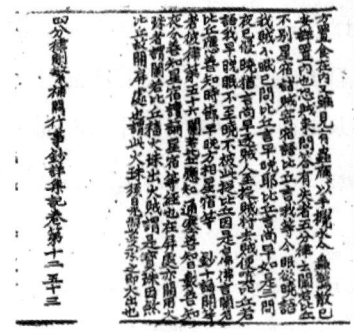

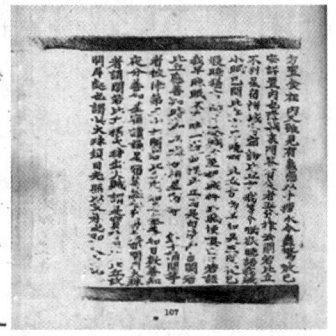

图 4

---

① 为便于比较，版片图像经过了镜像技术处理。

至于天顺年间开雕《详集记》时所据之底本，现已不可考，但应有两种可能：一是辽国的原刊本或写本。义天曾向辽、宋及日本广泛搜求佛教章疏，并致书辽道宗及大臣耶律思齐，请求他们代为搜集辽国所藏佛典[①]。《详集记》便应是于这一时期传入高丽，并为《新编诸宗教藏总录》所收入。不过，由于当时的条件所限，各国之间的典籍交流更加注重规模和种类，至于同一种文献往往不会准备太多复本。关于这一点，笔者尚未找到高丽时期的证据，但李氏朝鲜在与明朝的交流中明确规定："凡买书必买两件，以备脱落。"[②] 据此推测，传入高丽的《详集记》恐怕也不会超过两部，其完整流传数百年的概率是较小的。相较之下，第二种可能似乎更为合理，即刊经都监所依据的是义天重新刊刻的版本。义天搜集了大量章疏作品以后，并没有仅仅满足于编目，而是全部刊刻流通，据《高丽史》卷九十《大觉国师煦》："煦献释典及经书一千卷，又于兴王寺奏置教藏都监，购书于辽、宋，多至四千卷，悉皆刊行。"[③] 由于义天本身就是宗室，再加上其刊经活动也得到了皇帝和政府的支持，故包括《详集记》在内的经典在刊印完成后很可能分藏于内府及各地寺院，其中至少有一部完整保存到李氏朝鲜时代[④]，成为刊经都监所据之底本。

### （三）分卷、体例及书名

现存《详集记》共厘为十四卷，每卷为一册。其卷数与《新编诸宗教藏总录》的记载相符，故应为辽代古本之原貌，但由于辽本的装帧形态已不可考，故"一卷一册"的形式不知是沿袭旧制还是重刊时改订而成。可以确定的是，《详集记》分卷的首要标准是篇幅的均衡而非内容的连续。首先，各卷的规模大体相当，如卷一、卷二皆为52版，卷三49版，卷四51版，卷五57版，卷六55版，卷七56版等；其次，同一主题的内容往往被卷次所割裂，如"释序文"分置于卷一和卷二，"持犯方轨篇"则分别占据了卷九和卷十的一部分。因为涉及装订及讲解时的使用，章疏类作品必须考虑采用何种分卷方式来平衡所注原文内容的多寡不均，以保证意义单元与外部卷册基本相符。就现存钞记来看，《行事钞批》《简正记》和《资持记》的应对方法是引入二级卷目，即将篇

---

① 崔凤春：《海东高僧义天研究》，广西师范大学出版社，2005年，第199-202页。
② 吴晗辑：《朝鲜李朝实录中的中国史料》上编卷五"乙卯十七年"条，中华书局，1980年，第388页。
③ [朝鲜] 郑麟趾等：《高丽史》，西南师范大学出版社、人民出版社，2013年，第2827页。
④ 这些章疏的经版去向未详，但很可能与义天主持雕造的续雕《高丽藏》一同被蒙古兵所毁，见李富华、何梅：《汉文佛教大藏经研究》，宗教文化出版社，2003年，第122页。

幅过大但属于同一主题的章卷再行分割为本末或上下,这样,繁冗的内容被析成多卷,便于讲解、抄刻和装订,但在逻辑上仍然是连贯的。《详集记》没有采用这种较有弹性的方法,导致部分卷次的划分和过渡稍显生硬。

《详集记》的总体结构包括序分、正宗分和流通分三个部分,表面上是沿袭传统的"三分科经",实际上暗含着将《行事钞》的地位等同于经律论的意图。其中正宗分为全书之主体,解释从"标宗显德篇"到"诸部别行篇"共三十个戒律主题的内容。其具体的行文结构为:"初明来意",即总述一篇之意旨;"二牒篇释",即分段注释。其中第二部分又分为二:"初牒篇名",即解释篇题;"二依篇释",即逐句解释正文。对正文的注释又可划分为两个层次:首先训释字词,其次疏通句意或举证说明。其逻辑框架如图5所示:

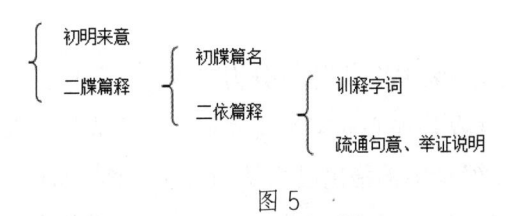

```
       ┌ 初明来意
       │              ┌ 初牒篇名        
       │              │                ┌ 训释字词
       └ 二牒篇释 ────┤                │
                      └ 二依篇释 ──────┤
                                        └ 疏通句意、举证说明
```

图5

此种结构的长处是文意简明、逻辑连贯,十分便于讲说,但斤斤于字词和名相的训解,却影响了理论的抽绎与发挥。例如,对于律宗的核心义理"无作戒体",《行事钞批》和《简正记》援引《杂阿毗昙心论》等论典而广为敷演,《资持记》则结合"三宗两乘"及《羯磨疏》等进行专门论述,而《详集记》对相关钞文的注释不仅篇幅最少,且仍以解释名相和疏通句意为主,没有充分探讨戒体的理论依据、生成条件、运行机制等更为关键的问题。因此,《详集记》在律学理论的系统性和思辨性上,要远逊于其他同类作品。

另外,对于"详集记"这一书名,研究者多理解为"详尽地汇集前人钞记",即他们认为此书的体例是以搜集、辑录历代钞记为主[①]。但笔者对书中所引文献进行统计和归类后,发现这一观点并不准确。首先,《详集记》所引历代钞记的种类并不算多,仅《大慈钞记》《融济钞记》《灵崿钞记》《崇福钞记》《立律师钞记》和《当阳记》《富阳记》《灵山记》《支硎记》《花严记》《发正记》《辅篇记》《折中记》等十余种左右;其次,引用的频率及条数也较为有限,零星散布于各卷之内。相比之下,《搜玄录》的成书比《详集记》早约二百年,但著录及征引的钞记已多达四十余家;《行事钞批》则是引用密集,

---

① [日]大屋德城:《朝鲜海印寺经板考:特に大藏经补板并に藏外雑板の佛教文献学的研究》,《东洋学报》第十五卷第三号,1926年6月,第354页;[日]圆映:《〈行事钞详集记〉の发现について》,《印度哲学佛教学》第21卷,2006年,第186页。

全书有近四分之一的篇幅是所引前人钞记，《简正记》的引用规模也远在《详集记》之上。因此，与这些作品相比，《详集记》似乎颇不符"详集"之名。不过，此书所录历代钞记的种类和条目虽然不多，却大量引用了经律论三藏及道宣的其他律学撰述，如《法华经》《维摩诘经》《四分律》《五分律》《僧祇律》《大智度论》《善见论》《宝性论》《羯磨疏》《戒本疏》《量处轻重仪》等。大觉在《行事钞批》卷一谓："游辞削略，故曰删繁。详集本文，名为补阙。"① 所谓"本文"，指的就是律典及与之相关的经、论。因此，"详集记"的命名可能与此相类，其集录的对象并不仅仅是前代钞记，而应将戒律原典、相关经论以及同样具有权威地位的道宣著作包括在内。

## 三、《详集记》的注释特点与辽代南山律学

现存有关辽代律宗的文献资料，大体可分为三类：一是应县木塔出土的几种作品，如《梵网经手记》残卷、《发菩提心戒本》《大乘八关斋戒仪》以及若干菩萨戒的牒文和愿文；二是学者从史传、经录中钩稽出已亡佚的著作名称，如《自誓受戒仪》《自恣缘》《诸经戒本》等；三是传世或出土的碑记塔铭，如《非浊禅师实行幢记》《非觉大师塔记》等。但这些材料一者规模太小，二者所载内容过于笼统，据此只能勾勒出辽代律宗的大致轮廓，却无法探入不同律系的传承及思想学风等具体问题。而《详集记》的发现，则为考察最重要的律学派系——南山宗在辽代的发展传播提供了第一手资料。

作为《行事钞》的注释，《详集记》传承的必为南山一系的律学。而作者澄渊及其弟子非浊的尊崇地位，说明他们一定程度上代表了辽代佛学的较高水准，其律学思想至少能够反映当时的主流水平。通过对《详集记》注释特点的分析及与其他钞记的比较，不但可了解辽代南山律学的概况，同时还可确定其在律宗思想史上的位置。

首先，《详集记》主要采用了"训诂＋疏释"的方法，即先分别解释字词，之后整体疏通句意，但较少进行理论发挥。例如，释《行事钞》序文中的"斐然作命，直笔具舒"一句：

> 《钞》"斐然"至"具舒"者，斐者，文章貌，命者，请召也。今《钞》文意，由见众多先进篇章，阙于当途行事机要，以此事由，作其请召，是故率尔撰《行事钞》。临笺握管，编录圣言，称为"直笔"。应所引用，无有遗略，

---

① （唐）大觉：《行事钞批》卷一，《卍新纂续藏经》，第42册，第605页b栏。

乃曰"具舒"。舒者,张也,布列之义。①

对词和句的解释简明扼要,且二者所占比重也较为均衡。而《行事钞批》于此仅训释词语,未做句意的疏通,《简正记》《资持记》则着力于"微言大义"的阐发,训释所占的比重较小。《详集记》的这一注释特点,从积极的一面来说是保证了内容的简洁明了,极便于学者入门,凸显了戒律持犯实践中的指导性和应用性,但另一方面也使律学在系统性和思辨性上的拓展受到了限制,导致全书基本停留在概念讲解和知识传授的层次。前文已经提到,《详集记》对律学的核心理论"无作戒体"并未展开充分探讨,而在另一重要理论问题"观法"方面,同样以训释字词和疏通句意轻轻带过,没有给予足够重视②。而其他钞记在这两个问题上皆以较大篇幅进行专门讨论,甚至通过设为问答的方式反复申说。因是之故,《详集记》的理论性在现存钞记中是最为薄弱的。对于引文的使用也可反映出这一问题,此书的征引范围十分广泛,不仅包括经、律、论和道宣的其他著作,还间采外典,如《周易》《周礼》《论语》《老子音义》《刘子》《战国策》等,另外,由于重视字词训释,故亦多使用《仓颉篇》《尔雅》《说文》《广雅》《玉篇》《切韵》等小学著作③。但这些引文的作用不出两种:一是训释字词或名相,如:"准《法华经抄》解正、像、末云:'有教有行,及有果证,名为正法;但有教行而无果证,名为像法;唯教住世,无行无证,名为末法。'"④二是指出名相或典故的出处,例如,《行事钞》卷中"持犯方轨篇"谓:"我为诸弟子结戒已,宁死不犯。若论遮戒,有开不开。道力既成,至死不毁,如草系、海板等例。"⑤《详集记》引述了《大庄严论》中两个故事,对此句中"草系""海板"的典故进行注释。其他钞记中的引文虽然也发挥着这两种作用,但更重要的还是用来支撑和论证理论观点,如元照引《楞伽经》"识海识浪"的譬喻以及《羯磨疏》,就是为了深入阐释圆教善种子戒体的生成机制,而不是流于表层的词语解释或指示出处⑥。这种鲜明的对比体现了《详集记》重文辞训释而轻理论发挥的特点。由于缺乏相关资料,故目前很难确定这种简明甚至稍显粗浅的注释风格是作者的主动选择还是水平所限,但笔者倾向于前者,理由有二:第一,澄渊撰写

---

① (辽)澄渊:《详集记》卷一,韩国学中央研究院藏本,第十三叶右。

② (辽)澄渊:《详集记》卷十四,韩国学中央研究院藏本,第十二叶至第十三叶。

③ 《玉篇》和《切韵》的引文与今本多有出入,可能来自一个已经亡佚的版本系统,亦有较高价值,但因与本文主题关系不大,故从略。

④ (辽)澄渊:《详集记》卷一,韩国学中央研究院藏本,第七叶左。

⑤ (唐)道宣:《行事钞》卷中,《大正藏》第40册,第94页c栏。

⑥ (宋)元照:《资持记》卷中,《大正藏》第40册,第270页a栏。

此书时充分参考了前代钞记，其中不乏水平较高的作品，如大慈、融济和灵崿亲炙于祖师道宣，昙一的《发正记》分析相部、南山两宗之异同，亦得到广泛赞誉。因此，澄渊的律学理论水平应有一定保障；第二，《详集记》大量引用了《羯磨疏》，故澄渊必然了解道宣已在此书中用"善种子戒体"取代了《行事钞》中的"非色非心"说，但他在注释中却不置一辞，这只能是有意为之。有学者指出，辽代佛教除了在华严和密宗思想上稍有建树外，其他宗派的义学水平普遍不高[1]。目前可考的辽代律学著作多为仪轨类，正可佐证此说。面对理论水平有限的受众，澄渊很可能选择了妥协，仅对《行事钞》的文句进行讲解注释，而放弃了较为深奥的理论阐述。

其次，《详集记》虽然引用了十余种前代钞记，却很少对其进行臧否评骘，这反映了澄渊及辽代律学多承袭而少创见的特点。其他钞记的作者都会较为鲜明地表达自己的立场和观点，但这在《详集记》中十分罕见，仅有的几条也都是关于具体的文意理解或结构划分，如卷一对"对外道无法自居"一句的理解[2]，以及卷十四将"诸部别行篇"划入正宗分而非流通分等[3]。之所以出现这种情况，根本原因仍在于辽代律学的不盛。由唐至宋，《行事钞》能够"流传四百载，释义六十家"，最直接的推动力便是对他人注释的不满。例如，志鸿"慊先德释南山钞，商略不均，否臧无准，捕蝉忘后，补衮不完，囊括大慈、灵崿已下四十余师记钞之玄，勒成二十卷，号《搜玄录》"[4]；而景霄《简正记》的命名，便透露了"去邪说而简取正义"的志向[5]。元照《资持记》更是在广泛驳难前代及当代钞记的基础上而成书。相较之下，澄渊所处的律学环境比较沉闷，他所能接触到的钞记皆为唐代早期的作品，目前也没有证据表明当时北方存在与之水平相当的律师群体。因此，对于辽代的南山宗来说，首要任务是总结和守成，而非独创异说，这也是澄渊在书中广集经律论、祖师撰述及前代钞记却较少个人发挥的原因之一。

再次，澄渊的律学主张和思想大体上忠实于《行事钞》，但在若干关键问题上也不得不徇世附俗。《行事钞》的理论发挥主要依托于《成实论》，如其"非色非心"戒体说便源自此书的"无作品"，而"南山三观"的设立，尤其是其中沟通大小乘的"相空观"，亦与《成实论》本身具有大小乘过渡的性质有关。澄渊在《详集记》中虽然引入

---

[1] 杨军、鞠贺：《辽朝佛教信徒"兼奉诸宗"考论》，《古代文明》第14卷第4期，2020年10月，第79页。
[2] （辽）澄渊：《详集记》卷一，韩国学中央研究院藏本，第二十叶右。
[3] （辽）澄渊：《详集记》卷十四，韩国学中央研究院藏本，第三十九叶左。
[4] （宋）赞宁：《宋高僧传》，中华书局，1987年，第367页。
[5] （宋）赞宁：《宋高僧传》，第401页。

了玄奘所译的《成唯识论》等新唯识学作品，但主要仍是借用其名相解释而非理论体系，故基于《成实论》的底色并没有改变。不过，为了随顺佛教发展的大势，澄渊还是进行了一些调整，最典型地体现在两方面：一是提倡菩萨戒。道宣虽没有表明对菩萨戒的态度，但往往避而不谈，且终生未曾授受，故应是持反对意见的①。但唐、辽、宋时期的僧俗两道对菩萨戒皆十分热衷，甚至不乏帝王贵胄的参与。在此种情势下，南山宗的后裔不得不改变祖师初心，道宣的弟子文纲便开始为皇室授菩萨戒②，现存的几部钞记更是大力提倡。在澄渊所处的时代和环境，菩萨戒极为流行③，故《详集记》也表明了对此的态度："准大乘律四级楼喻，五戒、十戒、具足戒喻下三级，菩萨戒喻第四级。四级成就，俱是一楼，四戒圆满，俱是一种菩萨戒也。"④不仅将菩萨戒置于最高地位，而且以之为核心来融摄诸戒。当然，这种改变因早有先例，故并不显得突兀。而澄渊第二方面的调整，即对密宗的让步，则体现了辽代佛教的鲜明特色。辽代密教极为盛行，并且还渗透到了其他宗派的思想与著作之中⑤。戒律方面的作品如《发菩提心戒本》便与密教僧人不空所撰《受菩提心戒仪》具有密切关系⑥。澄渊自然也会受到密教的影响，实际上，其师号"圆融"很可能便暗示了显密兼修的学风。前文所引《详集记》卷首的偈语，虽然是汉文写就，但无论内容还是作用都颇类似于陀罗尼。更典型的例子是《行事钞》卷下"诸杂要行篇"引《五百问》："若病，不得服气唾肿，同外道故。"⑦即戒律不允许噀水治疗肿痛，因其是外道之术。而《详集记》于此则谓："若准《千眼千臂大悲经》说，持大悲咒，功力成者，三唾，毒气随口消也。取舍随意。"⑧所谓《千眼千臂大悲经》，应指密教经典《千手千眼观世音菩萨广大圆满无碍大悲心陀罗尼经》，其中有"至心称诵大悲咒，三唾毒肿随口消"的治疗手段⑨。《行事钞》明确反对这种外道之法，但澄渊一者本身就具有密教背景，二者亦须考虑时人的主流思想，故采取了"取舍随意"的态度，实际上是默认了这种行为在戒律上的正当性。

---

① 道宣虽也曾提及菩萨戒，但皆属于"三聚净戒"的范畴，并非单独授受的菩萨戒。见[日]土桥秀高：《道宣の菩薩戒》，《印度学佛教学研究》第15卷第1号，1966年，第131-135页。
② （宋）赞宁：《宋高僧传》第333页。
③ 彭瑞花：《论辽代菩萨戒的流行》，《宗教学研究》2018年第1期，第90-95页。
④ （辽）澄渊：《详集记》卷四，韩国学中央研究院藏本，第二十四叶右。
⑤ 吕建福：《中国密教史》，中国社会科学出版社，1995年，第473-476页。
⑥ 彭瑞花：《论辽代菩萨戒的流行》，《宗教学研究》2018年第1期，第95页。
⑦ （唐）道宣：《行事钞》卷下，《大正藏》第40册，第148页b栏。
⑧ （辽）澄渊：《详集记》卷十四，韩国学中央研究院藏本，第九叶右。
⑨ （唐）伽梵达摩译：《千手千眼观世音菩萨广大圆满无碍大悲心陀罗尼经》，《大正藏》第20册，第108页c栏。

总之，通过对《详集记》注释方式与特点的分析，可知辽代的南山律学重文辞训解而轻理论阐释、偏于守成而较少新创，同时还融入了一些密教因素，呈现出与现存钞记迥然有别的独特面貌。

# 结　语

《详集记》除了本身的文献及思想价值外，还从更广阔的层面向我们展示了南山律宗发展传播的样貌。据《宋高僧传》卷十五载，道宣的《行事钞》成书以后，"三辅、江、淮、岷蜀多传唱之"[1]，即主要向南方传播，北方的情况则不详。实际上，河东地区亦有流布，道宣的弟子融济活动于蒲州（今山西永济），便曾撰述钞记，而崇福律师所撰《律钞义记》五卷，又名《西河记》，可能亦流行于这一带。《详集记》的出现，则为我们提供了更加丰富的信息，其引用的钞记除了上述两种（分别以"济云""福云"出之）以外，其他多为南方律师的作品。这说明在唐五代时期，南山律宗的传播一度通达于南北，并且覆盖了燕云地区，是一股不可忽视的佛学力量。不过，契丹兴起以后，南北交流断绝，北方的南山宗在全新的佛教环境下仅能勉力维持，至澄渊时可能已显衰败，《详集记》开篇偈文中"不揆粗浅识，欲兴毗尼藏"之愿，正是这种局面的真实写照。但可惜的是，虽然澄渊在辽代地位尊崇，但其重振南山律的志向并未得以实现，自《详集记》之后，北方绝少再有相关的僧人或著作，而本书若非传入高丽，恐怕也早已湮没无闻了。

总而言之，《详集记》代表了南山宗发展史上的一种独特学风，它既承袭了唐代以降《行事钞》的注释传统，又受到地方佛教文化的强烈影响和制约，是中国律宗史上具有多重价值的重要作品。

---

[1] （宋）赞宁：《宋高僧传》，第365页。

# 《提谓波利经》与南朝社会
## ——以隐士刘虬为中心[①]

南京行政学院 侯广信

**内容提要**：魏晋南北朝，衣冠南渡，玄学遗韵，名士迭出，刘虬便是其一。他活动于宋齐之际，曾习儒、学道、修佛，与南朝皇室及隐士阶层互有交涉。北朝高僧昙靖所撰《提谓波利经》融合了儒佛道三教思想，自产生以来便广为流传。本文以刘虬为中心，以其佛教信仰为主线，以《提谓波利经》敦煌写本为基础，探讨该经在南朝社会的流传与影响。

**关键词**：南朝；隐士；刘虬；《提谓波利经》

## 引　言

《提谓波利经》为北魏僧人昙靖撰述之佛典。该经以佛教因果报应说为基础，吸收中国本土的儒家学说和道家学说，是一部融合三教思想的佛教典籍。

据《出三藏记集》[②]和《续高僧传·昙曜传》附《昙靖传》[③]载，旧时原有一卷《提谓经》存世，北魏太武帝灭佛时该经被焚，文成帝即位复兴佛法，昙靖便于刘宋孝武帝时，在原一卷《提谓经》基础上，吸收儒、道思想撰成二卷《提谓波利经》。由于该经一卷本被焚毁，二卷本又杂含儒、道，常被经录学家判为"疑经""伪经"，故未能入藏留

---

[①] 本文系2019年度国家社科基金青年项目《〈提谓波利经〉敦煌写本整理与佛教中国化研究》（19CZJ003）阶段性研究成果。

[②] （梁）僧祐撰，苏晋仁、萧鍊子校：《出三藏记集》卷五，中华书局，1995年11月第1版，第225页。

[③] （唐）道宣撰，郭绍林校：《续高僧传》卷一，中华书局，2014年9月第1版，第13页。

存，以致今日仍难观全貌。该经目前有六个写本存世，其中敦煌写本四个[①]，吐鲁番写本两个[②]，且均为列残卷。[③] 此外，该经部分引文散见于三论吉藏、天台智顗等高僧的论著之中。通过分析现存文献可知，该经以提谓、波利二商贾为佛陀奉献食物，佛陀受食而为其说三皈五戒法为线索展开；强调"持五戒为人行，行十善得生天"，故后世将其判为"人天教"或"人天乘"。从具体内容来说，该经吸收儒家《论语》《尚书》《礼记》《孝经》《春秋繁露》《白虎通义》等典籍的"阴阳五行""忠孝仁义""谶纬之学"等道德伦理思想，提出"五戒五行说""五戒五常说""五戒忠孝说""五戒谶纬说"；吸收道家《道德经》《太平经》《黄帝内经》《抱朴子》等典籍的"增命延寿""持斋益算""天神伺察""泰山信仰"等思想，提出"五戒道体说"和"三长斋""月六斋""八王斋""七日施"等斋戒学说；还吸收佛家《瑞应本起经》《中本起经》《修行本起经》《阿摩昼经》《开解梵志阿飚经》《华严经》等典籍的"因果报应""六道轮回""人身难得""善求明师"等思想，提出"五戒人天说""五戒生身说""五戒成佛说""五戒师道说"。由于"阴阳五行"为其奠定本土思想基础，"五戒十善"操作起来简便易行，"人天果报"又符合国人现实需求，故该经问世以来备受社会各层推崇。以致隋朝开皇年间关中地区"往往民间犹习《提谓》"，甚至出现专门修习该经的信仰组织——"义邑"。[④] 该经不仅在北方广泛传播，而且在南方也得以流布。本文以刘虬为个案，以其佛教信仰为主线，以《提谓波利经》敦煌写本为基础，分析其与南朝皇室、隐士阶层的关系，探讨该经在南朝社会的流传与影响。

# 一、三教融通

刘虬（438-495），字灵预，南阳涅阳（今河南邓州）人，宋齐之际隐士。萧子显称他"服道儒门""抗节好学"。刘宋泰始年间（465-471）曾任晋平王"骠骑记室"和"当阳令"，

---

[①] 英藏 S.2051，法藏 P.3732，中藏 BD3715，俄藏 Дx-2718（[日]牧田谛亮：《疑经研究》，日本京都大学人文科学研究所，1976年，第149页）。
[②] I.U.No.30, Ch.2317（[日]新田優：《〈提謂波利經〉の研究》，2019年度国際仏教学大学院大学博士学位論文，第20頁）。
[③] 敦煌写本内容参见拙稿《〈提谓波利经〉敦煌写本基础研究》，《宗教研究》2015年春卷，宗教文化出版社，2016年4月第1版。
[④] （唐）道宣撰，郭绍林校：《续高僧传》卷一，第13页。

初显儒家刚劲有为之风。① 正当建功立业之时，他却选择辞官归隐。

刘虬推崇道学，修炼养生之术。据《南齐书·刘虬传》载，他"罢官归家"②，"始事拂衣"③。"拂衣"原指拂动衣袖以表不悦之情，南北朝则引申为归隐之意④。因此他常"静处断谷，饵术及胡麻"，"畅余情于山泽，托暮情于鱼鸟"⑤。"断谷"又称"辟谷""绝谷""却谷""休粮""绝粒""却粒""停厨"，指日常生活不食五谷，是道家修炼长生的重要方法。⑥"饵术"即服饵之术，指服食丹药⑦，是道家服食养生⑧和修仙之术⑨。"胡麻"又称"巨胜"，即芝麻，原产于富有神话色彩的西域，因药效特殊而成为道家服食求仙的修炼之物。⑩此外，他还"常服鹿皮袷"⑪。"鹿皮袷"即"鹿皮夹"，指用鹿皮制作的夹衣，这在古代非常流行⑫和普遍⑬。野鹿幽居深山、与世无争的品性正好符合隐士们淡泊洒脱的情怀，因而成为隐逸之情的象征⑭。隐士们便逐渐形成系鹿巾、戴鹿冠、着鹿皮的穿衣风格⑮。刘虬常服"鹿皮袷"也在情理之中。他"素志与白云同悠，高情与青松共爽"⑯，处处体现道家的修行特征和生活轨迹。

刘虬虔信佛教，常与僧人来往。据《南史·刘虬传》载，"时有沙门僧惠，有异识，每诣虬，必呼之遴小字曰'僧伽福德儿'，握手而进之"⑰。"之遴"乃刘虬之子，天资聪颖，八岁能文，刘曰："此儿必以文兴吾宗！"⑱僧惠常登门造访刘虬，刘氏亦每

---

① （梁）萧子显：《南齐书·刘虬传》，中华书局，2017年8月第1版，第1035页。
② 同上。
③ （齐）萧子良：《与荆州隐士刘虬书》，《广弘明集》卷十九，《大正藏》第52册，第233页上。
④ 如：（宋）谢灵运《述祖德诗二首·之二》有"高揖七州外，拂衣五湖里"之句。
⑤ （梁）萧子显：《南齐书·刘虬传》，第1035页。
⑥ 黄永锋：《关于道教辟谷养生术的综合考察》，《世界宗教研究》2010年第3期，第106页。
⑦ 传芳：《略述道教辟谷服饵诸术》，《中国道教》1988年01期，第52页。
⑧ 黄永锋：《道教服食的技术哲学意蕴》，《哲学动态》2008年第1期，第48页。
⑨ 黄永锋：《关于道教辟谷养生术的综合考察》，《世界宗教研究》2010年第3期，第108页。
⑩ 杨宏：《道教胡麻饭考》，《中国文化研究》2010年夏之卷，第179页。
⑪ （唐）李延寿：《南史·刘虬传》，中华书局，1975年6月第1版，第1249页。
⑫ 郭孔秀：《中国古代鹿文化试探》，《农业考古》2000年第1期，第166页。
⑬ 李淑玲、马逸清：《中国鹿文化的始源与演变》，《东北农业大学学报》（社会科学版）第7卷第5期，2009年10月，第77页。
⑭ 段雯馨：《中国古代织物上的鹿纹与鹿文化》，《设计》2016年第17期，第132页。
⑮ 贾利芳、曾岚、徐培亮：《"鹿"意象的传统文化内涵阐释》，《阴山学刊》第33卷第1期，2020年2月，第7页。
⑯ （齐）萧子良：《与荆州隐士刘虬书》，第233页上。
⑰ （唐）李延寿：《南史·刘虬传》，第1249页。
⑱ 同上。

每携子相迎。可见他与教界相交甚密,可窥其人格魅力与佛学修为非同一般。

> 虬精信释氏,衣粗布衣,礼佛长斋,注《法华经》,自讲佛义。①

从布衣、拜佛、持斋、注经、讲法的细节来看,他是位虔诚的佛教徒,萧子良称其为"在家菩萨""白衣居士"②。此处有两处值得注意:

一是自讲佛义。他"研精佛理"③,注解《法华经》,作序《无量义经》④,开讲《大般涅槃》《大品般若》《小品般若》⑤等经,论述"善不受报""顿悟成佛"⑥等义,是一位精通佛教义学的大居士。他把《无量义经》列在"七阶判教"的第五阶,位居《法华》之前;⑦且"《法华》首戴其目"⑧,可见他偏好法华类经典。

二是礼佛长斋。斋戒是佛教重要的修行方式,而此"长斋"或与《提谓波利经》有关。刘虬曾参与南北朝判教的活动,并在慧观"二科五时"⑨判教基础上,按次第深浅将佛教分为"七阶":

> 根异教殊,其阶成七。先为波利等说五戒,所谓人天善根,一也。次为拘邻等转四谛,所谓授声闻乘,二也……在双树而临崖,乃畅我净之玄音,七也。⑩

他认为,众生根性不同,佛陀施教各异,佛教按义理的高低深浅可分成七个阶次。其中,他将佛"为波利说五戒"列为"初阶",即把《提谓波利经》作为修佛的开端。该经以"五戒十善"为法门,以"人天果报"为趣向。这种修行方式对提谓、波利、刘

---

① (梁)萧子显:《南齐书·刘虬传》,第1035页。
② (齐)萧子良:《与荆州隐士刘虬书》,第233页中。
③ (齐)萧子良:《与荆州隐士刘虬书》,第233页中。
④ 《无量义经》共一卷,分三品,由中天竺沙门昙摩伽陀耶舍受沙门惠表所请,齐建元三年(481)于广州朝廷寺译出。后由惠表带回武当并于永明三年(485)九月十八日顶戴弘通。[(南齐)刘虬:《无量义经序》,《大正藏》第9册,第383页下。]世人将常该经与《法华经》《观普贤经》合称"法华三部经"。
⑤ (齐)萧子良:《与荆州隐士刘虬书》,第233页上。
⑥ 同上。
⑦ (齐)刘虬:《无量义经序》,《大正藏》第9册,第383页中。
⑧ 同上书,第383页下。
⑨ "言五时者,昔《涅槃》初度江左,宋道场寺沙门慧观,仍制经序,略判佛教,凡有二科:一者顿教,即《华严》之流,但为菩萨具足显理;二者,始从鹿苑,终竟鹄林,自浅至深,谓之渐教;于渐教内开为五时教。"(隋)吉藏:《三论玄义》,《大正藏》第45册,第5页中。
⑩ (齐)刘虬:《无量义经序》,《大正藏》第9册,第383页中。

虬这样的在家居士而言，简便易行，吸引力强，因而得到认可并广为流传。

《提谓波利经》的斋戒内容丰富，如"三长斋""月六斋""八王斋"。"三长斋"又称"岁三斋"，指在每年正月、五月、九月的初一至十五进行斋戒。[①]"月六斋"又称"六日斋"，指在每月八日、十四日、十五日、二十三日、二十九日、三十日进行斋戒。[②]"八王斋"又称"八王日斋"，指在每年立春、春分、立夏、夏至、立秋、秋分、立冬、冬至进行斋戒。[③]该经认为这是阴阳交替、万物生长、天神伺察的重要阶段，此时进行斋戒有助于提升佛法修行。这与中国道教增寿延命思想和古代月令节气相关，是南北朝佛教本土化的具体体现。

从他对《提谓波利经》的重视可推知："礼佛"之"长斋"或为"三长斋""月六斋""八王日斋"。并且他"礼诵长斋，六时不阙"[④]，持之以恒，足见其修行勤奋。

## 二、南朝社会

刘虬问道修佛与世无争，多次征请皆避而不就。如：豫章王萧嶷、庐陵王萧子卿、齐明帝萧鸾分别于建元初（479）、永明三年（485）、建武二年（495），征为别驾、通直朗、国子博士。[⑤]他这种"仕不求闻"[⑥]的风骨气节，赢得南齐皇室和隐士阶层的尊重与钦佩。

### （一）南齐皇室

竟陵王萧子良（459-494），齐武帝萧赜次子，"敦义爱古"，"倾意宾客"；曾在鸡笼山府邸大集文人雅士，抄写五经百家，编撰《四部要略》。他还延请名僧，对讲佛法，抄写经论，新造梵呗，在佛教义理和修行实践上均有所成就。这种儒佛并尊、道俗皆应的情况在江左未有出其右者。[⑦]

---

① 拙稿《〈提谓波利经〉敦煌写本基础研究》，第98页。
② 同上。
③ 同上。
④ （齐）萧子良：《与荆州隐士刘虬书》，第233页上。
⑤ （梁）萧子显：《南齐书·刘虬传》，第1035页。
⑥ 同上书，第1022页。
⑦ "招致名僧，讲语佛法，造经呗新声，道俗之盛，江左未有也"。（梁）萧子显：《南齐书·萧子良传》，第776页。

> 与文惠太子同好释氏，甚相友悌。子良敬信尤笃，数于邸园营斋戒，大集朝臣众僧，至于赋食行水，或躬亲其事。①

他常在鸡笼山召集百官名僧，营设斋戒，参与法事，劝人行善，因而名声大噪。他甚至在延昌殿侍奉汤药时，还"启进沙门于殿户前诵经"②来尽孝道。

他"少有清尚，礼才好士"③，对刘虬"未面自亲，闻风如旧"④，又因其"精于释理，要其东下"⑤，故前后三次"致书通意"⑥。第一次由他亲口授意、王元长书写，经南郡太守刘景蕤转送；既突出对刘氏品格才学的仰慕，又透露出对其隐而不仕的惋惜，还表达了希望对方应征前来的渴望。第二次再遣刘景蕤代为"敦请"⑦，"重有别书，招来畿邑"⑧。第三次又使刘氏同乡、吏部郎庾杲之"致书"⑨。刘氏以"内固已决，非复外物所动"婉拒。⑩

一个"深弘妙法"，一个"精于释理"；一个"在家菩萨"，一个"白衣居士"；都精通义理，热衷修行；共同的信仰把他们联系起来。以致他在书信对刘虬发出"栖尚既同，情契弥至"的感慨，并期望能"共剖众妙"。⑪由此可知，他的"营斋"或与刘虬的"长斋"相关，即为《提谓波利经》的三长斋、月六斋或八王日斋。

文惠太子萧长懋，齐武帝萧赜长子，"姿容丰润"，"风韵甚和"。他与萧子良同为穆皇后所出，二人自幼便"甚相友悌"。又因他们"并好释法"⑫，共修斋戒，交往也更加密切。他曾设"六疾馆"⑬救助百姓，慈悲之心跃然纸上。所以竟陵王所营"斋戒"，

---

① （梁）萧子显：《南齐书·萧子良传》，第778页。
② 同上。
③ 同上，第772页。
④ （齐）萧子良：《与荆州隐士刘虬书》，第233页上。
⑤ 同上。
⑥ 李猛：《论萧子良永明中后期的奉法与弘法——以萧子良与诸人来往书信为中心》，《文史》2015年第3辑，总辑第112辑，第48页。
⑦ 同上书，第49页。
⑧ （齐）萧子良：《与荆州隐士刘虬书》，第233页中。
⑨ 李猛：《论萧子良永明中后期的奉法与弘法——以萧子良与诸人来往书信为中心》，第50页。
⑩ （齐）萧子良：《与荆州隐士刘虬书》，第233页下。
⑪ 同上。
⑫ "文惠太子、竟陵王子良并好释法。吴兴孟景翼为道士，太子召入玄圃。众僧大会，子良使景翼礼佛，景翼不肯，子良送《十地经》与之。景翼造《正一论》"。（梁）萧子显：《南齐书·顾欢传》，第1031页。
⑬ （梁）萧子显：《南齐书·文惠太子传》，第449页。

文惠太子必定同修。

豫章王萧嶷，齐太祖萧道成次子，"宽仁弘雅，有大成之量"①。他虔诚崇信佛教，命终遗嘱其子："后堂楼可安佛，供养外国二僧。"②他生前欲征刘虬为"别驾"而遭婉拒，又与文惠太子、竟陵王相交甚厚。他死后萧子良上书表德，齐世祖为"起集善寺"③。他信佛如此虔诚，或曾与文惠、竟陵讨论过斋戒事宜。

## （二）南朝隐士

魏晋南北朝时，北方战乱频发，民众困苦不堪，世家大族南迁，史称"衣冠南渡"。道学玄风亦随之而来，高士迭出成为南朝社会普遍现象。他们"隐避纷纭，情迹万品"，"揭独性之高节，重去就之虚名"，而以刘虬、宗测、宗尚之、庾易、刘昭最具代表性。史称其"名教之外，别有风猷"，"激竞违贪，与世为异"。

> 永明三年，刺史庐陵王子卿表虬及同郡宗测、宗尚之、庾易、刘昭五人，请加蒲车束帛之命。诏征为通直郎，不就。④

公元 485 年，齐武帝萧赜和庐陵王萧子卿分别征请五人入仕而遭婉拒。他们的表现尽显高士之节，也因此名声大振。

他们同住江陵，性情相投，交往密切。刘昭与刘虬同宗，关系自然更亲密，学问信仰也更相近；虽同被征请却辞而归隐。⑤庾易本新野人（河南新野），后迁居江陵（湖北荆州），"志性恬隐，不交外物"，"以文义自乐"；面对豫章王、临川王、庐陵王、齐明帝的征诏辞而不就。⑥宗测本南阳人，世居江陵，"不乐人间"，尤好老庄，自谓"性同鳞羽，爱止山壑"，征而不就。其祖宗炳为刘宋名士，师事庐山慧远，曾作《明佛论》，又舍宅为永业寺。他受家族影响信佛，"画永业佛影台"⑦，后留居永业寺，仅与"同志"刘虬、庾易、宗尚之、刘昭"往来讲说"。⑧宗尚之与宗测同宗，性好山水而无心外骛，

---

① （梁）萧子显：《南齐书·萧嶷传》，第 453 页。
② 同上书，第 466 页。
③ （梁）萧子显：《南齐书·萧嶷传》，第 466 页。
④ （梁）萧子显：《南齐书·刘虬传》，第 1035 页。
⑤ （梁）萧子显：《南齐书·刘昭传》，第 1036 页。
⑥ （梁）萧子显：《南齐书·庾易传》，第 1036 页。
⑦ （梁）萧子显：《南齐书·宗测传》，第 1038 页。
⑧ "仍留旧宅永业寺，绝宾友，唯与同志庾易、刘虬、宗人尚之等往来讲说"。（梁）萧子显：《南齐书·宗测传》，第 1037 页。

与刘虬一同被皇室征请，皆辞而不就，受家族与好友影响亦信仰佛教。①

他们既是"同志"，信仰自然相通；则其"往来讲说"之义，或欢畅无为玄风，或寄言山水泽情，或探究佛法妙理，或躬行斋戒之仪。因此刘虬"礼佛长斋"之法，其余四人抑或为之。

## 结　论

刘虬好学儒门，淡泊名利；隐世遁形，潜修道术；崇信佛法，自讲妙理。他撰写经序，与僧交好，注解经文，自讲佛义，参与判教，注重法华，修持斋戒。他虽然世居南土，却看重流行于北方的《提谓波利经》，判其为人天教门，位列于七阶之首；又将三长斋等"长斋"作为礼佛修行功课。

刘虬因才华气节受到南齐皇室的推崇，而取得隐士阶层的尊重；屡征不就却与同郡交好。竟陵王招僧引道，抄经设斋，躬亲法事，三次通书，仰其学问，慕其修行，故所设斋或为刘虬所修《提谓波利经》之斋；又因他与文惠太子、文献王交好，二人亦崇佛修斋，或许该斋法曾流行于南朝皇室之间。此外，宗测、宗尚之、庾易、刘昭与刘虬同居江陵，地缘上彼此来往，人格上相互倾慕，精神上相互交流。又五人"往来讲说"或涉及《提谓波利经》，故该经或曾在南朝隐士阶层流传，并由此而流传向民间。

---

① （梁）萧子显：《南齐书·宗尚之》，第1038页。

# 智俨研究的新进展

南京大学哲学系 平燕红

**内容提要**：兼学华严学与摄论学的智俨法师，跟随智正法师学习《华严经》，树立了自己专弘华严学的志向，他有可能是在智正《华严经疏》基础上完成的《搜玄记》一文，并在其中加入了慧光法师的"别教一乘无尽缘起法门"。其次，近些年佐藤厚发现了日本书道博物馆藏的养鸬彻定旧藏《华严经疏》和顾文彬旧藏《华严经疏》这两部断简，这两部断简很有可能就是智俨《摄大乘论无性释论疏》四卷的一部分，对智俨摄论学思想的相关研究将具有重要意义。

**关键词**：智俨；智正；《华严经疏》；《无性释摄论疏》；养鸬彻定断简

杜顺（557-640）、智俨（602-668）、法藏（643-712）、澄观（738-839）、宗密（780-841）这一唐代"华严宗五祖说"现今已为学术界广泛认可并熟知，但关于这一祖统并不应该简单地被理解与解释，其中包括杜顺被奉为初祖的原因及这一祖统说的建立、发展等等都还存在相当大的问题。尤其是关于智俨的老师、华严宗初祖的问题就曾有过相关讨论，即境野黄洋博士提出的"智正初祖说"与常盘大定博士提出的"杜顺初祖说"之争，境野博士认为智俨是从智正之处习得的《华严经》，故初祖当为智正；而常盘博士认为思想上的谱系和宗教的传承是有区别的，虽然智俨在思想上继承于智正，但从宗教方面来看智俨当从杜顺，并以此来反驳境野博士提出的新说。这个争论的来源正是由于智俨此人复杂的师承和学习经历，圣凯法师曾指出："华严宗的创立，是以地论学派为主，同时吸收各家的观点，形成了自己的独特学说体系。但是，摄论学派北传后，

---

① 本文受"江苏省卓越博士后计划"和"中国高校基本科研业务费专项资金"（2023300304）资助，为第73批中国博士后科学基金面上项目"日本称名寺所藏稀见汉籍佛教文献的调查与研究"（2023M731618）、2023年度江苏省社科基金青年项目"佛教中国化与中日文化交流研究"（23ZXC001）之阶段性研究成果。

受到北方佛学的影响，摄论师逐渐关注《华严经》，从而对华严教学的成立给予重大的影响"①，这一点已逐渐成为学界的共识。学者们通过对智俨传记的分析，详细探讨了他与摄论学派僧人之间的交往，即在昙迁（542-607）膝下受学的法常、灵辨（586-663）、静琳（565-640）、智正（559-639）四人。但学者们大多将目光注目于法常、灵辨、静琳以及提出"渐顿圆"三教的慧光（468-537）之上，而忽略了给智俨讲解《华严经》的智正法师。误导大家产生智正法师对智俨影响不大这一观点的直接来源是法藏所集的《华严经传记》，此文指出"俨以法门繁旷，智海冲深，方驾司南，未知何厝，乃至于经藏前，礼而自立誓，信手取之，得华严第一。即于当寺智正法师下，听受此经，虽阅旧闻，常怀新致，炎凉亟改，未革所疑。遂遍览藏经，讨寻众释，传光统律师文疏，稍开殊轸，谓别教一乘无尽缘起，欣然赏会，粗知毛目"②，从法藏的这段记载来看，智俨在广泛学习了各派学说的基础上，树立了专门研究和弘扬《华严经》的志向，便前往至相寺从学于昙迁的弟子智正法师，但之后智俨认为智正法师所讲的《华严经》都属旧闻，并没有解决从古至今的疑问，便博览群书，试图寻找别的解释，终于在阅读慧光法师文疏后了解"别教一乘无尽缘起"法门。人们基于这段描述，认为智俨虽从学于智正，但因为智正的学说太过老旧所以并没有解决智俨的疑惑，智俨反而是在阅读过慧光法师的文疏之后开启了"别教一乘无尽缘起"法门，但智正对智俨的影响到底有多少，其实是值得推敲的。其次，日本学者佐藤厚于近年发现了《摄大乘论无性释摄论疏》的相关断篇，这些断篇是否就是智俨《摄大乘论无性释论疏》四卷的一部分，是一个值得探讨的问题。

# 一、前人的基础性研究

关于华严二祖智俨的先行研究已有不少，本段将着重于他的师承与著作进行相关阐释。关于智俨的著作问题，木村清孝博士做过详细的解说，基于此我们能了解《元超录》（914年完成）、《义天录》（1090年完成）、《永超录》（1094年完成）、《花严宗经论章疏目录》等目录都收录有智俨的著作，除此之外，《一乘法界图圆通记》指出《一乘法界图》中诗的部分也是智俨的作品，《十句章圆通记》指出《十地经论疏》五卷及《十句章》中的"十句"也是智俨的作品。其次，木村博士对上述这些作品的真伪做了讨论，指出以完整形态保存和流传至今的有《搜玄记》五卷、《孔目章》四卷、《五十

---

① 圣凯：《摄论学派与早期华严宗的形成》，《宗教学研究》2008年第1期，第80页。
② 法藏：《华严经传记》，《大正藏》第51册，第163页下。

要问答》二卷、《一乘十玄门》一卷、《金刚经略疏》五卷、《一乘法界图》中诗的部分以及《十句章》中的"十句",仅以片段式的存在形式流传的有《六相章》一卷、《入法界品钞》一卷、《无性释摄论疏》四卷这三部作品。智俨撰有《华严经疏》十三卷这一记录令人存疑,虽然法藏曾批判过智俨此文章句简略、义丰文简,但其实智俨撰写《华严经疏》十三卷的可能性并不高;《义天录》虽记载有智俨撰写《楞伽经注》七卷的条目,但这一条目也非常可疑,《永超录》中指出大敬寺沙门智严此人撰有《楞伽经注》七卷,看来在不知不觉间智俨与智严二人已经被世人所混淆;"《一乘法界图》诗的部分是义湘(625-702)的作品"这一见解是比较稳当的;至于《十地经论疏》五卷与《十句章》的"十句"这两文的真伪,在现有的资料基础上并不能给出明确的答复;《搜玄记》五卷、《五十要问答》二卷、《孔目章》四卷这三部著作的作者毫无疑问就是智俨;现存的《一乘十玄门》也是智俨的著作,但木村博士认为在此文中智俨到底继承了杜顺的多少观点还是值得商榷的问题;从智俨在晚年非常重视一乘同教及禅的实践来看,再结合当时《金刚经》的流行这一社会趋势,智俨为《金刚经》做注解也是很有可能的;至于仅以片段留存下来的《无性释摄论疏》四卷,首先可以确定的是,智俨在一定程度上也可以被认为是一个摄论学者,其次他精通《释论》,从这两点来看,木村博士认为智俨撰写《无性释摄论疏》四卷是事实①。通过上述的细致分析,我们认为智俨撰有《无性释摄论疏》一文是一个历史事实,日本僧人顺高的《起信论本疏听集记》、凝然的《五十要问答加尘章》及《五教章通路记》等文对智俨撰《无性释摄论疏》有片段引用之外,日本学者佐藤厚于近年发现了《无性释摄论疏》的两个断简②,这两个断简很有可能就是智俨的《无性释摄论疏》(关于这两个断简,笔者会在下文对其进行说明)。

其次,关于智俨的师承以及他与摄论学派的关系这一点,圣凯法师指出,摄论学派中与《华严经》的研究和流传关系密切的有昙迁、法常、慧休、道奘、道英、静琳、智正、弘智、道璨等人,并对《续高僧传》中的"达法师""常法师""辨法师""琳法师"等人做了详细的解释,但他仅以"最后,他树立了专门研究和弘扬《华严经》的志向,师从智正法师"③这一句话对智正法师做了总结。在笔者看来智正法师对智俨的影

---

① 木村清孝:《智儼の著作について——金沢文庫保管本に因んで——》,《金泽文库研究》第22卷第6号,1976年,第8-20页。
② 佐藤厚:《撰者不詳〈摂大乗論無性釈への注釈書〉断簡(1)——養鸕徹定旧蔵華厳経疏の実態:書道博物館所蔵》,《专修人文论集》第101号,2017年,第283-307页;佐藤厚:《撰者不詳〈摂大乗論無性釈への注釈書〉断簡(2)——養鸕徹定旧蔵華厳経疏の実態:顧文彬旧蔵断簡——》,《专修人文论集》第102号,2018年,第277-308页。
③ 圣凯:《摄论学派与早期华严宗的形成》,《宗教学研究》2008年第1期,第81页。

响应是非常大的，此点可通过对智正《华严经疏》和智俨《大方广佛华严经搜玄分齐通智方轨》（以下简称《搜玄记》）二文的内容分析与比较来获得，可以认为智俨的《搜玄记》一文是在智正《华严经疏》的基础上而成的著作（关于此点的详细分析，笔者会置于下文）。石桥真诚博士指出，境野博士与常盘博士二人对智俨的师承产生过争论，境野博士认为古往今来的杜顺、智俨、法藏这一系谱是存在疑问的，智俨是从智正法师处习得的《华严经》，智正应为华严初祖，与此相对，常盘博士认为思想上的系谱与宗教传承的系谱两者存在区别，智俨虽在思想上继承智正，但在宗教观上却是继承杜顺；除此之外，两人还为《续高僧传》中智正的弟子"智现"是否就是智俨争论不休[①]。最后，吉津宜英博士也曾对智俨的师承做过相关论述，他指出光从《华严经传记》和《续高僧传》中的《杜顺传》的记载来看，杜顺与智俨之间的师弟关系是没有疑问的，但问题就出在《法界观门》是否对智俨产生过影响这一点上；如我们遵循"木村清孝博士提出的《法界观门》一文是法藏之后的人假借杜顺之名伪造"的说法，那么杜顺与智俨之间其实就没有任何思想上的继承关系；而木村博士提出的这一点遭到结城令闻博士和Robert M. Gimello博士的反驳；且智俨教学和《法界观门》的关联其实就在《一乘十玄门》上，因为《十玄门》和《法界观门》中的"周遍含容观"有思想上的联系，所以古往今来人们认为杜顺对智俨的思想产生了全面的影响，但事实上《一乘十玄门》其实是部伪作，在这个意义上，我们可以承认杜顺与智俨之间的师弟关系，但是并不能明确杜顺对智俨有思想上的影响；且对于智正此人，我们可以确认的也仅仅是此人与智俨的师弟关系，二者思想上的继承关系并无任何依据，相比较智正，慧光对智俨思想上的影响可见一斑，慧光才是对智俨的思想形成产生过重要影响的人（两者虽然没有师承关系），智俨是在慧光注释的基础上完成了自己的《搜玄记》一文。[②]

综上，学界对于智俨的师承的讨论非常丰富，笔者无意对华严宗的传承谱系作出修正或改正，此文仅仅是想指出，在现有的文献基础上我们势必要正视智正及其《华严经疏》对智俨产生的影响。

## 二、智正对智俨在华严学上的影响

误导大家产生"智正法师对智俨影响不大、慧光法师所撰的华严文疏对其影响更大"

---

[①] 石桥真诚：《智俨の思想の系谱》，《印度学佛教学研究》第24卷第2号，1976年，第767—768页。

[②] 吉津宜英：《华严一乘思想の研究》，大东出版社，1991年，第23—29页。

这一观点的直接来源是法藏所集的《华严经传记》，法藏指出"俨以法门繁旷，智海冲深，方驾司南，未知何厝，乃至经藏前，礼而自立誓，信手取之，得华严第一。即于当寺智正法师下，听受此经，虽阅旧闻，常怀新致，炎凉亟改，未革所疑。遂遍览藏经，讨寻众释，传光统律师文疏，稍开殊轸，谓别教一乘无尽缘起，欣然赏会，粗知毛目"①，光从这条记录来看，可知智俨在广泛学习了各派学说的基础上，树立了专门研究和弘扬《华严经》的志向，便前往至相寺跟随昙迁的弟子智正法师学习，但智俨认为智正法师所讲的《华严经》都属旧闻，并没有解决从古至今的疑问，便博览群书，最终在慧光律师处了解到"别教一乘无尽缘起"，打开了华严教学内部法界缘起的大门。基于法藏的这段描述，可知智俨虽在智正门下学习《华严经》，但智俨觉得智正所讲的学说太过老旧故转向慧光的"别教一乘无尽缘起"法门，受其影响颇大。所以智正对智俨的影响到底有多少，其实是值得推敲的。

首先我们要了解智正到底是一个怎样的僧人，《续高僧传》有其传：

> 释智正，姓白氏，定州安喜人也……开皇十年，文皇广访英贤，遂与昙迁禅师同入魏阙，奉敕慰问令住胜光……以贞观十三年二月二十八日卒于本住，春秋八十有一。弟子智现等，追惟永往感息难顾，鸠拾余身，于寺之西北凿岩龛之，铭记如在……正凡讲《华严》《摄论》《楞伽》《胜鬘》《唯识》等不纪其遍，制《华严疏》十卷，余并为抄记，具行于世。②

智正法师姓白，定州安喜人（今河北保定），年十一落发出家，开皇十年（590）因其贤能，受隋文帝杨坚诏令同其师昙迁禅师一同进入魏都、移住胜光寺，其学问、品德都为其时其地的人所敬仰，有弟子智现等。智正一生讲《华严》《摄论》《楞伽》《胜鬘》《唯识》不计其数，并撰有《华严疏》十卷流传于世。再结合《华严经传记》中《灵辨传》《智俨传》的记载，可知灵辨与智俨二人都曾在智正法师处学习华严学，可以推测智正法师应是当时讲华严学的大家，那么他对弟子智俨的华严思想产生影响也是可以猜测的。

其次，通过对智正《华严经疏》和智俨《搜玄记》二文内容的对比，可以看出智俨《搜玄记》受其师智正所撰《华严经疏》一文的影响颇深。日本僧人顺高在其《起信论本疏听集记》（卷第三本）中引用了智正《华严经疏》（第一上）的部分内容（要注意的是，顺高并不是直接引用的《华严经疏》，而是转引《圆宗文类》中所载《华严经疏》，由此可以推测智正此文并没有全文流传到日本，而是以被《圆宗文类》引用的方式部分流

---

① 法藏集：《华严经传记》，《大正藏》第51册，第163页下。
② 道宣：《续高僧传》，《大正藏》第50册，第536页中－下。

传到了日本），其内容为先"摄教分齐"、后"释经名"①，其中有三点两者颇为一致，见下表：

| | 智正《华严经疏》 | 智俨《搜玄记》 |
|---|---|---|
| 声闻藏、缘觉藏和菩萨藏的分类 | 教虽尘沙，略举其要，总有二种，一声闻藏、二菩萨藏。云声闻藏者，如来初成道已第六七日后，往波罗奈国鹿苑之所，为小机人转于有作四谛法轮，如此等教名声闻藏。就中复二谓声闻声闻、缘觉声闻。若从先来乐观四谛成声闻种性，于最后身值佛出世，还复为说四谛等法称本性，故曰声闻声闻。是故下经云，若众生下劣其心厌没者，示以声闻道令出于众苦也。言缘觉声闻者，是人本求缘觉道，恒示观察旃旎元之法成缘觉种性，于最后身值佛出世，还复为说十二因缘称遂本性，以闻声悟道是故名为缘觉声闻。故下经云，若复有众生诸根小明利，乐于因缘法为说辟支佛，二人虽殊同求小果，以是义故。对斯二人所说者，齐号为声闻藏也。② | 第二明藏摄分齐者……此以二义明之。一声闻声闻，是人本求声闻道乐观四谛，今遇佛说四谛法得道，先有种性，今复闻声故曰声闻声闻。如经中说，求声闻者如来为说四真谛法，据此为言。二缘觉声闻者，人求缘觉道，今遇佛说因缘教法。如经中说，求缘觉者如来为说十二缘法。就此为论，初义总相知法，后义别相知法，利钝虽殊，同期小果，总为一藏也。若上利根出无佛世，自悟因缘，而得道果，有行无教，据斯废也。依普曜经，望理教别也，就声闻中有其二种，谓初执性教及顺破性等诸部执教，破性教者，分知法空，同依四谛趣于小果故同入声闻藏也。③ |
| 顿教与渐教的分类 | 云菩萨藏者，如来创始成道第二七日，为大根性人说于大乘究竟法轮等，就中亦有二种之异。一依渐教入菩萨，谓从小入大，或有先曾习于大乘中间学小后还向大，此等皆是渐入菩萨。故余经云，除先修习学小乘，今亦令入是法中。此经亦云，若人根明利，有大慈悲者，我心饶益于众生为说菩萨道。二者依顿教入，有诸众生久习大乘，唯心真观相应善根，今始见佛即能顿入究竟大乘。故余经云，或有众生世世已来常受我化，始见我闻我说法，即皆信受入如来惠。此则顿悟人也。此经亦云，若有无上心决定乐大事，为示于佛身说无尽佛法。斯等则是顿入菩萨也。前偈渐入大对小乘人，故云根明利。后次一偈对顿机器决示大事，顿说无尽佛法深义……今此经者，二藏之中菩萨摄，渐顿教中淳为根熟直入人说故，是顿教法轮，亦名圆教摄，故经云，说圆满修多罗也。④ | 二菩萨藏内有二。一者先习大法，后退入小，今还进入大故，经说言，除先修习学小乘者，我今亦令入是法中名渐入也。二者久习大乘今始见佛，则能入顿，故经说言，或有众生世世已来常受我化，始见我身闻我所说，即皆信受入如来慧也，此经即入大乘教摄也，第二顿教摄者。故下经云，若众生下劣其心厌没者，示以声闻道令出于众苦。复有众生，诸根少明利，乐于因缘法为说辟支佛。若人根明利，饶益于众生有大慈悲心，为说菩萨道。若有有无上心决定乐大事，为示于佛身说无量佛法……第三言圆教者，为于上达分阶境者，说于解脱究竟法门，满足佛事故名圆也，此经即顿及圆二教摄。⑤ |

---

① 顺高：《起信论本疏听集记》，《大日本佛教全书》第92册，第133-135页。
② 顺高：《起信论本疏听集记》，《大日本佛教全书》第92册，第133-134页。
③ 智俨：《搜玄记》，《大正藏》第35册，第13页下－14页中。
④ 顺高：《起信论本疏听集记》，《大日本佛教全书》第92册，第134-135页。
⑤ 智俨：《搜玄记》，《大正藏》第35册，第14页中。

| | | |
|---|---|---|
| 《华严经》经名的说明 | 次释经名，今言大方广佛华严经者，此法喻双举，所言大者，乘旨包富该罗无外，二乘渐学莫能过之，谓之为大也。唯心真如，理正非邪称之为方。法界法门过于数量故曰为广。所言佛者此方名觉，明达心源，转依究竟，随眠已尽，尘习永亡，晖光大夜晓示朦徒，开演正趣，自觉觉他，故名为佛。① | 四释经题目者，大方广佛华严经世间净眼品者。大，谓体相用莫过故也，谓平等不增减体，具足性功德相，生世出世善因果用故。方者理正非耶。广者，法门理数具德尽其边也。佛者，觉也，此通十佛及三身佛。华，有二种，一集果华不与果俱，如生死为道具等乃至因位善根者也，二庄果华与果同时，如七净华等及满果位诸德，修生本有互严可知。严者，庄饰也。又言大者标以胜极之都目，故论云，大胜高广一体，而异名乘旨道富，参罗无外，谓之大本，非局然矣。言方者圆通之致，处无不善，触缘斯顺，不择物而施，故曰方。言广者，冲而幽微而远渊而且博，谓之广也。言佛者，中国正音云佛陀，此方称觉者，以其朗达穷源，尘习永亡，怀明独曜，晖光大夜，启导群惑，自觉觉人，故曰佛陀。② |

从上表可知，第一，智正认为一切教法可分为声闻藏与菩萨藏，其中声闻藏又可分为声闻声闻与缘觉声闻二种，声闻声闻乐求观四谛故为声闻声闻，缘觉声闻因执着于十二缘起而为缘觉声闻，声闻藏和缘觉藏虽然不同，但因为二者追求的都是小果，所以统称为声闻藏。在声闻藏、缘觉藏和菩萨藏的分类上，智俨《搜玄记》中的观点与智正一致；第二，关于顿教与渐教的分类，智正认为菩萨藏可分为依渐教入菩萨、依顿教入菩萨二种，其中《华严经》于二藏之中属菩萨藏，于顿渐教中属顿教法轮且亦摄圆教。智俨在《搜玄记》中持相同的观点；第三，在对《大方广佛华严经》这一经名进行说明时，智正认为此经乘旨丰富、包罗万象，故称为"大"；理正非邪，故称为"方"；包含法界、法门数量广大，故称为"广"；此经言佛，故称为"觉"；自觉觉人，故称为"佛"。对于这一经名，智俨也持相同的解释。

就以上三点来看，智正与智俨的观点完全是一致的，甚至智俨在某些场合直接使用了智正的原文，跟随智正学习《华严经》的智俨，在撰述《搜玄记》时借鉴采用智正的

---

① 顺高：《起信论本疏听集记》，《大日本佛教全书》第92册，第134-135页。
② 智俨：《搜玄记》，《大正藏》第35册，第14页下。

文章是非常有可能的，且通过上述的对比，可以看出他应是在智正《华严经疏》基础上完成的《搜玄记》一文，并在其中加入了他认为的一些比较新颖的说法，比如"别教一乘无尽缘起"之类的慧光律师的新说。至于地论宗"渐顿圆"三教判释的通说，很难判断智俨是直接承袭于慧光律师还是智正，与马渊昌也的"依照法藏的证言，可以认为智俨的渐顿圆三教判释建立在慧光的四卷本《华严经疏》"① 这一观点不同，笔者认为智俨对《华严经》的基础观点是承袭于智正法师，兼学《华严》与《摄论》的智正，无疑是对智俨产生重大影响的人。

## 三、新出《摄大乘论无性释摄论疏》

智俨虽宗华严学，但他师从法常、灵辨、静琳、智正等摄论师，受摄论学派影响颇深，尤其是摄论师对《华严经》的解释对智俨华严思想的形成产生了重大的影响，他曾撰写《摄大乘论无性释摄论疏》（以下简称《摄论疏》）四卷，就是对此最好的证明。此《摄论疏》并无全本留存，现今只能通过他人文章中的引用文一窥其貌，即：

  1. 凝然在《五教章通路记》中对俨师《摄论疏》有片段引用②。（同样的引文也出现在审乘《华严五教章问答抄》③ 和凤潭《华严五教章匡真钞》④ 中。）

  2. 顺高在《起信论本疏听集记》（卷第三本中）对俨师《摄论疏》（第一）这部分有片段引用⑤。（凝然《五十要问答加尘章》中的"即章主无性摄论疏第一，有二种遍计所执。一人遍计所执，二法遍计所执。实我实人所执情见，名人遍计实计。法体因果等相，名法遍计"⑥，应也是来自顺高《起信论本疏听集记》中的《摄论疏》引文。）

---

① 马渊昌也：《智俨と五教判——顿教と三乘、一乘の对配の观点から》，《言语・文化・社会》第5号，2007年，第89页。
② "俨师摄论疏云，六因十乃至二十因，皆具六义，是故此中名一切因。问唯识论云，本识名言种上必具六义，余识间断，不具恒转果，俱有义等，何故此中，言一切因皆具六耶。答唯识论义，约初教释，若约缘起秘密义离如来藏。一切诸法为因果之义，永不可得故，一切因皆具六义，此约大乘实教义也"。凝然：《五教章通路记》，《大正藏》第72册，第476页中－下。
③ 审乘：《华严五教章问答抄》，《大正藏》第72册，第653页下。
④ 凤潭：《华严五教章匡真钞》，《大正藏》第73册，第432页上。
⑤ 顺高：《起信论本疏听集记》，《大日本佛教全书》第92册，第135页。
⑥ 凝然：《五十要问答加尘章》，《大日本佛教全书》第13册，第419页。

上述引文中，顺高指出其所引智俨《摄论疏》中的"渐顿圆"三教判摄的相关内容与《搜玄记》中的内容一致，所以引用文中很多内容被省略了。此外马渊昌也指出，《搜玄记》是智俨27岁的作品，而《摄论疏》应是智俨60岁左右的作品，因此可以看出智俨一如既往地坚持"渐顿圆"这一三教判释①。

除此之外，近些年佐藤厚博士发现了日本书道博物馆藏的养鸬彻定旧藏《华严经疏》和顾文彬旧藏《华严经疏》这两部断简②。佐藤博士指出，这两部断简的内容前后连续，因此可作为同一部作品来检讨，第一所藏者为养鸬彻定，第二所藏者是明治初期与养鸬彻定有深交的金邠居，第三所藏者是顾文彬，顾文彬应当是从同乡金邠居处获得的这份断简。两份断简虽题为《华严经疏》，但通过内容的分析，发现断简的内容是对玄奘译《摄大乘论无性释》的相关注释，养鸬彻定藏断简是对"释增上戒学分第七"部分的注释，顾文彬藏断简前半部分是对"增上戒学分第七"部分的注释，与养鸬彻定藏断简的内容具有连续性；后半部分是对"彼修差别分第六"部分的注释。

关于《摄论无性释》的注释书，据现有的材料可知有四种，即神廓撰《无性摄论疏》十四卷③、功迥撰《无性摄论疏》④、智俨撰《摄大乘论无性释摄论疏》四卷⑤、太贤撰《摄大乘论无性释论古迹记》一卷⑥，但遗憾的是这四部著作现都不存。佐藤厚发现的这两部断简，除了引用《无性释》之外，还引用了玄奘译《摄论世亲释》和真谛译《摄论世亲译》，故其作者很有可能是7世纪的智俨和神廓（神廓很有可能为8世纪人），但由于断简内容与智俨或神廓著作现存的逸文并无一致之处，所以很难进一步确认这两部断简的作者归属问题，希望将来在发掘出智俨或神廓更多的材料之时能解决这个问题。但毫无疑问，这两部断简不仅对智俨或神廓的现有研究具有重要意义，更能为中国唐代佛

---

① 马渊昌也：《智俨と五教判——顿教と三乘、一乘の对配の观点から》，第88页。
② 佐藤厚：《撰者不详〈摄大乘论无性释への注释书〉断简（1）——养鸬彻定旧藏华严经疏の实态：书道博物馆所藏》，第283-307页。佐藤厚：《撰者不详〈摄大乘论无性释への注释书〉断简（2）——养鸬彻定旧藏华严经疏の实态：顾文彬旧藏断简》，第277-308页。
③ "无性摄论疏云（神廓撰），若约四种释通而皆有……"圣诠：《华严五教章深意钞》，《大正藏》第73册，第44页下。
④ "释功迥，姓边，汴州浚仪人……又撰无性摄论疏，厥功始成……"道宣：《续高僧传》，《大正藏》第50册，第528页下。
⑤ "摄大乘论无性释论疏四卷，智俨述"。义天录：《新编诸宗教藏总录》，《大正藏》第55册，第1176页中。
⑥ "无性释论古迹记一卷，太贤述"。义天录：《新编诸宗教藏总录》，《大正藏》第55册，第1176页下。

教中的摄论学派、唯识学派的研究提供材料，是值得瞩目的重要文献。

综上所述，兼学华严与摄论的智俨法师，跟随智正法师学习《华严经》，树立了自己专研华严的志向，在智正《华严经疏》一文的基础上完成了自己的《搜玄记》，并在其中加入了慧光法师的"别教一乘无尽缘起法门"学说。近年日本学者佐藤厚新发现的养鸬彻定旧藏《华严经疏》和顾文彬旧藏《华严经疏》这两部断简，虽然还不能百分百确定就是智俨《摄大乘论无性释摄论疏》四卷的一部分，但此可能性非常高，若将来有机会解决断简的作者这一问题，那么对智俨摄论学的思想讨论将具有重大的意义。

# 空印镇澄对《物不迁论》的因果关系批判刍议[①]

安徽大学哲学学院　杨本华

**内容提要：** 佛教因果观从原始佛教缘起论发展到部派佛教说一切有部实有因果，再到龙树等中观学派对因果性空的论证，这一学脉传承是僧肇《物不迁论》因果观能够契中国佛教环境之"机"而以"夺有破无"的随缘说法方式提出"因不灭不来"。这一观点在明代遭到了空印镇澄以"因灭果生"为论据的强烈批判，引起了明代佛教界广泛的讨论，考察两人观点可以发现二者殊途而同归，僧肇"因不灭不来"是以对机当时误解性空是"有空"而恐惧福罪全无、修行无用的具体情境，镇澄也是应对误解性空而得出违背缘起的"因"不灭、恒常的观点。僧肇与镇澄看似立论于完全不同的"因不灭"之常与"因有灭"之无常，实则前者由"因不灭"而引出"因无灭"，而后者则由"因有灭"而发挥"灭"的虚假性进而推出"因无灭"，两者同归于"因""灭"或者"不灭"的虚假性，通过归谬"因灭""因不灭"共同指向了"因无灭无来"的中道性空。

**关键词：** 镇澄；僧肇；《物不迁论》；因果；物不迁论战

僧肇是罗什门下四圣十哲之一，其著作《肇论》在中国佛教史上影响深远，而其中《物不迁论》则在明代遭到了五台山狮子窟空印镇澄的批判，并由此引起"物不迁大论战"，其中争议颇多，因果之辨则是其中鲜被关注的问题之一。

## 一、因果观溯源与僧肇学脉

在中印历史上很早便产生了对因果问题的讨论。如就印度而言，"它最初来自奥义

---

[①] 本文系国家社科基金青年项目"《物不迁论》接受史研究"（编号：23CZJ003）阶段性成果。

书中的一些论述,是婆罗门教的基本观念"①。"佛教本身关于因果观念的思想,实际上是直接从外道思想那里发展而来的。"② 就中国而言,如易经中"积善之家必有余庆,积恶之家必有余殃"(《易传·文言传》),《春秋》中对于诸侯行为及其结果的描述,乃至于天人感应、谶纬学说,如王充《论衡·福虚篇》专门对当时的善恶报应说的批判,指出:"斯言或时贤圣欲劝人为善,著必然之语,以明德报;或福时适遇者以为然。如实论之,安得福佑乎?"③ 认为这是古人劝善或偶然的事情,并非真的有因果的联系。这些都是因果理论讨论的原型。

僧肇作为"初创中国化佛教思想体系者"④,其在《物不迁论》中阐述的因果观念是基于龙树空宗中观思想对因果性空的论证,而这一思想则是渊源于印度佛教从原始佛教时期十二因缘观的因缘缘起理论与部派佛教说一切有部的"六因""四缘""五果"因果理论,其中缘起论起了非常重要的作用,有学者曾提出:

> 早期佛教的因缘和合说提供了佛教中因果实有论的发展基础;另一方面也可以说,早期佛教的无常无我说提供了佛教中因果性空理论的经典依据。佛教中后来的说一切有部和中观派分别向不同的方向发展了早期佛教中的这些理论成分。⑤

因缘和合的缘起观促成了因果实有论的发展,而缘起无常无我则促成了空宗对于因果"性空"义的阐发,而前者正是部派佛教时期说一切有部的因果观,后者则是中观学派的因果观,可以看到,从原始佛教到中观学派的因果论发展,其中缘起论起到了重要的理论基础,以下分别略述原始佛教缘起论、部派佛教说一切有部因果论以及以龙树为代表的中观学派因果论。

首先,就原始佛教缘起论关系而言,以"十二因缘"为代表,分别是无明、行、识、名色、六处、触、受、爱、取、有、生、老死⑥。《杂阿含经》中详述了这十二因缘的发生过程⑦,从因为无明愚痴而有身、口、意三种行,进而有眼、耳、鼻、舌、身、意六识……这样缘起至老死便构成了生死流转的过程。在这一流转过程中充满了苦,而解脱苦的办

---

① 姚卫群:《佛教的因果观念》,《南亚研究》2002 年第 2 期。
② 徐东来:《瓜豆之辨:佛教因果观》,宗教文化出版社,2005 年,第 25 页。
③ 黄晖:《论衡校释一》,中华书局,1990 年,第 261 页。
④ 洪修平:《中国儒佛道三教关系研究》,中国社会科学出版社,2011 年,第 238 页。
⑤ 姚卫群:《中观三论中的因果观念》,《佛学研究》2013 年第 1 期。
⑥ 玄奘译:《缘起经》,《大正藏》第 2 册,第 547 页中。
⑦ 求那跋陀罗译:《杂阿含经》,《大正藏》第 2 册,第 25 页上。

法便是观十二因缘而灭除无明烦恼,如《长阿含经》云:"菩萨逆顺观十二因缘,如实知,如实见已,即于座上成阿耨多罗三藐三菩提。"① 通过顺、逆观十二因缘可以看到"诸行无常""诸法无我"、我都是因缘而生,无明烦恼生起而逐渐形成了流转生死的循环,只有破除这些无明烦恼而后则能达到无上正等正觉。

其次,就部派佛教时期说一切有部的因果观以及中观学派对其批判而言,他们基于因缘观而将因果实有发挥了出来,具体而言便是:六因、四缘、五果。六因即"能作因、俱有因、同类因、相应因、遍行因、异熟因"。四缘即"因缘、等无间缘、所缘缘、增上缘"。五果即"异熟果、等流果、离系果、士用果、增上果"。此时因果是基于实有因、缘、果而言②,而正是这种观点遭到了后来空宗中观思想的破斥,通过中观破斥实有因果而呈现出因果性空。

其一,就中观学派对"四缘"乃至一切缘法实有的破除而言,以《中论》开篇"观缘品"最为经典,龙树从自生、他生、共生、无因生的四种观点归谬破斥出发,直接引出事物是否可能"缘生"的讨论,并从立四种缘,进而逐次破斥四缘乃至一切缘法。龙树提出一法既能作缘又能作非缘的矛盾,以及缘中先有果、先无果都会带来难以接受的结果,归谬了因缘生的错误。进而从次第生灭后的"灭法"如何作为缘而引起下一法产生的问题,如吉藏在注《中论》时有方便理解的譬喻为"如地虽不生草,得名为地,次第缘从果立名,无果可生,故不名次第缘"③。这是说等无间缘因为果而立,而灭法不能引生果,故无果可生,因此中间无法连续起来,所以等无间缘无法成立;并最终从缘法乃至一切诸法不真、无自性的角度破斥了一切所缘缘、增上缘乃至一切缘法的真实性。

其二,就中观学派对因果实有的破除而言,在《中论》中有"观因果品",《百论》有"破因中有果品""破因中无果品",《十二门论》中有"观有果无果门""观因果门",这些都是对于因果有、无边见的破除。如《中论·观因果品》中大体而言有:对于果未生前,因中是否有果的破斥;对因能否影响果成的破斥;对因果能否同时存在、一异的破斥;对果生而因灭与否的破斥;对因在果、因遍果的破斥;对因果是否和合而生的破斥等。再如《百论》对因中有无果的破斥④,《十二门论》得出"是故果毕竟不

---

① 佛陀耶舍、竺佛念译:《长阿含经》,《大正藏》第1册,第7页下。
② 法光的研究强调这虽然是实有,但不是恒常,这种概念的模糊性是由于性类(bhāva)与自性(svabhāva)概念关系的模糊以及作为宗教哲学对这一问题的悠久传统思考与先于逻辑前设的必然结果。详见法光:《说一切有部阿毗达磨》,高明元等译,香港佛法中心有限公司,2022年,第155-156页。
③ 吉藏:《中观论疏》,《大正藏》第42册,第45页下。
④ 罗什译:《百论》,《大正藏》第30册,第177页上–179页中。

生"的结论①。中观学从因果有、无两边分别破斥了因果实有、实无的错误,从而既破斥了因果实有,也同时认为因果并非实无,"破世间事,是故应舍"②。从而破邪显正,呈现出因果非有非无的性空之理。

## 二、僧肇因果观与镇澄的批判

僧肇正是在中观学派的思想浸润下成长,其追随罗什译出颇多般若、中观经论,在其《物不迁论》中详述了其因果观思想,如下:

> 果不俱因,因因而果。因因而果,因不昔灭;果不俱因,因不来今。不灭不来,则不迁之致明矣!(《物不迁论》)

"因果不同处,故曰不俱"③。"因""果"不同,而"果"因为"因"而有,这样就先否定了"因"是"果",肯定"因""果"之间不同,以及二者之间是有"因因而果"的特殊联系。同时,这种既不同又有特殊联系的两者佐证出了"因不昔灭"与"因不来今"的结论,即"因"在过去不会散灭,"因"在过去不会到现在,这样"因"存在过去则构成了"不迁"的意思。

这样的"因"在过去不灭不来的"不迁"之义,也应对其在论述因果前所说的"是以如来,功流万世而常存""成山假就于始篑,修途托至于初步""三灾弥纶而行业湛然"等关于如来功业、修行基础、因果报应森然的观点。也与《物不迁论》中前文论述诸法动静关系为"静而非动,以其不去"(即事物是静而非动,因为过去停留在过去不会离开过去)而事物性各住于一世的观点契合。

而这一观点遭到了明代五台山空印镇澄的批判,镇澄在《物不迁正量论》中以问答的形式涉及批判僧肇"因果观"处颇多,统而观之,大抵是认为僧肇因果观是"因不灭",是错误且违背佛教基本义理的观点,进而镇澄主张"因灭果生"的因果观,具体析分为四方面:其一是批判"因不灭"而提出"因灭果生"。其二是以等无间缘、相续常来分析自己所说"因不灭"的现象实为"因灭果生"的无常,并自谓有别于僧肇"因不灭"之常。其三是回应"因灭果生"断灭的攻讦。其四是否定般若经系有"因不灭"的真常

---

① 罗什译:《十二门论》,《大正藏》第30册,第162页上。
② 罗什译:《中论》,《大正藏》第30册,第20页下。
③ 惠达:《肇论疏》,《大正藏》第45册,第170页中。

理论，详论如下：

其一，镇澄认为如果"因"如僧肇所说"因不灭而果生"，则会造成众生永远无法成佛的结果：

> 愚谓若昔因不灭不化者，则众生永无成佛之理，修因永无得果之期，大小乘经俱无此说也，一切圣教皆言因灭果生，种子烂坏果方熟。①

镇澄将僧肇所说"不灭不来"之"因"解读为了"因永无得果之期"，而基于"因灭果生"的观点认为僧肇此说有问题。镇澄更引《涅槃经》中诸多例子，如"灯生暗灭""印灭文成"以及其中等无间缘的作用来论证"因灭果生"的道理。

其二，是就诘难者诘问镇澄所说的成佛修行"成山假就于始篑，修途托至于初步"，这是否也是"因不昔灭"，因为只有因不灭而修行之果才有依据。而镇澄答以《涅槃经》中举例所说诸法无常而数字能从一堆加至百千，就这种积累性而言是"常"，但这种前后的变化是"异作异时"，是"因灭而果生"，这样就是无常法，而僧肇之论"过去因不灭而果生"则不同于此，是常法而非无常；与此相类似的观点也出现在镇澄的文论往来中，如问者认为僧肇所引经论所说"三灾弥纶，业行湛然"是说"业因常有"。镇澄由此提出"常"有两种意思，一是真如不迁之常，二是相续常。其引经论说："《华严》云：因自相刹那坏而次第集果不失相，偈云：因坏果集皆能了。"② 这是说随着"因"灭、中间等无间缘作用而"果"生，"因"灭而"果"生在相状上不断失，由此呈现相续常，这即上段所说数字堆加之常，也是在此基础上而肯定修行累积；再如有诘难者问善恶"因"不同而得不同善恶"果"，如果"因"灭又怎么会有不同"果"呢？镇澄答以必须等到"因"灭而"果"方能生，且中间因为"熏习力"，即"因"能"熏习"果，而使得"因"灭后，"果"有相应报。

其三，镇澄回应了"因灭果生"为"断灭见"的攻论。镇澄认为"因灭果生"并非堕入断灭之间，其引《成唯识论》中的观点"因灭故非常，果生故非断"③。这是论中作为论述阿赖耶识非常非断而刹那"果"生"因"灭的描述。据此镇澄肯定自己所说"因灭果生"并非断灭之见，而僧肇所说"因不灭"则被镇澄断为"故堕常也"④。

其四，由般若经系不去不来扫荡名相与《涅槃经》中真常如来藏佛性等同与否而引

---

① 镇澄：《物不迁正量论》，《卍新纂续藏经》第54册，第914页下。
② 镇澄：《物不迁正量论》，《卍新纂续藏经》第54册，第915页上。
③ 玄奘译：《成唯识论》，《大正藏》第31册，第12页下。
④ 镇澄：《物不迁正量论》，《卍新纂续藏经》第54册，第914页下。

起的因果讨论。镇澄认为"除诸法实相，而以异因异果为常者。法王法中无是义也"①。这是说异因异果常有只能从实相角度来说，其引《入楞伽经》《涅槃经》来论证诸法实相显出常住不变，而认为僧肇的"异因异果"则是以无常而成常，而并非以实相而成常，故是错误的。镇澄认为《般若经》是扫荡名相故说诸法不去不来，而并非显示恒常，《涅槃经》则是直接呈现诸法实性，因为因果无常是有为法，故说"非因果"。涅槃佛性乃至如来藏佛性真我在《般若经》中还未有提及，如果"以般若法无去来，类涅槃实性常住"②则是错误的。概括来说，即可以用涅槃实性清净无去来等同般若无去来，但不能反过来，因为涅槃实性是后出理论。

由此，镇澄认为僧肇"因不灭而果生"的因果观是违背佛教义理的说法，且认为后世以《般若经》"不去不来"等同《涅槃经》常住而论证"因不灭不来"也是错误的，由此镇澄提出了"因灭果生"的因果观而否定了僧肇"因不灭不来"的因果观。

## 三、殊途同归：僧肇与镇澄因果观分析

镇澄对僧肇《物不迁论》的批判引起了明代佛教界广泛讨论，大家各执己见，实则并没有得出一个结果，学界既有支持镇澄者，也有反对乃至调和双方者③。江灿腾先生曾评议晚明"物不迁论战"是"根源性的追寻与经典原义的再确认""理智治学与直观洞识的认知冲突""传统佛学的最后光辉""世俗化发展应有的趋势"④，便有析出两派之义。本文则试图基于僧肇与镇澄的因果观，比较这一具体的争议问题来论证僧肇《物不迁论》因果观的"夺有破无"论证传统，及其应对当时普遍执"有空"而无因果的社会现象，以及镇澄的批判与明代佛教界对镇澄的回应实则构成了镇澄批判《物不迁论》对象的特殊性，即：镇澄有意无意地区分了《物不迁论》文本与僧肇撰写该论的立意主旨，

---

① 镇澄：《物不迁正量论》，《卍新纂续藏经》第54册，第915页上。
② 镇澄：《物不迁正量论》，《卍新纂续藏经》第54册，第915页下。
③ 支持者如张春波：《肇论校校释》，中华书局，2010年。反对者如暴庆刚：《析"物不迁义"之双重论旨——兼评澄观镇澄对物不迁义之诘难》，《宗教学研究》2005年第1期；John Jorgensen, "Mujaku Dochu (1653–1744) and Seventeenth-Century Chinese Buddhist Scholarship", *East Asian History*, 2008, Vol.32-33；陈林：《老庄玄学、小乘实有还是大乘真空——僧肇物不迁论辨析》，《宗教学研究》2005年第3期。调和者如方立天：《镇澄对僧肇〈物不迁论〉的批评》，《哲学研究》1998年第11期，等等。
④ 江灿腾：《晚明〈物不迁论〉的争辩研究——诸家的意见与空印镇澄的答辩》，《东方宗教研究》1990年第2期。

而后者恰恰殊途同归于因果性空中道义。

首先，就僧肇《物不迁论》因果观是方便随缘、对机说法而言。僧肇"因不灭不来"当有两层含义：第一层是"因不灭不来"而破"无因果"的观点；第二层"因不灭不来"是说"因无灭无来"，因果性空，来灭为假名。

就其一"因不灭不来"是破"无因果"的观点来说，僧肇此处是以"夺有去无"的方式破斥"无因果"的观点，如提婆曾在《百论》中有"破因中有果品"与"破因中无果品"，提婆归谬无果而以有果来破无果，归谬有果而以无果破有果，由此呈现因中非有果、非无果。但这绝不能单方面地片面解读为"破因中有果品"是论证"因中无果"，"破因中无果品"是论证"因中有果"。

同样僧肇《物不迁论》所说的"因不灭不来"并非论证"因不灭不来"，而是以"因不灭不来"破"因灭"的无因果论。之所以如此说，乃是当时有一股接触般若性空思想而执"有空"故而破世俗法而说无因果的情况，如《上秦王表》中秦王姚兴提及的"廓然空寂，无有圣人"的观点，这便是只说真空而不说假有，从而沦为"执无"的边见；再如僧肇同学昙影法师序《中论》时所言："人根肤浅、道识不明，遂废鱼守筌、存指忘月，睹空教，便谓罪福俱泯。"[1]人们听到空便认为罪福、因果无有，这是与"无有圣人"一样只看到真空而不论假有的非中观见解；且不仅当时有误解性空而不能中道观因果的无因果现象，还有对佛教进入中国所致夷夏之辨的反佛思潮而否定因果的辩论[2]，众所周知，僧肇所处时代以及后来中国历史上发生了多次否定因果的论战，如何承天、范缜、刘峻、李翱、戴逵、慧琳、杨度等等[3]；同时，值得一提的是，《物不迁论》注疏中还提及了一种僧肇对机的情境，即针对因果性空而有一种人害怕修行的功劳化为乌有，故僧肇以此来随缘说法，如晋代惠达在注疏此处时认为"举因果以劝学"[4]，元代文才注疏中说："恐进行之人谓所修随化劳而无功。"[5]总之，可以看到僧肇所说"因不灭不来"所言说的对象是一些误解性空下错误理解因果的情况，正是在当时特殊的社会背景下，僧肇才采取了"夺有破无"的方式，通过《物不迁论》对机说法，提出了"因不灭不来"的因果说，其重在破论，而非自立论，也并非支持所破对象相反的观点。

---

[1] 僧祐：《出三藏记集》，《大正藏》第52册，第77页。
[2] 杨本华：《夷夏之辨的人文精神与中国儒道佛文化格局的形成》，《广西民族研究》2019年第5期。
[3] 方立天：《中国佛教哲学要义》，宗教文化出版社，2015年，第75-81页。
[4] 元康；《肇论疏》，《卍新纂续藏经》第54册，第74页中。
[5] 文才：《肇论新疏》，《大正藏》第45册，第207页下。

就其二"因不灭不来"是说"因无灭无来"的性空之义而言，正如中观采取"夺有破无""夺无破有"乃至归谬的方式分别地破斥边见而呈现中观之道，僧肇以"因不灭不来"而破"因灭"的无因果破坏世俗的说法由此呈现的实是因果性空、非有非无的结论，所以"因不灭不来"在这层意思上是说"因无灭无来"，这也是契合中观学派对因果的理解，如印顺所解中观学派的因果观"从如幻因果说，因果本是不能这样异时、同时的割裂开来的"①，便是此义。

"僧肇《物不迁论》因果观是因果性空"的这一说法也多被后世《肇论》注疏者认同。如在清凉澄观的华严大疏中引用《物不迁论》的解读里也有所表达②，如"以不迁理释成因果空义，此世不移动，谓不从今至后；彼世不改变，谓不从后至今。是为因自昔灭，无力感果，果不俱因，无力酬因，何有报受，以物各性住、性本空故"③。因果空义即不迁，"因"之所以不从现在到未来，不从未来到现在，是因为"因"本性是空，无有去来，这便是僧肇"因无灭无来"的性空之理。

在《肇论》注疏以及物不迁论战中也多有认同此说者，诸如文才认为"虽举果显因，亦即合于性空，故不迁也"④。德清认为"故知因果湛然，平等一际明矣"⑤。因果作为诸法现象之一，在性空实相中平等。真界认为"盖以因果从缘无性，各各寂灭而不相至，则果不至因，因不来果"⑥。这是说因果性空，本来寂灭故"因"不至"果"，"果"不至"因"，这是就诸法性空而本来不能将"因""果"二分来看，故因果互相不至。再如正传认为："因不来今，不灭不来，则不迁之致明矣，何尝谓因复来今而不灭耶？"⑦正传强调了僧肇的"因不灭不来"并非如镇澄所说"因"能够从过去到现在而不灭，只是说在过去不灭不来，这是诸法性空"无灭无来"意思，故镇澄批判僧肇之说"永无成

---

① 印顺：《中观今论》，《印顺法师佛学著作集》第2册，第175页上。
② 自镇澄认为早在澄观就提出僧肇《物不迁论》"滥小乘"以来，此说流传广泛，但实有"断章取义"嫌疑。如澄观也在其他地方肯定了《物不迁论》，如"名无自性，只由如此无知无性，方有流注则不流而流也。肇公云：江河竞注而不流，即其义也"。以及"斯则假其性住破其迁流耳"。可见澄观并非认为僧肇是滥小乘，镇澄只选取了澄观观点中有利于自己论断的部分。后来正传等人都强调了澄观大疏对待《物不迁论》的观点"滥小乘"之说只是假设而非归宗旨趣，澄观多次"转语"则是澄观最终仍肯定《物不迁论》的性空旨趣体现。分别详见：澄观：《大方广佛华严经疏》，《大正藏》第35册，第642页中；澄观：《大方广佛华严经疏》，《大正藏》第35册，第603页上；澄观：《大方广佛华严经随疏演义钞》，《大正藏》第36册，第302页下；正传：《幻有传禅师语录》，《乾隆大藏经》第153册，第645页中。
③ 澄观：《大方广佛华严经疏》，《大正藏》第35册，第642页中。
④ 文才：《肇论新疏》，《大正藏》第45册，第207页下。
⑤ 德清：《肇论略注》，《卍新纂续藏经》第54册，第336页中。
⑥ 真界：《物不迁论辩解》，《卍新纂续藏经》第54册，第932页中。
⑦ 正传：《幻有传禅师语录》，《乾隆大藏经》第153册，第649页上。

佛可能"的是"因从过去到现在都不灭",这并非僧肇本意。又如道衡认为:"故曰因因而果,因不昔灭,即净名所谓性虽空寂所作不忘也。以果不俱因,故虽有不有;以因因而果,故虽空不空,不有、不空而不迁之致明矣。"① 这是道衡以体用沟通"性住""性空"之说,试图调和当时物不迁论战中镇澄以"性空"驳斥"性住"而导致诸家攻评的局面,虽然此说后来被密云圆悟批评"左袒空印"②,但据文而言,道衡将僧肇的"因不灭"转化为了因果不有、不空的解读而与众人解读有所不同。值得注意的是晚明佛教居士中被蕅益智旭称赞为"甚希有矣"③ 的鲍宗肇也针对《物不迁论》的因果问题指出:"已去、未来、业报因果宛然实有,智者观之,不出即今一念妄自布成耳!"④ 这是其独具个人特色的融合禅净一念观对因果性空的解读。

结合《物不迁论》因果观的两层意思与上文镇澄对僧肇因果观的四条批判而言,镇澄对僧肇的批评是值得进一步反思的。一旦我们区别了僧肇作为对机说法的文本与对机说法的言外之意,这自然会得出作为文本本身的前者是"药",其有着特定的"治疗"对象,离开了这一特定"治疗"对象则必然会带来问题,从这点来看,镇澄的批评是指向"执药成病者",也就是他在《正量论》的序言中直接强调的"然则是论也,非驳肇公也,将以驳天下之所是也!肇师其心空而无物者矣,得与失于彼何加损焉"⑤。镇澄驳斥的并非僧肇而是固化《物不迁论》之人,即"执药成病"之人,可以看到,镇澄一定程度上已然默许了《物不迁论》因果观两层意思的可能性,并不否定《物不迁论》言外之意的因果性空思想,因此镇澄的四条批判都分别需要区分为"药""治疗"两个层面来看:就"药"层面而言,对"执药成病"者的批判是有其合理性的;而就"治疗"而言,镇澄实则认同《物不迁论》的治疗可能即其"言外之意"⑥,也就是在这一层面上,镇澄与僧肇的因果观殊途而同归。

实则"药"与"治疗"也不能分开。在《肇论·宗本义》之中所说"能不形证,沤和功也。适化众生,谓之沤和;不染尘累,般若力也……一念之力权慧具矣"⑦,权智之"药"

---

① 道衡:《物不迁正量证》,《卍新纂续藏经》第54册,第910页上。
② 圆悟:《密云禅师语录》,《嘉兴大藏经》第10册,第83页中。
③ 智旭:《灵峰蕅益大师宗论》,《嘉兴大藏经》第36册,第368页上。
④ 鲍宗肇:《天乐鸣空集》,《嘉兴大藏经》第20册,第488页下。
⑤ 镇澄:《物不迁正量论》,《卍新纂续藏经》第54册,第912页下。
⑥ 镇澄也曾就幻有提出《物不迁论》是作为治疗而言的回应,如:"不识肇师物各性住之谈,往物不化之论,所治何病,所成何益耶?"乃是怀疑僧肇"性住"之说构成"治疗"的对象及效用的可能性。详见镇澄:《物不迁正量论》,《卍新纂续藏经》第54册,第920页中。
⑦ 僧肇:《肇论》,《大正藏》第45册,第150页下。

的方便能够"适化众生",故僧肇的言论是解决当时具体的误解性空现象;而权智之"药"的"治疗"所呈现的实慧则使得这种"药"是作为"治疗"而直指实慧,故不能断裂两者,否则必然导致"执药成病"的问题,在这一点上来看,镇澄与僧肇是完全一致的,僧肇以《物不迁论》应对认为"有空"而破罪福、修行的社会问题,镇澄以《正量论》批评"执药成病"之人和错将《物不迁论》的"权""慧"分离者,两人实则都是批判误解性空者。

当然,僧肇的"因不灭不来"的因果观自然有着破"无因果"的具体情境,由此出发才能考察出其中"无去无来"的因果性空思想,在这一层面而言,镇澄的批判则只能是对治僧肇的文论本身的内容描述,而不能有效地应对僧肇的言外之意,镇澄也似乎认识到了这个问题。

但镇澄批判"昧者以般若法无去来类涅槃实性常住,则二宗皆失矣"①,将般若性空作为生死因果无常,而将涅槃实性作为常住,由此建构了"把《涅槃》的佛性置于《般若》的性空论之上"②的空有结合的方式,这既有别于将般若性空与佛性"妙有"作为"鸟之双翼""车之双轮"的对等地位而体现独特的价值;但显然这种以文本的历史发展前后逻辑判定思想范畴界限的方式是值得商榷的。尽管《般若经》论扫荡诸法,从事物的虚假性而提出事物无去来,如《大般若经》之"毕竟空无去来故"③、《中论·观去来品》之"法无去来",固然与后出如来藏"真常无去来"不同,这种不同一定程度上体现了镇澄有其理性治学的思想史视域思考;但后出如来藏"真常无去来"的出现及其积极融入性空无去来的理论已然说明了后出经典从思想范畴逻辑上解决了(或者说试图解决)这一问题,这体现了两者在概念范畴逻辑层面上沟通的合理性,这种后来的融合尽管与两种经论产生的时间逻辑序列上有先后差异,但历史发展前后的逻辑显然在理论上无法直接规范思想范畴的界限。

---

① 镇澄:《物不迁正量论》,《卍新纂续藏经》第54册,第915页下。
② 方立天:《镇澄对僧肇〈物不迁论〉的批评》,《哲学研究》1998年第11期。
③ 玄奘译:《大般若波罗蜜多经》,《大正藏》第5册,第49页中。

# 援《易》释佛：中土佛教的十方世界

四川大学文学与新闻学院　徐国富

**内容提要**：佛经常言及十方世界，中土先圣注经，往往借助《周易》卦象进行阐释，从而构建了具有中土文化特色的佛教世界，促进了佛教的中国化。但是，以八卦方位阐释域外佛经，忽视了经典创作地的文化背景，故其所得结论或有违佛经本意。因此历史上对《易》、佛交释的质疑之声，也从未断绝。面对诘难，援《易》释佛者必须给出合理的逻辑依据。另外，诸家阐释理路不尽相同，某些发挥亦显得过于牵强。

**关键词**：周易；佛教；八卦方位；十方；随方显法

佛典之中，常言及十方诸佛菩萨及其盛德。十方者，即东、南、西、北、东南、东北、西南、西北、上、下，表四维上下之一切空间。释门认为，佛本无方无体，无去无来，其身无生无灭，无在而无乎不在。然为利益学人故，其常随处随类化现种种方便应身，以便化导众生脱离苦海。正如唐代李通玄所言："在方无方，但举其法以况其理。"[①]"今如来以方隅而显法，令启蒙者易解故。"[②] 又如，明代通润曰："佛无定方，而必定方所者，为众生而各王一方也。"[③] 故十方诸佛菩萨，虽万行皆修，俱得解脱。然为施方便法门，令童蒙易解，故随方显德，以其名号而彰其胜行。宋代戒环对诸方佛与无方佛作了区别：随方之佛，即种种方便有动之应身；而无方无体之佛，乃如来根本无动之法身。[④] 综上，方隅之佛，行权也，为众生所设之方便相，乃佛之权智、应身。故欲趣道，则不可以诸相为相，方得解脱。如《金刚经》所言："离一切诸相，则名诸佛。"[⑤]

---

① （唐）李通玄：《新华严经论》，《大正藏》第36册，1739经，第813页。
② （唐）李通玄：《新华严经论》，《大正藏》第36册，1739经，第816页。
③ （明）通润：《法华经大窾》，《新纂卍续藏》第31册，614经，第756页。
④ 参见本文图表"宋戒环《法华经要解》"。
⑤ （姚秦）鸠摩罗什译：《金刚经》，《大正藏》第8册，235经，第70页。

《周易》卦爻常涉方位，如《坤卦》"西南得朋，东北丧朋"，《升卦》"南征吉"，《明夷》九三"明夷于南狩"等。另外，八经卦亦有两套完整的方位体系，一者以《乾》《坤》定位，即《说卦》之"天地定位，山泽通气……"，宋人谓之先天八卦①；一者以《离》《坎》立极，即《说卦》之"万物出乎《震》，《震》，东方也……"。宋人谓之后天八卦②。中土学人阐释佛经，不可能摆脱本民族文化的影响，其对十方的理解常常隐含卦象，更有先贤直接以卦象配释十方，构建了具有中土文化特色的十方世界。

# 一、十方的阐释方式

在佛教信仰者看来，佛经殊胜，经中所言文字皆具神圣性，均为不可讨论、不可质疑之"既定真理"，故注经家有责任揭开文字与佛法间存在的"必然"逻辑，以证明佛法真实不虚。释典既言十方诸圣，那么注经家就有责任阐释诸圣与所居方位间的必然联系。这与西方经院派哲学（Scholastic Philosophy）的使命是一致的：

> 经院派哲学家（the schoolmen）则认为，基督教的真理是无可争议的，这种真理是他们思维的起点和统御原则，他们力图使这些真理条理分明、顺情达理，并加以证明。为了胜利完成任务，他们依赖那些最能适合于他们心目中的目的的希腊哲学体系，让哲学为宗教服务，于是哲学成了神学的婢女。③

经院派哲学家力图证明基督教义为真理，而其论证的最佳工具是希腊哲学。同样，中国佛教信众欲证明诸佛与所居方位的关系，除了简单地运用鬼神、感通来说教外，其亦采用"唯理性"的逻辑，以增强其说服力，而其常依赖的工具就是《周易》八卦方位，让卦象为佛教服务。

阐释十方世界，先圣之理路有三：一顺西土释义④，二顺此方释义⑤，三兼用两者。

---

① 先天八卦：亦称伏羲八卦，相传据《河图》而作。其方位为：《乾》南，《坤》北，《离》东，《坎》西，《兑》东南，《震》东北，《巽》西南，《艮》西北。

② 后天八卦：亦称文王八卦，相传据《洛书》而作。其方位为：《震》东，《兑》西，《离》南，《坎》北，《乾》西北，《坤》西南，《艮》东北，《巽》东南。

③ [美]梯利著，葛力译：《西方哲学史》，商务印书馆，1995年第1版，第150页。

④ 顺西土释义：犹言以西土之文化阐释西土之佛经。该称出宋智圆《涅槃经疏三德指归》，详见下文。

⑤ 顺此方释义：犹言以中土之文化阐释西土之佛经。该称出宋智圆。

释迦所说诸经之十方，乃基于西土文化对方位之认识。故欲阐释佛经所言方位，当随顺天竺文化进行演绎。如唐窥基《阿弥陀经疏》即从西土风俗出发，阐明佛经中常首列东方之原因：

> 所以先引东方者，准西域法，以东方为上，天子正殿及以临朝皆面向东。又东方即阳之初，故日行东路为正之始，故先举东方也。①

西土以东方为尊，天子临朝皆面向东，有别于中土坐北朝南之俗，又因东方本是太阳初生之处，故佛经言十方以东方为上、为先。

但是，中土绝大多数注疏往往随顺此方释义，运用我们自身的五行、八卦、星象、风水等方位文化来进行阐释。比如，同样阐释东方居首的问题，唐李通玄《新华严经论》即援《震卦》以为理据：

> 一举佛刹方面者，在东方。东方者，为《震卦》，为春生，为初明、长男②，为头首，为青龙，为吉庆，为震动。明法事作业动用之初故，道俗通以用之故，先举东方为首故。③

东方，《震卦》位，为初明，为长子，为万物初生之处。以上诸象，皆有初始之义，故《华严经》首列东方："明东方是初明，为万物发生震动之首故。"④

当然，也有彻底打破地域文化限制、兼取华竺者。《大般涅槃经》卷二〇《梵行品》载：有人身遇重病，夜梦"乘坏驴车正南而游"。⑤ 隋灌顶《大般涅槃经疏》列三解：

> 正南者三解，一云南是《离》地，北是《坎》地。去《坎》就《离》，譬失善起恶。二云就诸方为语，北是上方⑥，譬断善人从上坠下。三云天子南面，杀活自在，此人邪见判无因果，此心自在，身病转增，譬诸恶向重，以病增故下。⑦

---

① （唐）窥基：《阿弥陀经疏》，《大正藏》第37册，1757经，第326页。
② 长男：《说卦》曰："《震》一索而得男，故谓之长男。"《乾》《坤》为父母，得《乾》气者为男，得《坤》气者为女，《坤》初求得《乾》气，即《震卦》之初爻，故曰长子。
③ （唐）李通玄：《新华严经论》，《大正藏》第36册，1739经，第812页。
④ （唐）李通玄：《新华严经论》，《大正藏》第36册，1739经，第813页。
⑤ （北凉）昙无谶译，（刘宋）慧严再治：《大般涅槃经》，《大正藏》第12册，375经，第724页。
⑥ 北是上方：智圆《涅槃经疏三德指归》曰："北方是上者，西土君父东向，故北是上方。"以西土之文化，北即是上方，故游南即是堕下，象征患病。
⑦ （隋）灌顶：《大般涅槃经疏》，《大正藏》第38册，1767经，第150页。

宋智圆《涅槃经疏三德指归》曰："正南下三解中，初、后顺此方释义，中一顺西土释义。"可见，灌顶之疏，即兼取此方、西土两个文化角度。其初解即是援引八卦之方位作配释："失善起恶者，南《离》属火，北《坎》属水，火猛喻恶，水柔喻善。"① 依《说卦》，《离》者，火也，正南之卦；《坎》者，水也，正北之卦。又水象善，火象恶。游于正南者，即去《坎》就《离》，去水就火，故曰失善起恶。灌顶以此解释身患重病者夜梦游南之缘故。

又，唐澄观《华严经疏》中，亦兼用西土、此方之文化概念，指出"南"有五义：

然南者，古有五义：初一约事，谓举一例诸②，一方善友已自无量，况于余方？余四约表。二者明义，表舍暗向智故。南方之明，万物相见，圣人南面听政，盖取于此。三中义，离邪僻东西二边，契中正之实道故。四生义，南主其阳，发生万物，表善财增长行故。北主其阴，显是灭义。故世尊涅槃，今棺北首。五随顺义，背左向右，右即顺义。以西域土风，城邑园宅皆悉东向故。自东之南，顺日月转，显于善财随顺教理故。③

所谓南有五义，即约事、明义、中义、生义、随顺义也。其中前四义出华夏，第五"随顺义"出西土。澄观《随疏演义钞》曰："'正''明'之义，既出《周易》，故是此方耳。"④ "有人唯取'随顺'一义，非前诸释，谓'正''明'之义出此方故。"⑤ 澄观以《周易》卦象配释西域之《华严》，故为人所非。

释迦所言十方之特点，乃基于其自身文化对方位的认识，故随顺西土释义，是符合客观逻辑的。当然，我们也不能肯定随顺西土释义就一定正确，因为如果对西土文化了解不够深入，那么所谓的释义很可能是对其文化的误解，但这并不是阐释思路本身的问题。

## 二、对《易》、佛方位交释的质疑

我们发现，中土先圣在阐释十方之时，更多的是随顺此方释义，常以《周易》八卦方位配释佛典。其中，某些配释单从文字表面的逻辑来看，似乎非常合理，也使其具有

---

① （宋）智圆：《涅槃经疏三德指归》，《新纂卍续藏》第37册，662经，第535页。
② 举一例诸：犹言举南方为例，而余方皆类此。
③ （唐）澄观：《大方广佛华严经疏》，《大正藏》第35册，1735经，第920页。
④ （唐）澄观：《大方广佛华严经随疏演义钞》，《大正藏》第36册，1736经，第664页。
⑤ （唐）澄观：《大方广佛华严经疏》，《大正藏》第35册，1735经，第920页。

很强的"说服力"。但是,援《易》释佛忽略了经典创作地的文化背景,想当然的从自身的八卦体系出发,解释异域文化中的方位内涵,以严格的学术逻辑来看,这种做法是不可取的。因此,历史上对八卦配释十方的质疑之声,从未断绝。

宋代戒环《法华经要解》中交释《易》、佛,即被人质疑和批判:"八卦乃中夏之书,引配竺教,岂佛意耶?李长者(李通玄)用释《华严》,吕观文用释此章①,或者非之,子复蹈袭,何也?"②质疑者认为,以华夏之典籍注疏佛经,有违佛之本义。并且,先圣李、吕二人已遭非议,故劝说戒环勿用此法。

宋代慧洪也面临同样的质疑:"佛于耆阇崛山说此经,计□□国《易书》未具也,而以此方之易卦释中印秘言,乃不自疑乎?"③反对者认为,佛陀所说出世之玄旨,非中土世典《易经》所能涵容,故不可用有漏之法而探大道之冥赜。

又,明代圆悟《辟妄救略说》卷十:"枣柏④以文殊配《艮卦》⑤,为小男。普贤配《震卦》,为长子。此等垂示,皆非经籍所载,岂独疑三峰⑥—'○'相为妄捏乎?"⑦李通玄注《华严》,以菩萨与八卦交参。圆悟认为如此配释毫无依据,并不见于经籍,故其直斥李疏为妄捏、臆造。

另外,注经家片面撷取《易经》中的偶合之语来配释,也很难具有说服力。因为我们可以从《易经》本身出发,得出完全相反的结论。如灌顶之"去坎就离",《坎》者,水也,险也;《离》者,火也,明也。如此,正南而游,去《坎》就《离》者,乃去险就明也。如此则病愈也,又何言罹病?又如,"《升卦》☷☴曰'南征吉',虞翻曰:《离》,南方卦,二之五成《离》⑧,故'南征吉,志行也'"⑨。据此可知,南征就《离》者,吉也,故亦不可配释经中"身遇重病"。可见,注经家援引《易经》文献,往往断章取义,合我者则取之,背我者则弃之,为匹类佛经,可谓无所不用其极。

---

① 此章:指《法华经》第七《化城喻品》。
② (宋)戒环:《法华经要解》,《新纂卍续藏》第30册,602经,第314页。
③ (宋)慧洪、张商英:《法华经合论》,《新纂卍续藏》第30册,603经,第395页。
④ 枣柏:即李通玄。其为实叉难陀新译《华严经》造论,经三年,日食十枣柏叶饼一枚,故世号枣柏大士。
⑤ 以文殊配《艮卦》:通玄《新华严经论》:"东北方……是《艮卦》,《艮》为小男,为童蒙。丑寅之间是初明,故像文殊师利菩萨,常以发起凡夫入正信,及初见道之童蒙,令妙慧明生故。"见《新华严经论》,《大正藏》第36册,1739经,第814页。
⑥ 三峰:即晚明三峰清凉寺汉月法藏禅师,梁溪苏氏子,天童悟禅师法嗣。
⑦ (明)圆悟:《辟妄救略说》,《新纂卍续藏》第65册,1280经,第187页。
⑧ 二之五成离:《升卦》☷☴九二之六五,则与九三、六四连成《离》象☲。
⑨ (唐)李鼎祚:《周易集解》,中华书局,2016年1月第1版,第283页。

## 三、《易》、佛方位交释的理论依据

《易》、佛交释者面对种种质疑之声，不得不做出相应解释，以支撑自己的阐释理路。其中，唐代澄观、宋代戒环、宋代慧洪等，即从理论高度，详细阐明《周易》八卦与佛教十方交释之可行性。

### （一）唐代澄观

澄观在《华严经疏》中，指出"南"有五义，其中"明""正"等义出《周易》（参见上文）而为部分人排斥。对此，澄观责之曰："宁知西域南非'明'等？"① "既未寻西域内外典诰，安知西方无'正''明'义？"② 其认为，西土之南很可能也是"明"义，因此用此方南之"明"义配释西方《华严》，很可能是正确的。故倘未周览西域内外典籍，则不可轻易否定会通华竺之正确性，因为各民族文化之间存在暗合处。

可见，所谓正确性是来自一种假设，那就是此方与西方之认识相同。如此，可否以此方之书阐释西域之教，依赖于此方与西方之认识是否一致。然既是一致，那么以此方阐释西土，本质上仍是以西土阐释西土，这当然是正确的。因此，作者此论并没有为华竺文化交释的合法性找到实质性的逻辑依据。

另，澄观认为大乘乃"通方之说，言旨多含"。其于《随疏演义钞》中释曰：

"况通方"下，为其立理。小乘教说："虽非③我所制例，于余方所不应行者，亦不应行。"名曰随方毗尼。况于大乘，况《华严》通方之说，一说一切说，随类随方，一时普应，何但义求？④

随方毗尼，即佛陀开许各地随顺风土、气候，对戒律作斟酌取舍："虽是我所制，而于余方不以为清净者，皆不应用；虽非我所制，而于余方必应行者，皆不得不行。"⑤ 故以此类推，对于佛经之释读，亦可随顺此方之自然环境、人文环境而做相应屈伸。

---

① （唐）澄观：《大方广佛华严经疏》，《大正藏》第35册，1735经，第920页。
② （唐）澄观：《大方广佛华严经随疏演义钞》，《大正藏》第36册，1736经，第664页。
③ 非：当作"是"。
④ （唐）澄观：《大方广佛华严经随疏演义钞》，《大正藏》第36册，1736经，第662页。
⑤ （刘宋）佛陀什、竺道生等译：《弥沙塞部和醯五分律》，《大正藏》第22册，1421经，第153页。

并且，《华严》乃通方之说，非一隅之教。其说遍周，涵盖宇宙。三世十方，一时普应；对现色身，随宜施教。《华严》既普应群品，故诸学人虽所处环境不同、所秉根器各异，然皆可于中觅得方便之门。总之，经文虽一，但所取随类，故不必住念而执一隅之义。澄观从肯定接受者的主观能动性出发，认为以此方之典籍阐释西域之教，是佛经本具之特点所允许的。

## （二）宋代戒环

戒环认为天竺、华夏共处一天下，方位概念亦是相通的，故以八卦配释佛教，亦无不可。

> 竺夏一天下耳！墠墦所及，方位所同，而卦乃天地自然之理，独不同哉？伏羲画之以示人，吾佛象之以设法，各默得其同耳！今经虽无八卦之文，显有八方之象，借事明理，乌乎不可？而必拘墟诋訾，非达士也！①

《周易》乃华夏先圣依天地自然之理画卦垂法，戒环认为佛门诸相一样，亦是依天地自然而设法。故佛门虽无八卦之名，但实具八卦所法之象，因此援《易》释佛，无可厚非。进一步讲，佛经诸佛菩萨所居方隅，与《周易》卦位所取之象是相通的。两者既然默得其同，故可借《易经》之方象配释《法华》所言十方诸圣。基于此，作者认为那些拘于一隅之成见，而妄行非议者，非通达之士也。

但是，在佛门看来，《易经》毕竟是世典，以世教诠释出世之教，若有违佛陀本义，是否获罪？这也是信众十分关心的问题。

> 昔五百应真②，各解佛言，而问谁当佛意，佛言："皆非我意。"众曰："不当佛意，将无得罪？"佛言："虽非我意，各顺正理，堪为圣教。有福无罪！"吾唯守此，以当或者之非。③

佛陀说法后，五百罗汉各释佛语。然佛陀觉行圆满，其所说法，乃无上微妙甚深之法，故阿罗汉不能究竟其意。但佛以为，诸罗汉所言，虽不能尽佛之本意，但其说皆有契教之处，故当无罪。戒环援此案意在说明，其以中夏之书引配释教之举，虽不尽当佛意，然亦有随顺正理、合于圣教之处。换言之，其所为虽不究竟，然亦是有漏之善法，故有

---

① （宋）戒环：《法华经要解》，《新纂卍续藏》第30册，602经，第314页。
② 应真：即阿罗汉。阿罗汉 arhat，梵音也，中文应真、应供之意，即应受人天供养之真人。
③ （宋）戒环：《法华经要解》，《新纂卍续藏》第30册，602经，第314页。该案参见唐法藏《华严经探玄记》，《大正藏》第35册，1733经，第111页。

福无罪也!

## (三)宋代慧洪

慧洪以事事无碍为依据,认为华竺虽语言、文化有别,但亦可交释:

> 一切法分四重无碍:一曰理无碍,二曰事无碍,三曰理事无碍,四曰事事无碍。若以中印、□□语言为不可交相释,则事事为碍也,安能达一切法乎?①

华严宗四祖澄观,祖述先圣之说,立四法界观。其中事事无碍法界,"谓一切分齐事法,称性融通,一多相即,大小互容,重重无尽"②。犹言法界圆融,诸法相即相入,一即一切,一切即一;虽各具其性,然又相融相摄。即一切现象同体且相互包含。

总之,慧洪认为众法相容而互即,诸相交摄以化含,故华梵之间,亦无彼此之别。基于事事无碍之理论,慧洪赞许李通玄以南方《离卦》配释"南无"之举。

> (《华严论》)又曰:"南无佛陀者,南方《离卦》,《离》虚其中,自心之象也。"③南无此言救我,而论释以理;方隅定位,而论媲以法,是真达事事无碍之旨者也。④

南无(namas),拟梵音也,敬礼、度我之意。常用于十方诸佛菩萨之前,表示由衷赞美、至心礼敬。"南"者,读nā,假字拟音也,并没有实际意义。但是,慧洪以"南"为方隅,而南方其位为《离》。又,《离卦》中虚,约人之五脏为心,故与"南无"之"生信"意相合。慧洪乃大学问僧,当然知道"南无"为音译词,但其仍认同李通玄之说,以南方之《离》配释,以此证明《华严》事事无碍之理。

综上,诸家《易》、佛交释之理据为:一、华梵文化有种种暗合之处;二、佛经允许随方释读;三、佛经乃通方之说,非一隅之教也。随顺此方释义,是佛经本具之特点所允许的;四、华竺共处一天下,方位亦同;五、《周易》诸卦与佛经诸相皆依天地自然而设,皆以象喻道,借事明理;六、援《易》释佛,有福无罪;七、事事无碍,华语、梵语同体且相容,故可交释。

---

① (宋)慧洪、张商英:《法华经合论》,《新纂卍续藏》第30册,603经,第395页。
② (明)一如:《三藏法数》,《永乐北藏》第181册,1615经,第719页。
③ 李通玄《新华严经论》曰:"是故礼佛皆云南无,明南方虚无也。"又曰:"南无者,为明正顺、正顺虚无之理,故号南无。某甲佛者,即是了虚无之智人,故称南无某甲佛。"(见《新华严经论·如来名号品》)
④ (宋)慧洪、张商英:《法华经合论》,《新纂卍续藏》第30册,603经,第395页。

## 四、八卦与十方交释之概况

经中十方称名者，犹言周边世界之一切处也。诸佛菩萨随方显法，以其名号而彰其胜行，以方便相饶益众生。为阐释十方诸圣之方位，注疏者常常以八卦推演之。其中，不乏系统运用八卦配释十方者，如唐李通玄《新华严经论》对该经《如来名号品》所言十方诸世界、佛、菩萨之注释；宋戒环《法华经要解》，宋慧洪、张商英《法华经合论》，明通润《法华经大窾》对该经《化城喻品》所言"八方国土所居已成就之十六沙弥"之注释；明真贵《仁王经科疏》对该经《序品》所言十方菩萨之注释；明袾宏《阿弥陀经疏钞》、清了根《阿弥陀经直解正行》对该经所言六方[①]佛之注释，皆引入卦象配释佛德。今根据以上诸家援《易》之注疏，将其中方位、卦象、佛号、佛德等列表如下，以方便考察中土先圣阐释方象之逻辑。

### （一）唐李通玄《新华严经论》[②]

| 方位 | 八卦 | 卦画 | 取象 | 世界名色 | 佛名 | 菩萨名 | 顺对 |
|---|---|---|---|---|---|---|---|
| 东 | 震 | ☳ | 为春生，为初明，长男，为头首，为青龙[③]，为吉庆，为震动 | 金色 | 不动智 | 文殊 | 对 |
| 南 | 离 | ☲ | 为正，为日，为明，为虚无 | 妙色 | 无碍智 | 觉首 | 顺 |
| 西[④] | | | 为白虎、为杀害、为昏暗、为不祥、为苦谛（以上诸象与《兑卦》无涉） | 莲华色 | 灭暗智 | 财首 | |
| 北 | 坎 | ☵ | 为师、为君[⑤] | 蒼卜华色 | 威仪智 | 宝首 | 顺 |
| 东北 | 艮 | ☶ | 为小男、为童蒙、为创明、为清朝[⑥] | 优钵罗华色 | 明相智 | 德首 | 顺 |
| 东南 | 巽 | ☴ | 为风、为教 | 金色 | 究竟智 | 目首 | 顺 |
| 西南 | 坤 | ☷ | 为土、为信顺、为净、为负载万有、为生养、为圆满 | 宝色 | 最胜智 | 勤首 | 顺 |

---

① 六方：即东、南、西、北、上、下，其省去东南、东北、西南、西北四偏方，亦表宇宙一切处。
② （唐）李通玄：《新华严经论》，《大正藏》第36册，1739经，第812-816页。
③ 青龙：四灵之一，谓东方之星宿。四灵者，东方青龙，西方白虎，南方朱雀，北方玄武。
④ 西方《兑卦》之象，与灭暗智佛、财首菩萨之德确无交涉，故李氏不得不放弃配释。
⑤ 为师、为君：《新华严经论》曰："佛号威仪智，为明北方《坎》为师、为君，像君有德处，黑位而接凡，故为师也。佛号威仪智者，明第四信心增胜以为轨范接引凡愚。名威仪智，以智库序为师之貌故。"黑位：《坎》为北方，色黑。故曰黑位。天、君、父、师等，乃《乾》之象，今李氏为配释威仪智佛，引申《坎》象，以之为君、为师。
⑥ 为创明、为清朝：李氏《新华严经论》阐释文殊居东北清凉山时曰："《艮》在丑、寅两间，表平旦创明，暗相已无，日光未著，像启蒙之首。"可见，创明、清朝，犹言拂晓之时，东北方太阳既出而未著之状貌。

| 西北 | 乾 | ☰ | 为金、为坚刚、为父 | 金刚色 | 自在智 | 法首 | 顺 |
| 下 | | | | 玻璃色 | 梵智 | 智首 | |
| 上 | | | | 平等色 | 观察智 | 贤首 | |

## （二）宋戒环《法华经要解》①

| 方位 | 八卦 | 卦画 | 取象 | 佛名 | 所显之德 | | 顺对 |
|---|---|---|---|---|---|---|---|
| 东 | 震 | ☳ | 动 | 阿閦 | 无动 | 出应群动，而其体无动。在动国，示即动而静 | 对 |
| | | | | 须弥顶 | 无动之极 | | |
| 东南 | 巽 | ☴ | 柔顺 | 师子音 | 所说无畏 | 以慈柔应物，以无畏说法 | 对 |
| | | | | 师子相 | 所示无畏 | | |
| 南 | 离 | ☲ | 虚明 | 虚空住 | 体到虚以应群实 | | 顺 |
| | | | | 常灭 | 了一切法当体虚凝。即寂灭相，不复更灭，是谓常灭 | | |
| 西南 | 坤 | ☷ | 资生② | 帝相 | 神出而应物为帝 | | 顺 |
| | | | （梵，净也） | 梵相 | 以神应物，物资以生，而其德常净不累于物 | | |
| 西 | 兑 | ☱ | 毁折 | 阿弥陀（无量寿）度一切世间苦恼阿弥陀 | 于毁折之际示无量寿，则了无生死，以救度世间生死苦恼（世间苦恼，即生死无常也） | | 对 |
| 西北 | 乾 | ☰ | 刚健 | 多摩罗跋栴檀香神通 | 清远潜通，以比神通 | 神通应物，如乾道不息，寂然不动，感而通 | 对 |
| | | | | 须弥相 | 无动义 | | |
| 北 | 坎 | ☵ | 险陷 | 云自在 | 无心而利物 | 以无缘慈覆阴，利泽险难众生，而无心无着，如云之自在 | 对 |
| | | | | 云自在王 | 自在之至 | | |
| 东北 | 艮 | ☶ | 始终、成坏、生死③ | 坏一切世间怖畏 | 开觉群物，灭世间怖畏，使其无始无终，而入于不死不生 | | 对 |
| 无方④ | 无体 | | | 释迦牟尼佛（居娑婆国） | 其道圆应，不滞方隅，范围天地，曲成万物，随宜而行，遍含八方佛德 | | |

---

① （宋）戒环：《法华经要解》，《新纂卍续藏》第30册，602经，第303-304页。

② 资生：即万物资坤而生也。《象传》曰："至哉坤元，万物资生。"资，凭借。

③ 始终、成坏、生死：《说卦》曰："《艮》，东北之卦也，万物之所成终而所成始也，故曰成言乎《艮》。"

④ 无方：戒环之论与慧洪、通润不同。慧洪、通润认为，释迦与坏世间怖畏一样，同属东北方《艮》位。而戒环以为，释迦无方无体，不为八方执滞，遍应诸方一切佛德。笔者以为释迦应为东北方佛。其一，前七方东、东南、南、西南、西、西北、北皆举二佛，何独东北单列坏世间怖畏一佛也？其二，依内教诸典，释迦乃随缘布法之现世佛，是应身佛，而非法身佛。故释迦之身、号，亦是方便之相也。若将其定义为无方无体、无始无终而能生万法之法身佛，显然不符合释迦示现生灭之事实。

## （三）宋慧洪、张商英《法华经合论》①（以下为慧洪之论）

| 方位 | 八卦 | 卦画 | 取象 | 佛名 | 所显之德 | 顺对 |
|---|---|---|---|---|---|---|
| 东 | 震 | ☳ | 动、怖惧 | 阿閦 | 无动 | 对 |
|   |   |   |   | 须弥顶 | 无动之极 |   |
| 东南 | 巽 | ☴ | 进退，不果，则不能无所畏② | 师子音 | 其音无畏 | 对 |
|   |   |   |   | 师子相 | 其相无所畏 |   |
| 南 | 离 | ☲ | 万物皆相见，则其相于此辩 | 虚空住 | 于相无相 | 对 |
|   |   |   |   | 常灭 | 从本已来常寂灭 |   |
| 西南 | 坤 | ☷ | 地也，万物皆致养 | 帝相 | 虽差别假名，无非帝相 | 对 |
|   |   |   |   | 梵相 | 虽藏疾纳汙，无非梵相 |   |
| 西 | 兑 | ☱ | 万物之所入③ | 阿弥陀（无量寿） | 无有出入相 | 对 |
|   |   |   |   | 度一切世间苦恼 | 度世间一切无常之苦恼 |   |
| 西北 | 乾 | ☰ | 阴阳相战乎《乾》 | 多摩罗跋栴檀香神通（无垢贤香神通） | 无垢贤香，则不与万物战。神通，则非万物之所敌 | 对 |
|   |   |   |   | 须弥相 | 毁誉不动而其相之可见 |   |
| 北 | 坎 | ☵ | 水也，万物之所归④ | 云自在 | 不滞于水 | 对 |
|   |   |   |   | 云自在王 | 自在之至 |   |
| 东北 | 艮 | ☶ | 成终成始 | 坏一切世间怖畏 | 不见其有生死怖畏 | 对 |
|   |   |   |   | 释迦牟尼（能仁） | 于万物终始之际，不厌生死，不住涅槃，而于忍土成无上正遍正觉，救诸苦趣众生 |   |

---

① （宋）慧洪、张商英：《法华经合论》，《新纂卍续藏》第30册，603经，第383-384页。
② 进退，不果，则不能无所畏：《说卦》："巽，为木，为风……为进退、为不果。"孔颖达《正义》曰："'为进退'，取其风之性前却，其物进退之义也。'为不果'，取其风性前却，不能果敢决断，亦皆进退之义也。"进退不决，志疑也，故言其有所畏惧。
③ 万物之所入：《法华经合论》曰："《兑》，西方也，以出乎《震》，反之则万物之所入也。"慧洪认为，西方与东方相对。又《说卦》曰"万物出乎《震》"，东方《震卦》即为"出"，与其相对之西方《兑卦》则为"入"。
④ 万物之所归：《说卦》曰："《坎》者，水也，正北方之卦也，劳卦也，万物之所归也，故曰劳乎《坎》。"

## （四）明通润《法华经大窾》[①]

| 方位 | 八卦 | 卦画 | 取象 | 佛名 | 所显之德 | 顺对 |
|---|---|---|---|---|---|---|
| 东 | 震 | ☳ | 雷，动物 | 阿閦 | 二佛皆为无动相。正显无明动处，证不动智也 | 对 |
|   |   |   |   | 须弥顶 |   |   |
| 东南 | 巽 | ☴ | 风，挠万物。《巽》风一鼓，万窍怒号故。《易》曰："《巽》以行权。" | 师子音 | 百兽恼裂，降魔伏冤 | 顺 |
|   |   |   |   | 师子相 |   |   |
| 南 | 离 | ☲ | 火，燥物 | 虚空住 | 如日在空，无所不照 | 顺 |
|   |   |   |   | 常灭 | 以有智慧日，无明常灭 |   |
| 西南 | 坤 | ☷ | 为地，顺物 | 帝相 | 厚德载物 | 顺 |
|   |   |   |   | 梵相 | 统王大千 |   |
| 西 | 兑 | ☱ | 为泽，悦万物 | 阿弥陀（无量寿） | 慧泽无穷 | 顺 |
|   |   |   |   | 度一切世间苦恼 | 以慧泽及人，令人除热恼，而得清凉 |   |
| 西北 | 乾 | ☰ | 为天，健物 | 多摩罗跋栴檀香神通（栴檀香神通） | 不速而疾，不行而至 | 顺 |
|   |   |   |   | 须弥相 | 高出万物 |   |
| 北 | 坎 | ☵ | 水，润万物 | 云自在 | 以无心润万物，如云行雨施 | 顺 |
|   |   |   |   | 云自在王 |   |   |
| 东北 | 艮 | ☶ | 为山，终万物而始万物 | 坏一切世间怖畏 | 能坏灭一切世间法 | 顺 |
|   |   |   |   | 释迦牟尼（能仁寂默） | 成就一切世间法 |   |

## （五）明真贵《仁王经科疏》[②]

| 方位 | 八卦 | 卦画 | 取象 | 菩萨 | 德行 | 顺对 |
|---|---|---|---|---|---|---|
| 东 | 震 | ☳ | 雷动 | 普光 | 身智通明，法界一照，迹示东方，表动中有不动妙慧耳 | 顺 |
| 东南 | 巽 | ☴ | 风气 | 莲华手 | 掌握法宝，因果互彻，迹示东南，亦表妙慧，克成因果故 | 顺 |
| 南 | 离 | ☲ | 中虚、无物 | 离忧 | 灵明绝朕，了无忧缠 | 顺 |
| 西南 | 坤 | ☷ | 资生 | 光明 | 德慧昭著，不被尘暗 | 顺 |

---

① （明）通润：《法华经大窾》，《新纂卍续藏》第31册，614经，第755-756页。
② （明）真贵：《仁王经科疏》，《新纂卍续藏》第26册，517经，第228-229页。

| 西 | 兑 | ☱ | 为泽，为毁折。取象亦似愚而无慧者 | 行慧 | 一物不愚，万行真明 | 对 |
|---|---|---|---|---|---|---|
| 西北 | 乾 | ☰ | 刚健 | 宝胜 | 性德无尽，智藏充溢 | 顺 |
| 北 | 坎 | ☵ | 缺陷。其象为水，则周流无方，不被缺陷 | 胜受 | 慧领纳境，不为缺陷 | 顺 |
| 东北 | 艮 | ☶ | 止成、土 | 离尘 | 澄清一心，不为情染 | 顺 |
| 上 | | | | 喜受 | 深造得益，入禅自在 | |
| 下 | | | | 莲华胜 | 万行芬披，六度克修 | |

## （六）清了根《阿弥陀经直解正行》[①]

| 方位 | 八卦 | 卦画 | 取象 | 卦德 | 约释教 |
|---|---|---|---|---|---|
| 东 | 震 | ☳ | 木，春 | 长养万物之源 | 佛法中智慧为先 |
| 南 | 离 | ☲ | 火，夏 | 内暗外明[②]<br>寂而常照[③] | 佛光、灵焰 |
| 西 | 兑 | ☱ | 金，秋 | 湛若虚空<br>绝点纯清 | 真如本体 |
| 北 | 坎 | ☵ | 水，冬 | 收藏万物[④]<br>成终而成始 | 如来藏 |

# 五、《易》、佛方位配释之理路

虽同为援《易》释佛，然诸圣之理路不尽相同，甚至有着根本性的区别。在阐释随方佛菩萨时，诸家或用顺法，或用对法，或兼用顺对，或体应分说。今作详细分析：

## （一）取顺义

一部分注经家认为，某佛之所以居某方，缘其法相与方象相契。如此，方位具何德，则何德之佛居之，即卦德与此方佛菩萨之盛德相符。如李通玄《新华严经论》以《艮卦》释东北方明相智佛。

---

[①] （清）了根：《阿弥陀经直解正行》，《新纂卍续藏》第22册，434经，第930—931页。
[②] 内暗外明：《离卦》中爻为阴，上下外爻为阳，故曰内暗而外明。
[③] 寂而常照：中爻断而为虚，虚者，寂也。又，《离》为火，为明。故曰寂而常照。
[④] 收藏万物：《坎》者，正北方之卦，为冬。冬者，万物归藏之季也，故曰："劳卦也，万物之所归也。"

东北方为《艮卦》、为小男、为童蒙、为创明、为清朝……四举佛名号者，佛号明相智，像此第五信心增胜，如《艮》位处清朝，明相现故。①

东北《艮卦》，为童蒙，为创明，为清朝。李氏以东北方太阳既出而未著之状貌，比喻启发童蒙。此方佛号明相智，明相者，正合《艮》位创明、清朝之象。

又如，通润《法华经大窾》以《巽卦》释东南方师子音、师子相：

东南，《巽》方也。《巽》为风。挠万物者，莫疾乎风。佛名师子音、师子相者，师音一吼，百兽恼裂。《巽》风一鼓，万窍怒号故。②

东南《巽卦》，为风。风挠万物，疾风一吹，可使万窍怒号。有如狮子之音，可使百兽慑服。可见，《巽卦》之象与狮子音之德相顺。

### （二）取对义

一部分注经家认为，某佛之所以居某方，缘其法相与方象相对。方位不具何德，则何德之佛居之以补足之，即以佛之究竟对治方象之不究竟。如此，则卦德与此方佛菩萨之盛德相对。如慧洪即以《震卦》解释东方佛之无动盛德。

万物出乎《震》，《震》，东方也。二佛，一名阿閦，在欢喜国；二名须弥顶。《震》，动也，动而怖惧也。阿閦此言无动，而在欢喜国者也。须弥顶则又无动之极也。③

东方，《震卦》位。《说卦》曰："震，动也。"又，《震卦》卦辞曰："震来虩虩。"虩虩，恐惧之貌，故慧洪曰"动而怖惧也"。此方动而怖惧，缺无动之德，故需阿閦、须弥顶等具足无动盛德之佛居之。如此，则无动之佛居妄动之方，两者是相对关系。

又如戒环取《巽卦》之柔顺义，阐释东南方师子音、师子相二佛：

东南《巽》为柔顺。师子音者，所说无畏。师子相者，所示无畏。此佛以慈柔应物，以无畏说法。④

---

① （唐）李通玄：《新华严经论》，《大正藏》第36册，1739经，第815页。
② （明）通润：《法华经大窾》，《新纂卍续藏》第31册，614经，第755页。
③ （宋）慧洪、张商英：《法华经合论》，《新纂卍续藏》第30册，603经，第395页。
④ （宋）戒环：《法华经要解》，《新纂卍续藏》第30册，602经，第314页。

东南方,《巽卦》位。《巽》者,风也,卑顺也。孔颖达《正义》曰:"巽者,卑顺之名。"然此方所居之佛师子音、师子相,其号皆是无畏义。无畏之佛居柔顺之方,佛号与卦德相对也。

### (三)顺对兼用

取顺义、取对义,固然与注经家的配释理路有关,但也与卦象本身有关。如东方《震卦》为动,然该方之阿閦佛为不动之义,两者恰恰相对。因此,无论是倾向于取对法的慧洪,还是倾向于取顺法的通润,此处皆用对法,这是由卦德与佛号本身的对立决定的。因此,为了方便配释,注经家往往灵活运用顺、对两种思路进行配释,如宋戒环之《法华经要解》。

### (四)体用分说

戒环交释《易》、佛,常将方隅之佛按体、应分说。体者,即随方之佛所具之性德;应者,即随应群生,以方便对治群迷。

如南方《离卦》,其象中虚,为火、为明,该方虚空住佛,"体到虚以应群实",即以虚寂之体,应《离》位之群实。又如东方《震卦》,为雷、为动,该方阿閦佛、须弥顶佛以无动之体,出应《震》位之群动。虚寂与群实相对,无动与群动相对。可见,随方之佛以其盛德补救群生不具之德。另外,《离卦》之德,即是虚空住佛之体;然《震卦》之德,与阿閦、须弥顶之体相对。

又,东南《巽卦》,为柔顺。该方之师子音(所说无畏)、师子相(所示无畏)以无畏说法,以慈柔应物。此处《巽卦》之柔顺,又成为佛陀应物所用之德,而佛陀之体性勇猛无畏,这与卦德又恰恰相对。

综上,佛之体性与卦象之间或是相对或是相顺,并没有固定的关系。另外,以上诸佛所应之迷以及应物之德与其体性相对。

## 六、交释之圆融程度

《易》、佛间方位交释,虽有违逻辑,但不可否认,某些方位的配释确如水乳交融,不着痕迹,这说明两种文化对方位的认识确实存在暗合之处。当然,这种共通也可能是偶合。但卦象与该方佛菩萨缺乏必要联系时,这种配释就会显得十分牵强。

## （一）暗合

暗合，即不谋而合，未有交通而其理相近也。华夏、天竺共处同一宇宙时空中，同样面对东升西落的太阳，对方位产生相通的认知是很正常的。正如宋代戒环所言："竺夏一天下耳！壃畿所及，方位所同，而卦乃天地自然之理，独不同哉？"华竺文化的共通处，也是《易》、佛交释存在合理性的基础。

## （二）偶合

偶合，即彼此偶然相合，这种现象是偶发的，而非规律性的必然事件。如李通玄、慧洪以南方《离卦》配释"南无"。但实际上，"南无"之"南"，拟梵音也，与方隅之"南"没有任何关系。但为阐扬己说，便以佛法普应、事事无碍为借口，不惜曲意交释。又如，明通润以卦位为诸方"十六沙弥"导窾，其依据为："《易》曰：'帝出乎《震》……成言乎《艮》。'偶与此相符，故引及之，以见世出世法原无二也。"① 通润发现八卦之象与十方诸圣之相存在相似处，故此处特地援《易》配释，而他处不援者，缘其不似也。

## （三）牵强配释

方隅之佛所显盛德，有时与该方卦象很难找到相似处，但为了完成交释，又不得不寻找两者的共同点。为此，注疏者只能在原象的基础上展开联想和引申，以使二者产生交集。但有些引申义，已经远远超出了本义，给人以牵强附会的感觉。如李通玄为配释东南目首菩萨简择分明、目明善见之德，不得不从东南《巽卦》中引申出"见""明"之义。其推理如下：

> 五举上首菩萨名者，名为目首。明以第六信心增胜，善简正邪，其道明着，正见不惑，名为目首。像其《巽卦》，位在东南方，爻辰在丑，其位是风，上值箕宿。明箕为风，简择义也。又箕为寅位，主初明也。明此第六信心主般若波罗蜜，以决定智慧，善简正邪，令自他胜慧明生故，名目首。目者，善见，简择分明义也。②

李氏首先将《巽》纳入二十八宿，上值箕宿。而箕宿在十二支为寅，寅又主初明。至此，经过李氏曲折推演，《巽》亦有明象，李氏也终于达成其《易》、佛交释之目的。

---

① （明）通润：《法华经大窾》，《新纂卍续藏》第31册，614经，第756页。
② （唐）李通玄：《新华严经论》，《大正藏》第36册，1739经，第816页。

## （四）自由类比

用八卦之象配释方隅之佛，有着既定的阐释工具和默认的阐释目标，注经家的任务就是在两者之间构建必要的联系。因此，如果卦象与该方佛菩萨之盛德存在某些相似性时，两者的交释就显得非常圆融。但是，当卦象与佛德缺少必要联系时，这种配释就显得支离牵强。

了根法师阐释六方诸圣，亦援引八卦方位，但其并没有默认的阐释目标，而是根据卦象，自然匹配与之相似的释门概念。比如，《离卦》为火、为明，了根以其比类释门之佛光、灵焰。又如，《坎卦》为冬，乃归藏万物处，了根以其比类释门之如来藏[①]。

可见，了根法师用《周易》阐释方位，并非为了回答某佛居某方之原因，故其没有默认的目标。其将方位作为一个独立的要素来阐释，将八卦之象自然类比到佛门之中，并找出与之相似的概念，故其配释显得自然贴切。

# 结　语

援《易》释佛，将佛经的阐释纳入中土文化的范畴，进一步促进了佛教的中国化，以及独立的汉传佛教体系的形成。佛教也似乎摆脱了异域文化的影子，逐渐成为中华文化的一部分。从佛教的接受史来看，随着佛教与儒道文化的融合，人们已不再将其视为域外之教，故在注疏十方时，先贤已经理直气壮地用八卦去作阐释了。

研究卦象与十方的交释，可以发掘佛经独特的法相群体——方象。并且，先贤为实现配释，往往对八卦进行阐扬发挥，衍生出一系列卦象。此类逸象，扩充了《易经》的卦象群。这些独特的意象群，对研究释门《易》有着重大的意义。

另外，《周易》既具万物之象，又具万物通变之理，故其本身之性质，决定其可以帮助我们理解其他事物和学科。研究《易》、佛配释，亦可进一步发扬《易经》之方法论，启发我们更好地运用《易经》之普应性去理解诸类知识。

---

① 如来藏：谓此心含藏诸佛所有一切功德。藏者，含藏、库藏。

# 助道：论《文选》文体总数与佛教三十七道品之关系[①]

华中师范大学文学院　王　楚

**内容提要**：南朝梁武帝的太子萧统醉心于文学，组织才子编选了文学巨著《文选》。因萧统谥号"昭明"，故又称《昭明文选》。《文选》是我国现存最早的一部诗文总集。梁代佛教兴盛，萧统作为虔诚信徒，在主持编纂《文选》时，其信仰不免渗入书中。以佛教眼光视之，《文选》应如南宋尤袤刻本分作三十七体，而非他本呈现的三十八体、三十九体。盖古人编纂典籍多用神秘数字，"三十七"即佛教教义中的神秘数字，对应助人修道的三十七道品。萧统选此三十七体文章，犹如菩萨以较为基础的三十七道品度化凡俗，意在引导阅读《文选》的读者脱离写作的烦恼，令文辞圆转自如，尽合其意。此行为也是自利利他，可视作萧统借回向传法修行菩萨道之举。《文选》虽为文学典籍，但兼具宗教方面的蕴意与功能。

**关键词**：《文选》；萧统；佛教；三十七道品；文体

《文选》究竟分多少体，是《文选》学界向来关注的问题之一。究其缘由，一言以蔽之：它涉及萧统的文体观。刘勰曾指出：写作需要"即体成势"[②]。每一种文体都有各自的特性，作家选定某种文体作为表述框架后，在结构、行文、措辞等方面，就必须遵循这种文体的内在规范，唯有如此，其特性方能得以呈现。《文选》既然要为后学提供写作范文，当然就得看重文体的分合。

---

[①]　本文为中央高校基本科研业务费资助项目"《文选》选文研究"（项目编号：CCNU21XJ043）阶段性成果。
[②]　范文澜：《文心雕龙注》卷六《定势》，人民文学出版社，1958年，第529页。

萧统《文选序》云："凡次文之体，各以汇聚；诗、赋体既不一，又以类分。"①知诗、赋为二体。骚、七为二体，亦无多异声②。显然，文体总数的最终确立，较大程度上取决于笔类文章的分体方式。前代专注《文选》文献学研究的学者已对《文选》的某些分体方式抱有怀疑，而近百年中，海内外《文选》的旧钞、旧刻本不断被发现、整理，令前贤的某些怀疑获得了一定"佐证"，致使在《文选》文体总数的讨论上，于南宋尤袤善注刻本、清胡克家善注刻本、日本足利学校所藏南宋明州六家注刻本、韩国奎章阁六臣注刻本的三十七体之外③，又出现了三十八体、三十九体二说④，兹略言之：

三十八体。胡克家《考异》云："陈（景云）云：'题前脱"移"字一行。'是也。各本皆脱，又卷首子目亦然。"⑤黄侃《文选平点》在《移书让太常博士》题下云："题前以意补'移'字一行。"⑥"意补"者，非断语也。黄氏高弟骆鸿凯撰《文选学》，则径称"《文选》次文之体凡三十有八"，直接列出"移"体⑦。考察《文选》旧抄本，台北故宫博物院藏杨守敬手抄日本室町初抄本《文选》即有"移"体。日藏《文选集注》有"难"之目，是否有"移"，因文本缺失，不能遽断⑧，姑列于此。

三十九体。游志诚《论〈文选〉之难体》云："如今吾人根据陈八郎本五臣注《文选》……在'书''移''檄'之后，另外再列有'难'一类，司马相如《难蜀父老》一文属之。"并援引梁代前后存在"难"体的现实予以佐证。⑨傅刚认同游氏之论，并

---

① 萧统：《文选序》，李善注《文选》，台湾艺文印书馆，1998年，第2页。
② 傅刚：《〈昭明文选〉研究》，中国社会科学出版社，2000年，第224-227、281-283页。
③ 维护三十七体说者以穆克宏为主，见穆克宏《萧统〈文选〉三题》，氏著《滴石轩文存》，海峡文艺出版社，1994年，第85-88页。
④ 此外，李立信持"三体七十五类说"，见氏著《〈昭明文选〉分三体七十五类说》，文史哲出版社，2017年。兹不论辨。
⑤ 胡克家：《文选考异》，《文选》附，第118页。
⑥ 黄侃撰，黄焯编次：《文选平点》卷四三，上海古籍出版社，1985年，第248页。按：黄延祖重辑《文选平点》卷五《移书让太常博士》题下曰："题前当有一'移'字作目。"中华书局，2006年，第505页。语气更为斩截。此重辑本乃黄侃之子黄延祖参考其姊黄念容保存的另一《文选》批点本《文选黄氏学》（文史哲出版社，1977年）整合而成。黄延祖《文选平点重辑叙》称：在重辑黄氏批语时，"若同时出于二者（上海、台北版），则依文意整理，务使意义明确无漏"，以双圈标识（第7-8页）。重辑本有关以"移"为子目一条，即属此类。据黄延祖言，上海版批本为黄侃赠予弟子吴觐的酬谢之作，成书"较早（1922），且为时间不长，心情不佳下所批，恐非最完善者"，黄念容保存的批点本完成于1930年，且有可能存有黄侃"不时之批注"，故以后者为尚。此处关于"移"体是否为子目，盖黄延祖认为上海版称"意补"或显犹疑，故以台北版的斩截之语替换。
⑦ 骆鸿凯：《文选学》，中华书局，2015年，第16页。
⑧ 周勋初纂辑：《唐钞文选集注汇存》，上海古籍出版社，2000年，第684页。
⑨ 游志诚《昭明文选学术论考》，台湾学生书局，1996年，第141-178页。

结合文体学申述此说,是论证《文选》三十九体的主力①。日藏九条本《文选》有"难""移"二目②。

围绕这一数字问题,前修今贤在版本学及文体学领域的讨论,目的在于恢复《文选》的文本"原貌",或者说,是《文选》"应该"具备的状貌,而笔者关注的重心则在萧统编撰《文选》的主观意旨。二者看似无别,其实或殊,是故本文无意介入版本学、文体学的细致讨论,而是主要透过古书编撰旧例,参考古人常用神秘数字结构著作的例案,推测萧统的佛教信仰与《文选》文体总数之间可能存在的关系,同时藉佛理观照《文选》的"体"与"用",考察编纂《文选》之举在信仰层面的寄意,乃兼及文体学与佛教义理的研究尝试。故于论述之际,难免异于故辙,实不得不然。姑陈臆说,俟博雅君子一哂。

## 一、古书神秘数字结构与"三十七道品"概说

古代典籍的篇、章数目③,常依托神秘数字突显该书的宏观意旨。一部精心营构的著作,常由编、著者预先定下篇数、篇目,在具备一个有意蕴的整体框架之后,再进行实际创作与论述。换言之,将某些著作的具体内容置于一旁,其形式本身或已蕴涵信息,并且这种特殊信息通常寄托着编、著者的"微义"。如《吕氏春秋》有《十二纪》,其《季冬纪·序意》篇云:

> 盖闻古之清世,是法天地。凡十二纪者,所以纪治、乱、存、亡也,所以知寿、夭、吉、凶也。④

可见作者之意,是要"法天地"、作"天书"。杨希枚进一步指出:除去《十二纪》中解释结构的《序意》,每纪各有五篇,合计凡六十篇,可联想六合、六十甲子,并且"六十

---

① 傅刚:《〈文选〉三十九类说考辨》,氏著《汉魏六朝文学与文献论稿》,商务印书馆,2016年,第417—422页。另有《关于文选分类——屈守元先生〈绍兴建阳陈八郎本《文选》五臣注跋〉读后》《论〈文选〉难体》二文,收在氏著《汉魏六朝文学与文献论稿》,第423—426、427—444页。

② 傅刚:《〈文选〉版本研究》,北京大学出版社,2000年,第147页。

③ 此处仅言"篇、章",意在排除物理层面的"卷"。"篇、章"的数目一般由编撰者控制,故有寓意的可能。卷帙则难免随内容长短而涨缩,不易作此安排;若其中果有寓意,编撰者常主动道破,唯恐失之,当此之时,是书之"卷"的意义也就无法局限于物理层面了。如《文选》初为三十卷,或有人欲附会以《老子》"三十辐共一毂",须知此"三十"之数仅为该书物理形态,不特有蕴意。李善注《文选》后,书成六十卷,此"六十"亦不一定有意。

④ 陈奇猷:《吕氏春秋新校释》卷十二,上海古籍出版社,2002年,第654页。

或六是天地两数（6=3×2）或参天两地的小衍神秘数[60=5×(3×4)=10×(3×2)]",符合"法天地"之义；《吕氏春秋》中的《八览》《六论》"或象地数，或象天地交泰之数"，或隐寓六合、八极等宇宙观思想。① 经杨氏剖解，《吕氏春秋》以神秘数字结构篇章的手法及其气魄宏大的意旨遂得昭然。除此之外，《淮南子》亦号称"上考之天，下揆之地，中通诸理"，故用代表天、地的五、四②之乘积，"著书二十篇，则天地之理究矣，人间之事接③矣，帝王之道备矣"④。扬雄《太玄》以"三"为基数⑤，推演"玄三方、九州、二十七部、八十一家、二百四十三表、七百二十九赞，分为三卷"⑥，运用神秘数字确立篇章的特色尤为显豁。战国、秦、汉之世，类似案例不胜枚举⑦。及至齐、梁之际，刘勰《文心雕龙》仍以神秘数字结构全书，自称其作：

　　位理定名，彰乎大易之数，其为文用，四十九篇而已。⑧

陈明其结构本自《易·系辞》"大衍之数五十，其用四十有九"⑨，"其一不用"者为《序志》，可谓善于法古立意。数十年后，在北齐后主武平年间，祖珽、阳休之等人编撰《修文殿御览》，亦用此法确立卷、部。据丘悦《三国典略》记载：

　　尚书右仆射祖珽等上言："……前者修文殿令臣等讨寻旧典，撰录斯

---

① 杨希枚：《古籍神秘性编撰型式补证》，氏著《先秦文化史论集》，中国社会科学出版社，1995年，第722页。
② 王弼、韩康伯注，孔颖达疏：《周易注疏》卷七《系辞·上》："天数五，地数五。"王《注》："五奇也。""五耦也。"台湾艺文印书馆，2003年，第153页。
③ "接"通"浃"，周遍之意。参高亨纂著、董治安整理：《古字通假会典》之《夹字声系》，齐鲁书社，1989年，第699页。
④ 刘文典：《淮南鸿烈集解》卷二一《要略》，中华书局，1997年，第851、859页。
⑤ 陈军含指出：《周易》以八为基数，衍成六十四卦，扬雄意在显示《太玄》的优越性，故以三为基数，三三而九，成八十一首。见氏著《先秦至汉"书"流传的几个基本问题》，台湾清华大学2018年硕士学位论文，第65-66页。
⑥ 王先谦：《汉书补注》卷八七下《扬雄传下》，台湾艺文印书馆，1996年，第1538页。
⑦ 杨希枚：《中国古代的神秘数字论稿》《古籍神秘性编撰型式补证》，《先秦文化史论集》，第616-653、717-737页；陈军含《先秦至汉"书"流传的几个基本问题》主要讨论神秘数字与《尚书》篇数的关系，亦值得参考，第56-59、64-66页。
⑧ 《文心雕龙注》卷十《序志》，第727页。
⑨ 《周易注疏》卷七，第152页。范文澜疑《序志》原文"大易"当作"大衍"。《文心雕龙注》卷十《序志》注20，第743页。按：范说非。《文心雕龙》成于萧梁代齐的前夜，此为刘勰提前为萧衍避讳，宜称"大易"。参朱晓海《〈文心雕龙〉撰成时间补证》，陈飞、张宁主编《新文学》第8辑，大象出版社，2007年，第158-163页。

书，谨罄庸短，登即编次，放天、地之数，为五十五部①，象乾、坤之策，成三百六十卷。"②

天地之数五十五，由天数一三五七九、地数二四六八十相加而得③。《修文殿御览》的五十五部、三百六十卷结构，俱是有意采用神秘数字，意谓此书弥纶天地、包罗万有。

《文心雕龙》和《修文殿御览》分别成书于《文选》前、后，借这两个案例可以窥知：用神秘数字规划著作的理念，在萧统所处时代的影响力依然不可小觑。既如此，不妨探问：萧统在为《文选》设定篇卷结构时，是否也有类似的考虑？须知萧统应当对神秘数字有确切的认知。这是因为《文选》在收录陆机《演连珠》时，尽纳其五十首，竟无一首遗漏，后人以为此事徒因昭明爱其文采而然④，恐未能尽意。朱晓海指出：陆机《演连珠》的结构依循《周易》"大衍之数"，故不宜剪截；其中第四十六首最为特殊，以"其用四十有九"之故也⑤。无独有偶，江淹《杂体诗》三十首，用《老子》"三十辐共一毂"⑥之义，萧统了解其结构与寓意，故亦尽数收录。依笔者揣度，《文选》在结构上确实依托于神秘数字，这便是萧统凭借一己之意为《文选》确立的三十七种文体。之所以选择"三十七"之数，隐喻的是佛教的"三十七道品"。

三十七道品（bodhi-pākṣika），是追求智慧、进入涅槃境界之三十七种修行方法⑦。在不同经书中，三十七道品另有"三十七觉支""三十七助道法""三十七菩提分法"等多种称谓，所指无别。具体包括：

| 四念处<br>（四念住） | 身念处，受念处，<br>心念处，法念处。 |
| --- | --- |
| 四勤正<br>（四正断） | 已生恶令永断，未生恶令不生，<br>未生善令生，已生善令增长。 |
| 四如意足<br>（四神足） | 欲如意足，精进如意足，<br>念如意足，思惟如意足。 |

---

① 胡道静指出此处应补一"五"字。《中国古代的类书》，中华书局，1982年，第48页。是也。据《周易注疏》卷七《系辞·上》："凡天地之数五十有五。"第153页。
② 李昉等编：《太平御览》卷六百一《文部十七·著书上》引，台湾商务印书馆，1993年，第2836页。
③ 《周易注疏》卷七《系辞·上》，第153页。
④ 杨明认为：萧统将五十首全部选入是由于他对陆机写作艺术的"赞赏之情"。见杨明《读陆机的演连珠》，氏著：《汉唐文学赏集·杨明卷》，上海古籍出版社，2010年，第209页。
⑤ 朱晓海：《陆机〈演连珠〉臆说》，中国文选学研究会编：《文选与文选学——第五届文选学国际学术研讨会论文集》，文苑出版社，2003年，第429-433页。
⑥ 王弼注，楼宇烈校释：《老子道德经注》第十一章，中华书局，2008年，第26页。
⑦ 慈怡主编：《佛光大辞典》，台湾佛光出版社，1988年，第506页。

| 五根 | 信根，精进根，念根，定根，慧根。 |
|---|---|
| 五力 | 信力，精进力，念力，定力，慧力。 |
| 七觉分<br>（七觉支、七觉意） | 择法觉分，精进觉分，喜觉分，<br>除觉分，舍觉分，定觉分，念觉分。 |
| 八正道分<br>（八圣道、八道谛） | 正见，正思惟，正语，正业，<br>正命，正精进，正念，正定。 |

在原始佛教典籍中，四念处等内容虽然早已有之，但尚未作为集合名词出现，"三十七"之数未能固定[1]。重点提及"三十七道品"这一称法的佛经，应是《增一阿含经》，其《阿须伦品》云：

> 世尊告诸比丘："若有一人出现于世，便有三十七品出现于世。云何三十七品道？所谓四意止、四意断、四神足、五根、五力、七觉意、八真行，便出现于世。云何为一人？所谓多萨阿竭、阿罗呵、三耶三佛。是故，诸比丘！常当承事于佛，亦当作是学。"……"若多萨阿竭于世灭尽，三十七品亦复灭尽。"[2]

除个别名词译法不同，内涵与前表所示一致。文中提到的"多萨阿竭""阿罗呵""三耶三佛"，意译为"如来""应供""正觉"，皆属佛祖十号，可知前言"若有一人出现于世"，指的就是佛陀降世，随之现世的便是"三十七品"，诸比丘既"承事于佛"，则"当作是学"。由此亦可见，三十七道品这套修行方法在原始佛教经典中甚为重要。不过，《增一阿含经》毕竟不是大乘经典，故有"三十七品"随佛灭尽的记述，这与后世《大般涅槃经》提倡的涅槃境界尚有不小距离。

大乘经典吸纳了旧有三十七道品之说，将其改造成声闻乘、缘觉乘、菩萨乘皆当修习的"三乘共法"，为之赋予了更为丰富的蕴意，此理详见后文。萧梁之时，大乘佛教已流行世间，梁武帝萧衍热心崇奉的《涅槃经》《大品经》，更是大乘之中具有代表意义的经典。因此，萧统若以三十七道品之义灌注《文选》，必然应当依从大乘教义。

萧统以三十七道品架构《文选》一事，还可举以下两方面理由作为外部证据：其一，萧统本人雅好释典，时常钻研、讲说经义。《梁书·昭明太子传》曰：

> 高祖大弘佛教，亲自讲说；太子亦崇信三宝，遍览众经，乃于宫内别立慧

---

[1] 如竺佛念译《长阿含经》卷三《游行经·第二中》："尔时，世尊即诣讲堂，就座而坐，告诸比丘：'汝等当知我以此法自身作证，成最正觉，谓四念处、四意断、四神足、四禅、五根、五力、七觉意、贤圣八道。'"凡四十一品。《大正藏》第1册，新文丰出版公司，1983年，第16页。

[2] 瞿昙僧伽提婆译：《增一阿含经》卷三，《大正藏》第2册，第561页。

义殿，专为法集之所。招引名僧，谈论不绝。太子自立"二谛""法身"义，并有新意。①

是为史家定评。萧统好佛，固有来自其父的外在影响，然于自陈心志时，亦曾作"良思大乘道，方愿宝船津"②之语，概括而言，即欲修大乘、至彼岸（涅槃）③，知其私意确好佛理，甚至表示讲论佛法之乐，有"逾笙磬"，同时又感叹厥义精深，智慧难逮，自以为"虽娱慧有三，终寡闻知十"④。根据朱晓海的研究，萧统于《文选》赋体"游览"类下选录王粲《登楼赋》、孙绰《游天台山赋》、鲍照《芜城赋》三篇文章，恰是其二谛新义的具体呈现⑤。如此适可说明，萧统已然将佛教教义渗透在《文选》之中。

其二，修习三十七道品的理念，或与其父萧衍推崇《大品经》有关。在萧梁时可见的汉译大乘经典中，推崇三十七道品最力者为鸠摩罗什所译《大品经》⑥。该经本名《摩诃般若波罗蜜经》，为《大般若经》的第二分。龙树造、鸠摩罗什汉译的《大智度论》，为阐释《大品经》精义的著作，书中亦专设《三十七品》一章讲解其要。梁武帝萧衍对《大品经》青睐有加⑦。据《梁书·武帝纪》记载：

（萧衍）笃信正法，尤长释典，制《涅槃》《大品》《净名》《三慧》诸经义记，复数百卷。⑧

此处虽列有四目，实则只涉及三部经书：《大品》以外，《涅槃》指昙无谶译《大般涅槃经》；《净名》为《维摩诘经》的别称，"净名"即"维摩诘"的意译。至于《三慧》，指的是《大品经》中的《三慧品》。关于《大品经》，萧衍曾为之作《注解》五十卷，其《序》

---

① 姚思廉：《梁书》，卷八，第83页。
② 萧统：《东斋听讲诗》，俞绍初《昭明太子集校注》，中州古籍出版社，2001年，第7页。
③ 《文选》卷五九王巾《头陀寺碑文》："称谓所绝，形乎彼岸矣。"善《注》："至如涅槃妙旨，非言说之所能明，故称谓所绝，现于涅槃之彼岸矣。"第826页。
④ 萧统：《玄圃讲诗》，《昭明太子集校注》，第16页。
⑤ 朱晓海：《从萧统佛教信仰中的二谛观解读〈文选·游览〉三赋》，《清华学报》新37卷第2期，第452-462页。
⑥ 李善注解《头陀寺碑文》中"三十七品"一语，援引的就是《大品经》之说。《文选》卷五九，第828页。
⑦ 颜尚文认为萧衍对《大品经》的推崇，与其建设"佛教国家"的构想关系密切。见颜尚文《梁武帝注解〈大品般若经〉与"佛教国家"的建立》，氏著《中国中古佛教史论》，宗教文化出版社，2010年，第320-357页。
⑧ 《梁书》卷三《武帝纪下》，第53页。

载于僧祐《出三藏记集》①。僧祐卒于天监十七年（518），所以萧衍《大品经注解》必然成于此年之前②。从另一角度看，这也意味着萧衍对《大品经》系统化的理论建构，在《文选》成书之前业已成形。在李善注解《文选》所选《头陀寺碑文》时，已考出文中不少与《大品经》《大智度论》相互印证的辞句。这一点萧统自然熟知，而此二者背后的关联确乎耐人寻味。在萧衍晚年，曾多次开设法会讲说《大品经》或专论《三慧品》，但因时在萧统殁后③，故暂不论及。

## 二、声闻法与"后进英髦"的修行

据李善语，《文选》在编成之后，引得"后进英髦，咸资准的"④。那么，如果说《文选》的分体方式依托于佛教三十七道品，那么这些专意学文的"后进英髦"，自然就是这套修行法的主要研习者。至于佛教教义与《文选》撰义如何在修习三十七道品或三十七文体这一点上因缘际会，开敷华妙，则须先考量与三十七道品有关的诸多教义，再持之反观《文选》之分体，庶可义理圆融。

三十七道品的修习者应有广、狭之分。广义上讲，佛教徒都应修习三十七道品；狭义则仅含声闻、缘觉二乘。《文选》收录的《头陀寺碑文》有此骈句：

> 三十七品有樽俎之师；九十六种无藩篱之固。⑤

以"三十七品"对应"九十六种"，后者指的是佛教正法之外的九十六种外道，可知这里的"三十七品"应泛指正统佛法。善《注》在此援引鸠摩罗什语"三十七品二乘通"。"通"盖"道"字形近而讹。严格来说，这并非鸠摩罗什本人言论，而是出自他翻译的龙树《大智度论》，其《释三慧品》曰：

---

① 僧祐：《出三藏记集》卷八，中华书局，1995年，第293-297页。
② 据颜尚文考证，《注解》"可能早在天监六年（507）就已完成，最晚也不能超过天监十一年（512）"。《梁武帝注解〈大品般若经〉与"佛教国家"的建立》，《中国中古佛教史论》，第325-327页。
③ 萧统辛于中大通三年（531）四月。《梁书》卷三《武帝纪下》记载，萧衍于中大通三年（531）十一月乙未，"为四部众说《摩诃般若波罗蜜经》义，讫于十二月辛丑"；中大通五年（533）二月癸未，"发《金字摩诃波若经》题，讫于己丑"；中大同元年（546）三月庚戌，"讲《金字三慧经》"。所谓"金字某经"，指的是用金泥书写的佛典，所以《金字摩诃波若经》《金字三慧经》，不过是用金泥写就的《大品经》与《大品经》之《三慧品》。
④ 李善：《上〈文选注〉表》，《文选》，第2页。
⑤ 《文选》卷五九，第828页。

> 三十七品是二乘道；三十七品及六波罗蜜是菩萨道。①

言声闻、缘觉二乘只修习三十七品，菩萨道的修行则包括三十七品和六波罗蜜两大类。从此语中已经看出，三十七品为"三乘共法"②，善《注》只截取前半句，独以"二乘道"解释三十七品，显然同时误解了《大智度论》与《头陀寺碑文》两处的文义。大乘经典《涅槃经》提倡"一切众生悉有佛性"，"一切菩萨、声闻、缘觉未来之世皆当归于大般涅槃，譬如众流归于大海"③，是故以"三十七品"代指修习此法门的三乘信众，并无不妥。话虽如此，这里的"有佛性"，实则分为"未来有""现在有""过去有"，"佛性"云者，仅是成佛、至涅槃的可能性，"当归涅槃"，同样是就应然层面立论，所以菩萨道与声闻、缘觉修行时所处的境地，存在根本上的差别。因此，尽管二乘和菩萨乘都应修习三十七品，然而在目的、方式和内涵上，都存在极为明确的区分：菩萨乘的本业是六波罗蜜，兼修三十七品；二乘则以三十七品为证道的必经之途。

专门修习三十七品的声闻、缘觉二乘，信心不定，根器愚钝，属于层级较低的信众。除去未闻佛法、经由"十二因缘法"独自觉悟成为辟支佛的缘觉乘不论④，依从佛法修行者分为声闻、菩萨二众⑤，分守二戒，最终证成二果。据《大般涅槃经》：

> 一声闻戒，二菩萨戒……若观白骨乃至证得阿罗汉果，是名声闻戒。⑥

单论守声闻戒者，所谓"观白骨"，非谓徒观白骨一物，而是指历观"九相"，即人死后尸体由"青瘀"至于"白骨"九种渐次变化之相，因其状貌丑恶狼藉，使人产生强烈的厌恶之心，进而放弃对肉身的执着，勘破色相。声闻乘经过艰苦修行，最终可证阿罗汉果，得以断绝所有烦恼，脱离生死轮回，但在大乘佛教看来，声闻乘的修行方法并不高明，阿罗汉的果位也难称隆高。声闻乘尽管得闻佛法，但因信心不定，被比喻作"不敬父母，无信顺心"的孩子⑦；以其根器愚钝，故又被视同于"生盲人""痴人"⑧，

---

① 龙树造，鸠摩罗什译：《大智度论》卷八四，《大正藏》第 25 册，第 649 页。
② 《大智度论》卷八四《释会宗品》："此中三十七品，三解脱门，是三乘共法。"第 430 页。"三乘"包括菩萨乘、缘觉乘、声闻乘。菩萨乘又称佛乘，缘觉、声闻常并称"二乘"。
③ 《大般涅槃经》卷十《如来性品》，第 423 页。
④ 《佛光大辞典》，第 593 页。
⑤ 《大智度论》卷四《初品中菩萨释论》："有二种道：一声闻道，二菩提萨埵道。比丘、比丘尼、优婆塞、优婆夷四众，是声闻道；菩提摩诃萨是菩提萨埵道。"第 85 页。
⑥ 《大般涅槃经》卷二十六《师子吼菩萨品》，第 773—774 页。
⑦ 《大般涅槃经》卷三十三《迦叶菩萨品》，第 560 页。
⑧ 《大般涅槃经》卷二十五《光明遍照高贵德王菩萨品》，第 514 页。

无从窥知佛法妙义。相应地，声闻众修习佛法之后证得的阿罗汉果，仅是能断绝自身烦恼，而无法度化他人，故《大智度论·释嘱累品》云：

> 三千大千世界中众生虽皆得阿罗汉，自度其身，不中作佛……为声闻说法中，无大慈大悲心……声闻法中皆自为身……功德有限量。①

声闻乘自身解脱的程度也与菩萨乘有本质区别。《维摩诘经》曾分论愚人、声闻、菩萨三者对身、口、意三业的调伏方法，称：

> 若住不调伏心，是愚人法；若住调伏心，是声闻法，是故菩萨不当住于调伏、不调伏心，离此二法，是菩萨行。②

另如《涅槃经》云：

> 声闻弟子生涅槃想。善男子！譬如明灯，有人覆之，余不知者，谓灯已灭，而是明焰实亦不灭，以不知，故生于灭想；声闻弟子亦复如是。③

据此论式，可知声闻众纵使得以获得解脱，斩断烦恼，只是用力在实"有"的调伏，唯见生／灭、法／非法、常／无常之辨，而无从了悟"非非法"和"大涅槃"。声闻乘如果专意修习三十七道品，能否达到最终涅槃的境地，亦不能保证。此理见于《大智度论》：

> 三十七品是趣涅槃道，行是道已，得到涅槃城。涅槃城有三门：所谓空、无相、无作……四禅等是助开门法。④

声闻众只能见到生灭无常，参不透"空""无相""无作"这类更为精微的义理，是以纵使他们修行有得，也好似临城门而无管钥，终不得入。参考萧统自立的"二谛"义考量声闻众的资质，文曰：

> 所言二谛者，一是真谛，二名俗谛……俗谛亦名世谛……俗者即是集义……世者，以隔别为义，生灭流动，无有住相。⑤

---

① 《大智度论》卷七九，第619页。
② 《维摩诘所说经》卷中《文殊师利问疾品》，第545页。
③ 《大般涅槃经》卷二十五《光明遍照高贵德王菩萨品》，第514页。
④ 《大智度论》卷二十《释初品中·三三昧义》，第206页。
⑤ 萧统：《解二谛义令旨》，《昭明太子集校注》，第130-131页。

显然，声闻弟子资质受限，只能达到俗谛，尽管其位阶高于凡夫，却仍然无从望见"第一义谛"。站在传法者的角度，理当先取方便法，开示适宜世俗理解的修行法门。

论述至此，不妨回到《文选》的语境：若将三十七道品的理念引入《文选》，是以"后进英髦"们视萧统设定的三十七体为文章创作的"准的"，正犹如声闻众以三十七道品为修行佛法之津梁。声闻众有向佛之心，得闻佛法；学文者亦具操觚含毫之能，亦能品读萧统精心摘选的古今佳作。声闻众冀望通过修习佛法斩断自身烦恼，获得解脱；推及文士，他们意欲追寻求索的，是自己文章创作的技巧与智慧，那么他们的"烦恼"与"解脱"当在何处？若欲疏通这一关节，就有必要谈及文学创作的具体过程，了解文人临文抽思之际的真切心态。

在《文选》中，萧统着意选录的陆机《文赋》一文，无疑居于十分特殊的地位。萧统在《文选序》里已经章明大义，通过巧妙地剥离经、子各部的干扰，确立"文"的独立地位[1]，而《文赋》，便是一篇坚定立足于"文"的立场、专意剖析创作者幽微心曲的佳作。文中，陆机曾陈述文章创作的"烦恼"[2]，兹略举数端，比如：

在"选义按部，考辞就班"时，难以为自己的想法寻觅最为熨帖的表达。有时讨索无方，近乎南辕北辙，有违本旨（"或本隐以之显，或求易而得难"）；有时已经选用一字，反复推敲之后，总觉与己意方枘圆凿（"或岨峿而不安"）。在文句次序的安排上，"或仰逼于先条，或俯侵于后章"；文藻与义理方面，则"或辞害而理比，或言顺而义妨"；在较量个别字句时，难免要极尽苛细，"考殿、最于锱铢，定去、留于毫芒"；表述的结果，或许"文繁理富"，然而却"意不指适"。种种困难，兹不毕举。要言之，文士从创作开始直到完结，始终有烦恼萦绕，直至创作完结，陆机仍感慨："恒遗恨以终篇，岂怀盈而自足？"然而，在这些众多细琐的烦恼之上，尚有一根本烦恼，始终无法驱散。陆机在展开《文赋》正文的叙述前，曾于序言中着重提及其"患""难"之处：

夫放言遣辞，良多变矣……恒患意不称物，文不逮意，盖非知之难，能之难也。故作《文赋》，以述先士之盛藻，因论作文之利害所由，他日殆可谓曲尽其妙……若夫随手之变，良难以辞逮，盖所能言者，具于此云。[3]

---

[1] 朱晓海：《读〈文选序〉》，胡晓明主编：《古代文学理论研究（第二十一辑）》，华东师范大学出版社，2003年，第113-119页。

[2] 《文选》卷十七，第245-249页。

[3] 《文选》卷十七，第245页。

这段序言固然是陆机自述作文因由，但他仍然不得不提到此中有不可言传之理①。如此解读绝非求之过深、"死于句下"，读者应站在陆机的角度，注意到他在"论作文之利害所由"时的逻辑困境：既然要谈文章要义，就需要将其中最精微的义理陈示出来，但个中最精微处定然不可能形诸文字，能以文字表达的注定不是最妙之义。从另一角度讲，《文赋》中展露的创作烦恼，仅是陆机"所能言"的烦恼，而创作中终极烦恼，恰好是陆机"良难以辞逮"者。此悖论的关键，即扣在"言不尽意"上，这便是文学创作的根本烦恼。"言不尽意"之理，永远横亘于文章创作之中，因此李善认为，文章难免终篇有憾，是因为"才恒不足也"。这句话表面上似乎在说，一旦"才足"，便可于创作中左右逢源，写出完美的文章，实则此语的要处在于"恒"字："才"永远不可能"足"，因为"言"必然无法"尽意"。

在承认"言不尽意"为根本烦恼的基础上，是否可以说：《文选》的三十七体正是开示给文士的修行途径，令这些向法之士得以最终悟道，达到"言能尽意"的最高境地？答案是一肯定、一否定。否定之处在于，超越"言不尽意"问题的至高境界，乃是"道"境，此境非为"言能尽意"，而是"得意忘言"。萧统已借《头陀寺碑文》中语道破这一观点：

> 是以掩室摩竭，用启息言之津；杜口毗邪，以通得意之路。②

李善引《维摩诘经》予以解说：

> 文殊师利问维摩诘："何等是菩萨入不二法门？"时维摩诘嘿然无言。文殊师利叹曰："善哉！善哉！乃至无有文字、语言，是真入不二法门。"③

唯"嘿然无言"是"不二法门"，可谓一语中的。"得意忘言"的境界，犹如"文学的涅槃"；文士只见到文字的省略，犹如声闻弟子只见到佛陀的寂灭。可见就一般意义而言，"忘言"无疑站在文学创作的反面，这一境界对于有学法之心但仅求斩断烦恼、寻求一己解脱的声闻众或文士而言，实在过于深玄，绝非此众所能闻知，遑论参悟。职此之故，倒不如俯身回向、曲随物情，就其所知而教之，示以"即有即无"的俗谛④。是以借二谛言之："得意忘言"是真谛，"言能尽意"是俗谛；就法门言之：透露"言""意"究竟义理的《头陀寺碑文》，暗示涅槃法，以《文赋》为代表的其余三十七体之文，代

---

① 朱晓海：《〈文赋〉通释》，《清华学报》新33卷，2003年12月，第316—320页。
② 《文选》卷五九，第826页。
③ 原文见《维摩诘经所说经》卷中《入不二法门品》，第551页。
④ 萧统：《解二谛义令旨》，《昭明太子集校注》，第131页。

表世间法。萧统在《文选》中寄寓三十七道品之义，正是以"俗谛"示人，引导学者暂且将三十七文体作为修行法门，权以"言能尽意"为目的，先力求斩断创作中现有的烦恼为宜。

## 三、菩萨戒弟子萧统的修行

萧统借三十七道品的体式，为《文选》设立三十七文体的作法，以传法者的角度视之，同样有其佛理依据。

前文已述，三十七道品是"三乘共法"，菩萨乘也应加以修习，然而人闻此言，或生疑惑：既然三十七道品主要面向声闻乘，菩萨乘为何还要学习此法？简言之，原因有二：首先，"菩萨摩诃萨，应学一切善法，一切道"①。菩萨乘广学善法，是其应然要求；其次，菩萨乘学三十七道品，非欲借此涅槃，而是可入涅槃，却舍涅槃，转入轮回，以便传法度人，然后共登彼岸，类似世俗习闻的"地狱不空，誓不成佛"之理。有关于此，可参《大智度论》：

> 菩萨非声闻、辟支佛，亦观声闻、辟支佛法，欲以声闻、辟支佛道度众生故。②

三十七道品本属声闻法，所以菩萨乘欲度人，自然会选择此套修行法传与包括低层信众在内的"众生"，故虽曰"学法"，但不证果。因此，"若菩萨心远离四念处等三十七品"，不能以涅槃心曲随世间法，"是名粗业"；菩萨乘"本求作佛、为众生"，若是贪求声闻乘的果位，向下退转，"是为欺佛，亦负众生"，更属"粗业"③，并且会丧失菩萨果位④。另一方面，菩萨乘本业六波罗蜜中的第一项布施波罗蜜，就要求持菩萨戒者广行财施、法施、无畏施。法施即谓以佛法教导大众。结合二者，便可了解菩萨乘对三十七道品的修习，同时具备回向众生与履行本业的性质，菩萨道"自利、利他"或"自为、为人"之义，正体现在此。

---

① 《大智度论》卷十九《三十七品义》，第197页。
② 《大智度论》卷三六《释习相应品》，第328页。
③ 《大智度论》卷九二《释净佛国土品》，第709页。
④ 为众生、不退转，是菩萨道的基本要求。《大智度论》卷四《释初品中菩萨释论》："有大誓愿，心不可动，精进不退；以是三事，名为菩提萨埵……有人言：'初发心作愿，我当作佛，度一切众生。'从是已来，名菩提萨埵。"第86页。

考察萧梁初期的思想氛围，彼时梁武帝萧衍推崇佛教，意图将佛教教义渗透进国家的诸多层面，达到自己既作人间圣主，又为佛国"法王"[①]。譬如萧衍特意选择在四月八日"佛诞日"践阼开国[②]，在佛教徒眼中，势必会将新朝人间天子的出现，与释迦牟尼的诞生联系起来。天监十八年（519）四月八日[③]，萧衍亲受菩萨戒，自称时以"菩萨戒弟子"冠"皇帝"名号之上[④]，群臣则称之为"皇帝菩萨"[⑤]。在他受戒当日，"皇储以下，爰至王姬，道俗士庶咸希度脱，弟子著籍者凡四万八千人"[⑥]，可谓盛况空前。"皇储"萧统在当日既受菩萨戒，身份也势必转为"菩萨戒弟子、皇太子"。

依大乘教义，发菩萨心、受菩萨戒，即为菩萨。作为菩萨，就要履行度人的职责。萧统假借三十七道品之义，以《文选》三十七文体教导学文者，无异于菩萨道的回向传法，此行为同时又分属菩萨道本业六波罗蜜，传法度人亦是修行自度。换言之，《文选》的编撰，固然是为"后进英髦"开示文章金针，对萧统自己而言，也堪作法海慈航。

萧统既以菩萨道"度众生"，"度"法已明，再论"众生"之义。以三十七道品而言，闻听此法者显然不能唯有声闻弟子，而应涵摄此众程度之下的凡夫，以及高层次的菩萨众。《大智度论·三十七品》早已对讲说三十七道品的情形有过一番描述：

> 佛以大慈故，说三十七品涅槃道，随众生愿，随众生因缘，各得其道。欲求声闻人，得声闻道；种辟支佛善根人，得辟支佛道；求佛道者，得佛道。随其本愿，诸根利钝，有大悲、无大悲。譬如龙王降雨，普雨天下，雨无差别。

---

① 梁代已用"法王"比喻萧衍。许嵩撰、孟昭庚等点校《建康实录》卷十七《高祖武皇帝》自注引《塔寺记》："（法王寺）武帝造。其地本号'新林'，前代苑也。梁武义军至，首祚王业，故以'法王'为名。"上海古籍出版社，1987年，第472页。另参颜尚文《"天监之治"与"佛教国家"的奠定》，氏著《梁武帝》，东大图书股份有限公司，1999年，第91-108页。

② 《梁书》卷二《武帝纪中》："天监元年（502）夏四月丙寅，高祖即皇帝位于南郊。"参陈垣《二十史朔闰表》，是日为初八（古籍出版社，1956年，第72页）。颜尚文曾论梁武帝在"佛诞日"即位的意义（《梁武帝》，第94-99页）。

③ 《广弘明集》卷四《叙梁武帝舍事道法》记载梁武帝于天监三年（504）四月八日舍道事佛，事后有萧纶启书，第45页。按：舍道事佛一事恐不可能发生于天监三年，或当为天监十八年，具体论证参赵以武《梁武帝及其时代》，江苏古籍出版社，2006年，第172页；钱汝平《萧衍研究》，中国社会科学出版社，2011年，第148-158页。

④ 《广弘明集》卷二八下梁武帝《摩诃般若忏文》《金刚般若忏文》，第456、457页。

⑤ 萧纶：《上武帝舍事道法启》，《广弘明集》卷四，第46页。魏收《魏书》卷九八《岛夷萧衍传》，台湾艺文印书馆，1972年，第1084页。

⑥ 道宣：《续高僧传》卷六《释慧约传》，《大正藏》第50册，第469页。按："四万八千"是虚指，为佛教通俗用语，原指四万八千法门，形容佛法广大圆备。

大树大草根大，故多受；小树小草根小，故少受。①

又云：

如是等诸道法，各各为众生说。譬如药师，不得以一药治众病；众病不同，药亦不一。佛亦如是，随众生心病种种，以众药治之……是三十七品，众药和合，足疗一切众生病。②

此二段论说的要紧处，就在"众生各得其道""疗一切众生病"上。各类人众随其因缘，能从三十七道品中获得与自身境况相协的法雨恩泽，正是此法门作为"三乘共法"的题中之意。以此推想《文选》的受众，也当不仅限于有心学文之人，它面向的"众生"应是广泛无差别的大众，如此方能显出萧统作为"传法菩萨"应有的普度胸怀。在接受效果上，应如《大智度论》"龙王降雨"之喻所示，根大多受，根小少受。若将佛教重视的"根"转化为世人的智慧禀赋，恰如《文心雕龙·辩骚》所言："才高者菀其鸿裁，中巧者猎其艳辞，吟讽者衔其山川，童蒙者拾其香草。"③《文选》的读者群中，必然也存在根器利、钝之分，"才高者"与"童蒙者"之间的距离，大抵犹如菩萨之去俗汉。

萧统在《文选序》中反复申述此书以文章之"美"为标准，然而这只是最低标准线，并不意味着在此之外不存在其他取舍尺度。《序》中曰：

"箴"兴于补阙；"戒"出于弼匡；"论"则析理精微；"铭"则序事清润。④

"补阙""弼匡""析理""序事"，俱是在文章"美"的前提之下，对文章内容提出的更高一级要求，可见单纯抱持"学文"目的而来的读者，其实并不能真正穷尽《文选》包孕的精微义理。这类读者固然有求法之心与一定智慧，但从根本上讲，他们研读此书是为了提升自己文章技巧，仍停留在调伏眼前烦恼的层次，论及最终目标，仍旧还须依托文字，不过是成就一篇世俗认可的"佳作"而已。这类人众犹如声闻弟子，纵使证得阿罗汉果，智慧尚且不如菩萨中最低阶的初发心菩萨。因此，读者必须拥有高出一般文士的才智与感悟力，才能具备更加广阔的视野和透彻的眼光，勘破文字的蔽障，探寻幽赜的义理。这类读者犹如菩萨众，是《文选》更高位阶的读者，有能力洞识《文选》

---

① 《大智度论》卷十九，第197页。
② 《大智度论》卷十九，第198页。
③ 《文心雕龙注》卷一，第48页。
④ 《文选》，第1页。

在文字背后隐藏的深意，领悟出文章之外的更高智慧，而其鹄的不必在于写作。若能参悟《文选》中"三十七道品"，则已身在登入圣域的正道之上，"若迟若疾皆当得涅槃……譬如入恒河，必得至大海"①。论其结果，于经验界而言，可令人断绝烦恼，晓畅事情；在超出经验界的领域，盖能引人至于"得意忘言"之际，身登涅槃妙境。这也是萧统作为菩萨戒弟子渴望企及的极致境界。

## 余 论

设使前述《文选》所蕴佛理之说不诬，势必需要对某些文体的分合状况作出一定解释。《文选》三十七体说成立的同时，自然意味着当下占据主流的三十九体说并非萧统本意，"移"与"难"二目为后人添补。笔者以为，萧统如果打算以佛教教义营构《文选》，则神秘数字"三十七"承载的宗教意义，势必高于现代文体学重视的文体分判，后者难免需要在某些环节服从教义的安排。也即是说，萧统纵然明知《文选》涵纳的文体总数已然溢出"三十七"之数，但为了维持"三十七道品"的结构，势必权将某些文体强制合并，不惜略微伤损辨体的精确，以求成就"鸿裁"，传示"大义"。

借由客观事实方面的涨缩调整，以求凑合神秘数字的案例并不鲜见。以儒家经典言之，《尚书》之《书序》记载《书》有百篇。郝敬就提出，此"百篇"恐有凑数之嫌，曰：

> （《盘庚》）三篇一事，故为一篇，孔书割为三，与《太甲》《说命》《泰誓》同凑百篇之数而已。②

数字"百"显然有全备之义，无怪郝氏有此质疑。《礼记》在篇目上也有类似问题。通行郑玄注《礼记》凡四十九篇，其中《曲礼》《檀弓》《杂记》分上、下篇，故实有四十六篇。孔颖达云："本以语多，简策重大，分为上、下，更无意也。"③恐未必然。朱晓海指出，《小戴礼》一系说《礼记》者，不惜裁截《曲礼》等三篇，必欲凑足"四十九"之书，目的在于迎合"大衍之数五十，其用四十有九"的旧说，在四十九篇结构中寄寓

---

① 《大智度论》卷二二《释初品中八念之余》，第221—222页。
② 郝敬：《尚书辨解》卷九《孔氏古文尚书序·盘庚》，《丛书集成初编》第一零七册，新文丰出版公司，1985年，第677页。陈军含对郝氏之说有所难问，见《先秦至汉"书"流传的几个基本问题》，第65页。
③ 郑玄注，孔颖达疏：《礼记注疏》卷一《曲礼上》，孔《疏》，台湾艺文印书馆，2003年，第11页。

"礼，天之经也"①内涵，以显示《小戴礼》上应天道。

通过裁截手段凑合神秘数字的案例，或可越出古书编纂。此处可举孔门弟子的人数变化为例。《史记·仲尼弟子列传》引孔子言："受业身通者七十有七人。"②《汉书·艺文志·序》云："七十子丧而大义乖。"③师古曰："七十子，谓弟子达者七十二人。举其成数，故言七十。"其中"七十二"为天数、地数之极的积数，显然是神秘数字，"七十"云者，虽是举成数，但仍扣在"七十二"上，难脱神秘色彩。在此之外，另有"六十四弟子说"，见《论语·崇爵谶》："子夏六十四人共撰仲尼微言，以当素王。"④《春秋说题辞》亦云："使子夏等六十四人求周史记。"⑤六十四为《周易》众卦之和，六十四弟子合聚，显示孔子作为圣人，其道与《易》同，能"与天地准，故能弥纶天地之道"⑥。

诚然，前论均建立在"假设萧统自知《文选》涵纳的文体总数果真已溢出三十七"的前提上，故有裁截、凑合之说。单就事实而论，萧统对文体的辨析确乎不苟。如"令"这一文体，即"命"也，意为下达指令，本无身份限制，《文选》将皇帝之令归于"诏"⑦，皇后之令曰"令"，藩王之令曰"教"；对以问答为主的篇章，萧统将问答双方皆为真实人物、可能实有其事的问答，归在"对问"，将作者自设虚拟人物发问引出论述的文章，归在"设论"。其次，萧统与近现代人的认知有别，如傅毅《舞赋》、成公绥《啸赋》俱归诸"音乐"，《乐府》不独立为一类，反而被视为"诗"的子类。这些看似"异样"的安排，在萧统所处之世的文学背景下实可说通。由此推想，萧统未必不能以他的"文体学"见解，将司马相如《难蜀父老》归于"檄"，刘歆、孔稚珪二书归于"书"：因为"檄"本指用于急务、以晓谕为主的公文⑧，"移"亦可归于广

---

① 杜预注，孔颖达疏：《春秋左传注疏》卷五一《昭公二十五年》，台湾艺文印书馆，2003年，第888页。
② 泷川龟太郎：《史记会注考证》卷六七，台湾艺文印书馆，1972年，第854页。
③ 《汉书补注》卷三十，第874页。
④ 安居香山、中村璋八编：《纬书集成》，河北人民出版社，1994年，第1079页；《文选》卷四三刘歆《移书让太常博士》，第622页。
⑤ 何休解诂，徐彦疏：《春秋公羊传注疏》卷一《隐公元年》，徐彦《疏》引，台湾艺文印书馆，2003年，第6页。原文脱"六"字。
⑥ 《周易注疏》卷七《系辞·上》，第147页。
⑦ 《史记会注考证》卷六《秦始皇本纪》："令为'诏'。"第110页。
⑧ 宋雪玲：《论汉晋檄文文体功能演变及其定型——从刘勰论檄文文体功能之得失谈起》，《浙江学刊》2014年第4期，第90-95页。

义的官用"书"体①。

若以《文选》古本相质,最耐人寻味的案例是陈八郎本和朝鲜正德年间《文选》刻本:书中虽列有"移""难"二目,却缺少"符命"和"史述赞",一加一减后,全书文体仍旧维持"三十七"之数②。分析这一行为,似乎此版本系统中某一环节的经手者已经窥破萧统所用"三十七道品"之义,因而在对分体略作调整之后,仍旧维持以神秘数字为先的结构。由此亦可见,游志诚、傅刚等学者援引陈八郎本《文选》作为"三十九体说"之力证的同时,此本的实际情况却恰可作为反例,用以支撑尤、胡刻本的三十七体结构。

总之,对于《文选》文体总数的探讨,不应浮于"纸面"或以今律古,而当以古为徒,尽可能回到古人的思想世界中,再作思考。笔者对此问题的追问,绝非对传统文献、版本之学提出任何程度的"挑战",只是尝试借助佛教文献与古书编纂的成例,对萧统编纂《文选》时的幽深志意多作一分探索,宁可深求穿凿,毋以轻心放过。《诗》不云乎:"知我者,谓我心忧;不知我者,谓我何求?"③不知《文选》告竣之日,萧统是否有此一叹。

---

① 《汉书补注》卷五八《公孙弘传》,颜《注》:"移病,谓移书言病也。"第1214页。
② 参傅刚《关于〈文选〉分类》,氏著《汉魏六朝文学与文献论稿》,第425-426页。
③ 毛亨传,郑玄笺,孔颖达疏:《毛诗注疏》卷四《王风·黍离》,艺文印书馆,2003年,第146页。

# 清代地方社会中的僧人涉讼透视
## ——以《巴县档案》为中心

上海理工大学马克思主义学院　吴　冬

**内容提要**：本文以《巴县档案》为中心，论述了清代地方社会中的僧人涉讼问题。僧人频繁涉及诉讼的情况在清代社会中经常发生。究其成因，与僧俗之间频繁的庙产运行交互活动以及世俗社会的侵扰密切相关。同时也受到清代中后期僧人管理措施失范而导致的僧众群体良莠不齐的负面影响。此外，佛门规戒的式微，以及部分寺庙无法有效节制僧人也是导致僧人涉讼的重要因素。为防治僧人涉讼的发生，地方官府除采取颁布示禁的方式予以治理外，还联合民间社会共同监督，以降低僧人涉及诉讼的可能。

**关键词**：清代；僧人；涉讼；《巴县档案》

僧人通常被认为"业已身入空门，不修五品之伦，当绝七情之欲"[1]。加之清规戒律对僧人道德品行的严格规制，僧人似乎自应远离世俗纠纷。然而，僧人频繁涉及诉讼的情况在清代社会中却经常发生。在僧俗之间及僧众内部都产生了大量动辄诉诸官厅的讼案。究其成因，与僧俗之间频繁的庙产运行交互活动以及世俗社会的侵扰密切相关。同时也受到清代中后期僧人管理措施失范而导致的僧众群体良莠不齐的负面影响。此外，佛门规戒的式微，以及部分寺庙无法有效节制僧人也是导致僧人涉讼的重要因素。为防治僧人涉讼的发生，地方官府除采取颁布示禁的方式予以治理外，还联合民间社会共同监督，以降低僧人涉及诉讼的可能。官民的互动整治虽对寺庙秩序与僧俗关系的稳定起到一定程度的积极影响，但因清代整体的社会环境、宗教政策、寺庙及庙产经营方式等因素的局限性，僧人涉讼的产生无法彻底阻断。

已有不少研究者对清末民初阶段因庙产兴学政策导致的僧俗庙产纠纷作了大量论

---

[1]　祝庆祺等编：《刑案汇览三编》卷五十三，北京古籍出版社，2004年，第2007-2009页。

述。① 既有研究对于深入了解僧俗关系以及清末法律、社会与宗教的复杂关系较有裨益。但对有清一代的僧人涉讼类型、致讼原因与防治等问题,学界仍鲜见专题论述。② 有鉴于此,本文拟以《巴县档案》为主要史料,对清代僧人涉讼成因与防治作一考察。

## 一、清代地方社会中的僧人涉讼概况

笔者于《巴县档案》中辑得自乾隆二十八年（1763）至同治十三年（1874）共计292件僧人涉讼案件。梳理案件，从各朝僧人涉讼案件数量分布统计结果来看，总体呈不断增多趋势（见表一）。较之清末以僧俗之间庙产纠纷为主的诉讼类型，这一时期的僧人涉讼案件类型更为复杂多样，既有庙产纠纷案件，还包括大量庙务管理纠纷案、僧人犯奸案、抢劫殴斗案等（见表二）。涉讼主体既有僧俗之间的争讼，还包括僧众内部的纠纷。

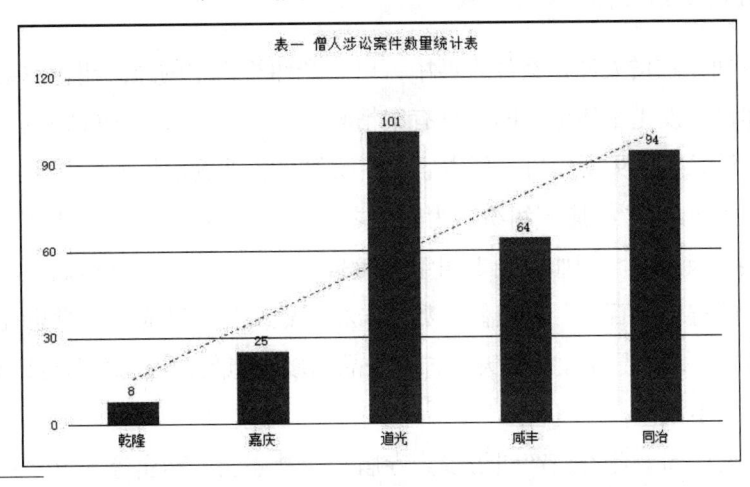

**表一：僧人涉讼案件数量统计表**

| 朝代 | 乾隆 | 嘉庆 | 道光 | 咸丰 | 同治 |
|---|---|---|---|---|---|
| 案件数 | 8 | 25 | 101 | 64 | 94 |

---

① 相关参见徐跃：《清末四川庙产兴学及由此产生的僧俗纠纷》，《近代史研究》2008年第5期。梁勇：《从〈巴县档案〉看清末"庙产兴学"与佛教团体的反应》，《宗教学研究》2011年第4期。王有粮：《庙产兴学及其案件中的国家与法律——以清代南部县档案、民国新繁县档案为佐证》，《法律史评论》2008年。吴欣：《清代寺庙产业纠纷中的国家与社会——以档案与判牍资料为例》，《中国社会历史评论》第七卷，2006年，第235-248页。许效正：《民国初年上海庙产纠纷透视》，《史学月刊》2013年第9期。刘杨：《清末民初东北庙产兴学中的冲突与矛盾——以乡村庙产为中心的考察》，《黑龙江社会科学》2019年第1期。付海晏：《革命、法律与庙产——民国北平铁山寺案研究》，《历史研究》2009年第3期。刘元：《民国湖北寺庙产权结构与庙产纠纷（1911-1931）》，《湖北大学学报（哲学社会科学版）》2015年第4期。汪炜：《民国时期北京庙产兴学风潮——以铁山寺为例》，《北京社会科学》2006年第4期。李海杰：《民国时期湖北庙产纠纷研究》，华中师范大学2018年博士学位论文。

② 柳立言对宋代僧人犯罪原因作了探析。见柳立言《红尘浪里难修行——宋僧犯罪原因初探》，"中央研究院"历史语言研究所集刊，2008年，第七十九本第四分。其他相关研究见：高旭晨《中国古代僧侣犯罪的刑事法律处罚之原则》，《法律适用（司法案例）》2017年第12期。陈晓聪《清代法律规范佛教僧侣四波罗夷罪之案例研究——以〈驳岸汇编〉和〈刑部比照加减成案〉为例》，《青岛行政学院学报》2011年第4期。

表二：巴县僧人诉讼类型及数量统计表

| 诉讼类型 | 具体案情 | 案件数量 | 占比 |
|---|---|---|---|
| 经济纠纷案 | 庙产租佃纠纷："拖欠佃银""退佃踞搬"<br>庙产买卖纠纷：庙产的盗卖、私卖、重复出卖等<br>侵占庙产纠纷："越界侵占""强占庙业"<br>钱债纠纷 | 87 | 29.8% |
| 庙务管理纠纷案 | 经理庙务不善、争管庙务、"招僧逐僧"等 | 77 | 26.4% |
| 抢劫殴斗案 | 抢劫、殴斗、诈磕等 | 53 | 18.1% |
| 犯奸案 | 僧俗、僧人之间的通奸等 | 29 | 9.9% |
| 诬告案 | 挟怨诬告、他人教唆诬告、藉控图磕诬告 | 23 | 7.9% |
| 其他 |  | 23 | 7.9% |
| 总计 |  | 292 | 100% |

注：在梳理僧人涉讼案件类型时，在审讯过程中或渐次出现两种或多种致讼主要原因，统计时，以讼案的立案缘由为准。

（一）经济纠纷案件

由表二可知，在僧人涉讼案件类型中，以庙产纠纷为主的经济纠纷致讼的案件数量最多。此类案件多发生于僧俗之间，具有案情较轻、纠纷内容复杂的特点。较为常见的有庙产租佃纠纷、庙产买卖纠纷、侵占庙产纠纷等。各兹例举如下：

1.庙产租佃纠纷。此类庙产纠纷多为僧俗之间在庙产租佃经营时出现的"拖欠佃银"、"退佃踞搬"等因所致。例如道光十四年（1834），僧住兴因罗洪恩佃寺庙"常业煤硐一口，每年租钱五千二百文"，但佃后数年未将租钱支付清楚而将罗洪恩控案。[①] 乾隆三十八年（1773），华严寺住持僧天一告称杨品山屡次拖欠佃银，意图将田收回另佃时，杨品山却"霸据不搬"，遂将其上控。[②]

2.庙产买卖纠纷。此类庙产纠纷多为寺庙产业被盗卖、私卖等导致。例如同治十年（1871），真武山僧通锡串通民人袁雅南"将庙业三股盗卖"，因而被以"切庙业碑题原禁私卖，况遭霸据，岂容盗卖"为由将其控案。[③]

3.侵占庙产纠纷。此类纠纷多是因寺庙田产与世俗百姓相邻产生的侵占行为。例如咸丰十一年（1861），永峰寺僧普荣向官府告称，因其田界邻黄光明，而被"叠占界址……霸占僧人沟左一幅，砍伐枫香松柏大树十余根。"[④] 又如道光五年（1825）节里九甲僧

---

① 四川省档案馆藏：《巴县档案》，清 006-015-17095。
② 四川省档案馆藏：《巴县档案》，清 006-002-02913。
③ 四川省档案馆藏：《巴县档案》，清 006-030-14499。
④ 四川省档案馆藏：《巴县档案》，清 006-020-04555。

明健告称，余仕仲等二十余人"霸占庙业……将僧所种小米苞谷约三石余悉行抢收，获蓄茶桐青杠等树百十余株尽砍搬去"。①

### （二）庙务管理纠纷

上述列举多为僧俗之间在日常庙产经营活动中产生的难以避免且十分常见的的经济纠葛。而庙务管理纠纷与僧人犯奸的大量案件，都是因僧人个人尚未转变世俗习惯所导致的讼案。其纠纷形式各不相同。有因僧人饮酒赌博酿讼，如道光元年（1821）乡约刘瑞启等人禀诉忠里十甲觉林寺僧玉（蓡）"不守清规窝招痞子朱六、吴二惯于饮酒发疯惹祸多端"，僧玉（蓡）之徒僧自嘲亦"赌博滋酿纠纷"②；有因僧人偷窃导致纠纷，如咸丰三年（1853）周启言告称关帝庙僧海莲屡次"窃其牛只"，被逐出寺庙后又"踞庙复窃"③；有因僧人滥食洋烟或宿妓被诉，如咸丰元年（1851）僧海参告称徒侄僧海东"不守清规吸食洋烟宿妓"④等等。

此外，清代大量寺庙是由民间社会共同集资捐建，寺庙的管理运行也由民间社会招僧管理庙务。僧人招入庙后与施主书立文约，规定僧人职责为"依界看守"⑤或"照应庙内什物"。⑥而当寺僧经理庙务不善导致庙务废败时，被施主诉至官府也是常见的僧人涉讼情况。如道光十六年（1836）八月初七日，节里八甲黄永春控告祝寿寺僧乘宽经理庙务时"滥费负债无偿"，后经审讯，僧乘宽被判处"经理庙务不善辞退"。⑦

### （三）僧人犯奸案件

清律对僧人犯奸的处罚较之世俗百姓有"加等治罪"的规定。⑧但地方社会中僧人犯奸现象却屡见不鲜，僧俗之间和僧众内部皆有犯奸行为发生，直接体现了僧众群体的良莠不齐。如道光二十一年（1841），白衣庵住持尼僧通宗与王水泥匠通奸并生育一女⑨；道光二十年（1840）僧普伦因"不守清规与伊徒鸡奸"⑩；咸丰八年（1858），

---

① 四川省档案馆藏：《巴县档案》，清 006-010-06119。
② 四川省档案馆藏：《巴县档案》，清 006-007-00323。
③ 四川省档案馆藏：《巴县档案》，清 006-021-07390。
④ 四川省档案馆藏：《巴县档案》，清 006-022-09023。
⑤ 四川省档案馆藏：《巴县档案》，清 006-002-00173。
⑥ 四川省档案馆藏：《巴县档案》，清 006-026-06246。
⑦ 四川省档案馆藏：《巴县档案》，清 006-017-20344。
⑧ 张荣铮、刘勇强、金懋初点校：《大清律例》卷三十三，天津古籍出版社，2011年，第557页。
⑨ 四川省档案馆藏：《巴县档案》，清 006-011-09357。
⑩ 四川省档案馆藏：《巴县档案》，清 006-007-01965；清 006-007-01965。

歇马寺僧忝悟与唐刘氏通奸①；同治二年（1863）尼僧本开与向春泰"私通成孕生育一子"②等等。

### （四）抢劫、殴磕、诬告等案件

抢劫、殴磕、诬告等案件，显示出寺庙运行过程中僧俗之间的复杂矛盾关系。例如咸丰年间，智里九甲华藏寺住持僧自顾告称，任大雄、任二雄"欺僧迈弱……兹敢统痞多人踞庙索祸，肆行无忌"③；道光二十九年（1849），正里八甲东林寺僧福果告称，"遭境内乡痞谷月明屡次来庙骚扰"④；同治七年（1868）五月十五日，廉里五甲天文寺住持僧德潜告称，遭法主寺僧三级"携忿……屡次来庙骚扰，滋祸不休……串唆勒钱"⑤；再如慈里四甲文昌宫僧拂尘告称，其师祖僧寂正"屡被净慈寺僧德修、僧德佑、僧德宗等欺师弱门，串同素不守法惯于诈磕害人地棍陈廷赞等一起磕诈僧师"。⑥

诬告案情可分为两种。其一，挟忿诬告。如道光十八年（1838）六月二十四日，仁里十甲陈容光告称，被智里九甲华藏寺住持僧法禅邀去赌博，并称僧法禅输钱未给，因此将其控案。后经审讯，实系"抱忿诈索"。⑦其二，他人教唆。如同治六年（1867）七月二十八日，刘万方告称其女"遭附近玉皇观僧真如……伊徒僧玉昆……刁拐藏匿"，后审讯实系刘万方"因病发无知，听唆呈控"。⑧

梳理清代僧人涉讼的相关案例，相较于清末以庙产纠纷为主的案件，有清一代，僧人涉讼的案件类型更加复杂多样。无论是僧俗之间还是僧众内部，都产生了大量动辄诉至官厅的纠纷案件，并展现出不同内涵。如经济纠纷案件多为僧俗之间在日常经济交往活动中产生的难以避免的现象；庙务管理纠纷案件多显示出僧众内部的秩序纠葛；抢磕、殴斗、诬告等僧俗摩擦案件，则体现了寺庙的社会属性、僧人的世俗化面相以及僧俗之间互相抵牾的一面。

---

① 四川省档案馆藏：《巴县档案》，清 006-020-05424。
② 四川省档案馆藏：《巴县档案》，清 006-026-07186。
③ 四川省档案馆藏：《巴县档案》，清 006-019-03415。
④ 四川省档案馆藏：《巴县档案》，清 006-010-07949。
⑤ 四川省档案馆藏：《巴县档案》，清 006-030-14490。
⑥ 四川省档案馆藏：《巴县档案》，清 006-009-05950。
⑦ 四川省档案馆藏：《巴县档案》，清 006-015-16794。
⑧ 四川省档案馆藏：《巴县档案》，清 006-026-07616。

## 二、清代地方社会中的僧人涉讼成因

清代地方社会中的僧人涉讼的原因与僧俗之间频繁的经济交易活动以及世俗社会的侵扰密切相关。但从宏观上看，也受到清代中后期僧人管理措施失范导致僧众群体良莠不齐进而对寺庙秩序与僧俗关系的稳定产生负面影响所影响。同时，佛门规戒的式微，以及部分寺庙无法有效节制不守清规的僧人也是导致僧人涉讼的重要因素。综合来看，大致可分为社会经济因素、宗教政策因素与寺庙管理因素三个方面。

第一，社会经济因素。

寺庙本身的社会属性使其必须与其他社会单元密切合作才能维持运转。部分寺庙因"事多繁琐"，通常采取"及佃征租"的方式对外租佃庙产，这是常见的庙产经营方式。但也因此，僧俗之间十分容易产生庙产纠纷。前文提到，在租佃过程中，时常因"拖欠佃银""退佃踞搬"产生纠纷。另外，清代官方法典与佛门皆有禁止买卖庙产的规定[①]，但庙产买卖的现象在清代民间社会却屡见不鲜，并在这一过程中因盗卖、私卖等产生争讼。表二显示出，僧人因租佃、买卖以及其他交往过程中产生的经济纠纷案件，占总体案件数量的29.8%。反映出僧人涉讼的经济因素一面。

此外，大量的案件都显示出世俗社会对寺僧的侵扰是产生僧人涉讼的另一重要原因。当寺僧年迈且独自经管庙务时，这种滋扰行为就会更加直接和频繁。如在僧人涉讼的诉词中时有看到僧人自称年迈、面对侵扰无可奈何的情况。例如嘉庆十九年（1814）洞泉寺僧大源称其"年逾八十，孤身一人"，遭佃户吴景孝等人"将寺业内竹木砍伐搬卖，继敢入寺卷拿食米家具，神前动用等项。"[②] 庙产是僧人安身立命之本，面对世俗社会的侵扰而又年迈无力制止时，诉诸公堂是维护寺庙利益最直接有效的方式。

在中国传统社会，寺庙作为地方社会的文化、经济活动中心场域和公共空间。遇岁时佳节，多以寺庙为中心进行民俗文化活动或经济交易活动。人们多于此时大量集中在寺庙周围，因此发生滋扰事件的概率也大大提升。如同治五年（1866），在巴县廉里七甲"渝东胜境"觉林寺，"近有无知痞棍匪徒不顾神庙重地，往往携妓流连往宿饮酒戏谑，

---

① 清律规定寺观田产"私捏文契典卖者……悉照前例问发"。见张荣铮、刘勇强、金懋初点校：《大清律例》卷九，天津古籍出版社，2011年，第209页。佛门亦有规定："天下僧道的田土，法不许买。僧穷寺穷，常住田土，法不许卖。"葛寅亮撰：《金陵梵刹志》卷二，明万历刻天启印本，第52页。

② 四川省档案馆藏：《巴县档案》，清006-006-06901。

无所不至,亵渎寺观,莫甚于此。"① 又如咸丰十一年(1861),渝城真武山真武庙"每年新春香会远近乡民朝拜络绎不绝……不法痞棍觊觎三宝,或藉故威磕,挟制僧人或借贷不遂,串控害累。"② 对于僧人而言,寺庙作为祈祷焚献的场所,"理宜清净不可玩亵"。遇到滋扰行为诉诸官府,是寺僧维持寺庙稳定秩序的有力办法。

第二,宗教政策因素。

清初,清廷施行较为严格的僧人管理措施。为达到"以防奸伪"③ 的目的,在僧人管理上施行度僧、度牒与僧籍制度。作为清代维持宗教秩序的主要措施,三种制度给入庙为僧设定了较高的门槛,一定程度上保障了僧众素质,使持有度牒之僧能够"通晓经义、恪守清规"。④

但在清中期以后,僧人管理措施发生了大幅改变。首先,度牒制度被彻底废止。乾隆三十九年(1774),度牒制度被认为"本属无关紧要,而查办适以滋扰,着永远停止"⑤。这一举措对僧众整体品质产生了深远的消极影响。因降低了对僧人品质的限制,导致僧人数量增加的同时,"使僧尼的成分更加复杂……更加窳滥"。⑥ 其次,清代自"国初免除试僧之制"。⑦ 罢除试僧的举措亦产生了严重的负面作用。它为想要入庙为僧之人"大开放便……令其随意出家"。⑧ "渐致释氏之徒,不学无术,安于固陋……盖自试经之例停,传戒之禁弛,以致释氏之徒……于经、律、论毫无所知……庸俗不堪。"⑨

因取消度牒与试经的僧人管理措施,导致僧人来源杂芜的情况在各类史料中得以印证。《皇朝经世文编》载:"僧道往往多途穷无告,不得志之辈。与干犯法律,无所逃

---

① 四川省档案馆藏:《巴县档案》,清 006-056-0570。
② 四川省档案馆藏:《巴县档案》,清 006-018-00382。
③ (清)伊桑阿等纂修:(康熙朝)《大清会典》卷七十一,"礼部·僧道",载《近代中国史料丛刊》三编,第七十二辑,第 720 册,文海出版有限公司,1992 年,第 3619 页。
④ (清)崑冈等修,刘启端等纂:《钦定大清会典事例》卷五百一,"礼部·方伎",载《续修四库全书》第 806 册,"史部·政书",上海古籍出版社,2002 年,第 12 页。
⑤ 同上,第 22 页。
⑥ 杨健:《清王朝佛教事务管理》,社会科学文献出版社,2008 年,第 161-162 页。
⑦ 这一承袭于前朝的经试剃度办法对于出家为僧有很高的要求:"先令考试,于经、律、论中命题,取者得给,不取者停其剃度""故僧多有学问。"一定程度上对僧人品行有所保障。见《清朝续文献通考》卷八十九·选举考六·方伎,载王云五主编《万有文库》第二集,《十通》第十种,第一册,商务印书馆,1936 年,第 8487 页。杨健的研究认为"清代从来没有实施过试经度僧的制度"。见杨健《清王朝的佛教事务管理》,社会科学文献出版社,2008 年,第 89 页。
⑧ (民国)印光:《印光大师全集》第一卷,佛教出版社,1991 年,第 307-308 页。
⑨ (清)杨仁山著,刘静娴、余晋点校:《杨仁山居士文集》卷一,黄山书社,2006 年,第 272 页。

罪之徒，窜入其中。"① 又《雍正朝汉文谕旨汇编》载："各直省僧众，真心出家求道者，百无一二。而愚下无赖之人游手聚食，且有获罪逃匿者窜迹其中。"② "混迹僧徒实乖僧行者，饮酒食肉，肆为不法……皆败坏僧教甘为非法，何得称佛门弟子乎？"③ 光绪十年（1884）山东泰安县衙门颁布的《禁止私卖庙田告示碑文》中亦有记载称："凡出家者，多因家计困乏，藉教求生活耳。其实修身养性者，其稀矣。"④

僧众群体良莠不齐的状况在《巴县档案》中多有体现。如巴县新开寺僧大祥"自幼不务正业，酿成人命，犯罪充军，奉赦回籍。因年迈孤独无子，没得依靠……张居明、吴从鲁保举僧人在新开寺削发于僧心德为徒。"⑤ 这直观反映出部分僧人并非诚心皈依，仅将寺庙作为逃脱追捕的庇护之所。这部分僧人成为寺庙中的不稳定因素，无形中增加了作奸犯科而致讼的概率。例如巴县太和场万天宫僧爵明，"因犯奸枷号打枷逃脱，至本场万天宫，拜僧本韬为徒"。入庙之后屡次犯奸被地方邻佑共同禀究在案，还"气习凶横，动辄与人朋凶，时人呼为一窝蜂"，又"阴险健讼，武断乡曲……连年讦讼不休，有卷可查。"⑥ 直观反映了因僧人管理措施的失范导致品行低劣之人大量入庙为僧，进而增加了僧人涉法的可能性。

**第三，寺庙管理因素。**

"国家治民，律及例也；佛祖范僧，戒律清规也"⑦。为有效管理僧团，清代官方法典与宗教规戒皆有相应的制度性规范，但都未能达到制度设计的预期目标。如清廷设立僧官"专管僧道，恪守戒律清规，违者听其究治"⑧。基层僧官在地方寺庙管理以及参与地方司法实践中，其职能更多体现在主持佛事活动、核查寺庙僧众信息等方面，并

---

① （清）魏源：《魏源全集》第十四册，《皇朝经世文编》卷二十六，长沙：岳麓书社，2004年，第519页。
② 中国第一历史档案馆编：《雍正朝汉文谕旨汇编》第二册，广西师范大学出版社，1999年，第288页。
③ （清）崑冈等修，刘启端等纂：《钦定大清会典事例》卷八百九，"刑部·刑律"，载《续修四库全书》第809册，"史部·政书"，上海古籍出版社，2002年，第835页。
④ 陶莉著：《岱庙碑刻研究》，齐鲁书社，2015年，第256页。
⑤ 四川省档案馆、四川大学历史系编：《清代乾嘉道巴县档案选编·上》，四川大学出版社，1989年，第59页。
⑥ 四川省档案馆藏：《巴县档案》，清006-011-09675。
⑦ （清）仪润：《百丈清规证义及》卷一，《卍新纂续藏》第63册，日本国书刊行会，1975-1989。
⑧ 刘锦藻撰：《清朝续文献通考》卷八十九，"选举六"，商务印书馆，1955年，第8487页。

不具备独立"究治"僧众的权力。

  佛门规范对僧人品行的制约收效同样微弱。设立戒律的目的是约束僧人与规范寺庙秩序。但其内容更多注重对精神道德层面的劝诫，对犯戒僧人的处罚规定则较为宽泛。另外，设立清规是为构成僧众管理体系，以实现对僧人"立法防奸"的目的，但其效果同样较为有限。如影响最大且对寺庙管理规定比较全面的《百丈清规》中，虽制定了严密的监察体系以及用"日用轨范"和"共住规约"来戒规和惩治僧众，但对于僧人违犯规定的最高惩罚是"出院"，惩罚力度较小。① 此外，大量民间寺庙的规模较小，并未设置监察督管僧人的相关职位。因此，对于品行低劣之僧，难以有效发挥其规制与约束效用。正如清吏王图炳称："近有释、道中之奸滑……不遵戒律。愚弱者，渐流为邪荡；强鸷者，遂习于凶顽。奸盗抗法之事，竟至肆行无忌矣。更有尼僧、道姑……潜通奸淫，以致仇杀人命，身罹法网者，往往而有。"② 更有甚言称："今僧人能守清规，亦他所罕见也。"③

  《巴县档案》中大量僧人涉讼案件直观反映了僧人不守庙规、作奸犯科且寺庙住持无力节制而致讼的情况。例如阳演寺僧法光"自来不守清规纵酒滋事……即无管束，无所不为"，面对僧法光的不法行为，住持等人虽"将法光重责"，但收效甚微，僧法光仍"不畏王法……又持刀行凶"④。

  清规戒律所构建的寺庙内部秩序与僧团管理规范等一整套制度体系，对于管理僧人而言，实际上仅是对世俗法律的一种道德补充。但从部分僧人的涉讼案例来看，单一的道德约束并不足以令僧人恪守清规。对于初入佛门的僧人而言，其个人秉性的转变并不能一蹴而就，世俗观念、行为习惯和个人欲望也难以即刻斩断，身份的改变多于且先于观念的蜕变。大量案件都系僧人入庙之后因其个人尚未转变世俗习惯与低劣的品行以致诉讼，如僧人饮酒、偷窃、犯奸行为等等，都直接反映了地方社会中僧众群体成分的复杂性。当世俗权力未能有效规范僧众，同时佛门本身对僧人的秩序与道德约束式微，寺庙住持也无力节制不守清规的僧人时，僧人涉讼的现象就会变得更易发生和更加频繁。

---

① （清）仪润：《百丈清规证义记》第七章，"大众章上·日用轨范"，《卍新纂续藏》，日本国书刊行会，1975-1989。
② 《宫中档雍正朝奏折》第二十六辑，台北故宫博物院编辑。1979年，第140-141页。转引自杨健《清王朝佛教事务管理》，社会科学文献出版社，2008年，第104页。
③ 《四库全书》第586册，"史部344·地理"，上海古籍出版社，1987年，第331页。
④ 四川省档案馆藏：《巴县档案》，清006-016-19684。

## 三、对僧人涉讼的治理

清律对僧人部分涉法行为有专条处罚规定。但地方官府对僧人涉讼的具体处理方式则体现了原则性与灵活性。为降低僧人涉讼的可能，维持寺庙秩序的稳定，地方官府以颁布示禁的方式，协同民间社会共同监督，构成了防治僧人涉讼的主要举措。

### （一）清律对僧人涉法的处罚规定与地方官府的具体司法实践

《大清律例》对僧人涉法的部分类目以及定罪量刑标准等方面作了一些规定（见表三）。

表三：《大清律例》中对僧人涉法的规定

| 具体名称 | 律文、条例内容 |
| --- | --- |
| 五刑 | 例：僧道有犯奸、盗、诈、伪，并一应赃私罪名，责令还俗，仍依律例科断。其公事失误、因人连累及过误致罪者，悉准纳赎，各还职为僧、为道。[1] |
| 除名当差 | 律：僧、道犯罪，曾经处罚者，追收度牒，并令还俗。职官、僧道之原籍。[2] |
| 称"道士""女冠" | 律：凡称"道士""女冠"者，僧尼同。如道士、女冠犯奸，加凡人罪二等。僧尼亦然。若于其受业师与伯叔父母同。如俗人骂伯叔父母，杖六十，徒一年。道冠、僧尼骂师，罪同。受业师，谓于寺观之内，亲承经教，合为师主者。其于弟子与兄弟之子同。如俗人殴杀兄弟之子，杖一百，徒三年。道冠、僧尼殴杀弟子罪同。[3] |
| 私创庵院及私度僧道 | 律：凡寺、观、庵、院，除现在处所先年额设外，不许私自创建增置。违者，杖一百。僧、道还俗，发边远充军；尼僧、女冠入官为奴。地基材料入官。若僧、道不给度牒，私自簪剃者，杖八十。若由家长，家长当罪。寺、观住持及受业师私度者，与同罪，并还俗。入籍当差。[4] |
| | 例：民间子弟户内不及三丁，或在十六以上而出家者，俱枷号一个月，并罪坐所由僧、道官及住持。知而不举者，各罢职还俗。[5] |
| | 例：僧、道犯罪该还俗者，查发各原籍安插。若仍于原寺观、庵院或他寺观、庵院潜住者，并枷号一个月，照旧还俗。其僧道官及住持知而不举者，照违令律治罪。[6] |
| | 例：僧道如有为匪不法等事，责令僧纲、道纪等司，随时举报。倘瞻徇故纵，别经发觉，犯系逆案者，将该管僧纲、道纪照知情故纵逆犯本律，分别已行、未行定罪。若止失于觉察者，照不应重律，杖八十。[7] |
| 盗卖田宅 | 例：僧、道将寺观各田地……私捏文契典卖者……悉照前例问发。[8] |

---

① 张荣铮、刘勇强、金懋初点校：《大清律例》卷四，天津古籍出版社，2011年，第91页。
② 同上，第100页。
③ 张荣铮、刘勇强、金懋初点校：《大清律例》卷五，天津古籍出版社，2011年，第137页。
④ 同上，卷八，第194页。
⑤ 同上。
⑥ 同上。
⑦ 同上。
⑧ 同上，卷九，第209页。

| | |
|---|---|
| 僧道娶妻 | 律：凡僧道娶妻妾者，杖八十，还俗。女家主婚人同罪，离异。财礼入官。寺观住持知情与同罪。以因人连累不在还俗之限。不知者，不坐。若僧道假托亲属或僮仆为名求娶，而僧道自占者，以奸论。以僧道犯奸，加凡人和奸罪二等论，妇女还亲，财礼入官。系强者，以强奸论。⑨ |
| 亵渎神明 | 律：若僧道修斋设醮而拜奏青词表文，及祈禳火灾者，同罪，还俗重在拜奏。若止修斋祈禳，而不拜奏青词表文者，不禁。⑩<br>例：凡僧道军民人等，于各寺观、庵院、神庙刁奸妇女，除将妇女引诱逃走，仍按照和诱知情分别首、从，拟以军、徒外，其因刁奸而又诓骗财物者，不计赃数多寡，为首之奸夫发边远充军；为从者，减等满徒。俱从尽犯奸本法先于寺观、庵院庙门首分别枷号，满日照拟发配，财物照追给主。犯奸之妇女，仍依本例科罪。若军民人等，纵令妇女于寺观神庙与人通奸，杖九十，枷号一个月发落。⑪ |
| 僧道拜父母 | 律：凡僧尼、道士、女冠并令拜父母，祭祀祖先，本宗亲属在内丧服等第，谓斩衰、期、功、缌麻之类，皆与常人同。违者，杖一百，还俗。若僧道衣服，止许用绸、绢、布，不得用纻丝、绫罗。违者，笞五十，还俗，衣服入官。其袈裟、道服，不在禁限。⑫ |
| 谋杀人 | 例：凡僧人逞凶谋、故惨杀十二岁以下幼孩者，拟斩立决。其余寻常谋、故杀之案，仍照本律办理。⑬ |
| 保辜期限 | 例：凡僧人逞凶毙命，死由致命重伤者，虽在保辜限外十日之内，不得轻议宽减。⑭ |
| 殴授业师 | 例：凡谋、故殴杀及殴伤受业师者……僧尼、道士、喇嘛、女冠及匠役人等，照谋故殴杀及殴伤大功尊长律，分别治罪。如因弟子违犯教令，以理殴责致死者……僧尼、道士、喇嘛、女冠及匠役人等，照尊长殴死大功卑幼律，拟绞监候。⑮ |
| 居丧及僧道犯奸 | 律：凡居父母及夫丧，若僧、尼、道士、女冠犯奸者，各加凡奸罪二等。相奸之人以凡奸论。强者，奸夫绞监候，妇女不坐。⑯<br>例：僧道官、僧人、道士，有犯挟妓饮酒者，俱杖一百，发原籍为民。⑰<br>例：僧、道、尼僧、女冠有犯和奸者，于本寺、观、庵、院门首枷号两个月，杖一百。其僧、道有夫之妇，及刁奸者，照律加二等，分别杖、徒治罪，仍于本寺、观、庵、院门首，各加枷号两个月。⑱ |

整体而言，《大清律例》中对僧人涉法作了不少指定涉法类型的处罚规定。如若僧人犯盗窃、诈伪、违制之罪，则被判以还俗、笞、杖等处罚。翻阅《刑案汇览》中对僧人涉法案件的处罚实践也基本如此。⑪对僧人此类处罚规定与世俗民人涉法处罚规定基本相差不大。但清律在僧人犯奸问题上规定"加凡奸罪二等"，殴杀等罪则判斩监候或绞监候，且"不得轻易宽减"，以表达对僧人更多的道德要求与期许。

清律对僧人涉法的处罚规定，反映出清代僧人涉法的普遍现象。但对照前文梳理的

---

① 张荣铮、刘勇强、金懋初点校：《大清律例》卷十，第225页。
② 同上，卷十六，第280页。
③ 同上，卷十六，第280页。
④ 同上，卷十七，第293页。
⑤ 同上，卷二十六，第439页。
⑥ 同上，卷二十七，第476页。
⑦ 同上，卷二十七，第481页。
⑧ 同上，卷三十三，第557页。
⑨ 同上，卷三十三，第557页。
⑩ 同上，卷三十三，第558页。
⑪ 祝庆祺等编：《刑案汇览三编》卷三十八，北京古籍出版社，2004年，第1399-1400页。

大量僧人涉讼案件类型发现，清律的规定范围较之僧人涉讼的实际案件类型仍显宽泛。这就使得地方官府在处理具体案件时，难以完全将法律作为定罪量刑的绝对依据，也会根据案情实际情况酌情考量，体现地方官府司法实践的原则性与灵活性。

地方官府对于僧人所犯偷盗、殴斗、凶伤等案情的判处基本参照清律规定。如咸丰三年（1853），蔡家场关帝庙僧静平、僧观扬被指控偷窃佃户周启言水牛一头。经审讯属实，判令"沐把僧静平、僧观扬均各笞责并逐出还俗"①。道光二年（1822），陈宪文禀称川主庙僧人元凤"多年在外游荡，不听约束……自持剃刀抹伤咽喉，反行捏控"。经堂讯属实，判令"将（僧）元凤锁押，伤愈枷示"②。同治十二年（1873），忠里二甲太平坊莲花山僧昆吉告称僧昆元"滥费不法来庙诬索"。经讯断将僧昆元"凭团驱逐"③。咸丰八年（1858），正里八甲歇马庙僧悉悟与唐挖炭之妻通奸被抓获送究。后被讯明属实，僧悉悟被判处"责惩、枷示一月，勒令还俗，日后永不许入庙"④。

但对于庙产纠纷等经济纠纷案件，在官府看来，此乃"民间户婚、田地雀角之事，苟可情恕理遣，原不必诉讼公庭"⑤。因此，讯明纠纷内容、厘清责任主体即告结案。如在田业越界纠纷中，官府通常判决"谕两造案证回乡照契定明界石，免后日久混争"⑥即告结案。在钱债纠纷案件中，甚至直接判令"自向理讨，毋得以些许尾欠诉讼滋累"⑦。涉法僧人若"自甘悔过"，还可"留庙守规……继续焚献"⑧。即使有加重处罚的呈请，官府若认为犯僧"已足蔽辜"⑨，也会予以拒绝。甚至在僧人犯奸的问题上，有时也不得不根据实际情况对判决做出调整。如道光十三年（1833），节里十甲妙缘寺尼僧光泰与僧心伦通奸致其受孕。对于通奸尼僧光泰的判处，因其带孕之身，官府为表怜悯之意，判令其"母亲霍彭氏……领回还俗，择户嫁配"⑩。并且还将大量案情较轻的案件批饬给民间社会自行调解，如批词"着投证凭中理息，毋得涉讼取累"⑪，反映出地方官府具体司法实践的灵活性。

---

① 四川省档案馆藏：《巴县档案》，清 006-021-07390。
② 四川省档案馆藏：《巴县档案》，清 006-009-05905。
③ 四川省档案馆藏：《巴县档案》，清 006-026-06534。
④ 四川省档案馆藏：《巴县档案》，清 006-020-05424。
⑤ 《重庆府查禁讼棍减少滋扰告示》，载《四川档案史料》1984 年第 3 期。
⑥ 四川省档案馆藏：《巴县档案》，清 006-020-04555。
⑦ 四川省档案馆藏：《巴县档案》，清 006-015-16372。
⑧ 四川省档案馆藏：《巴县档案》，清 006-029-13983。
⑨ 四川省档案馆藏：《巴县档案》，清 006-011-08701。
⑩ 四川省档案馆藏：《巴县档案》，清 006-010-06555。
⑪ 四川省档案馆藏：《巴县档案》，清 006-030-14502。

## （二）对僧人涉讼的防治举措

僧俗双方都以寺庙作为祈祀之所。因此，僧俗双方在维护寺庙稳定秩序、降低僧人涉及司法纠纷方面的目标具有一致性。于此，地方官府以颁布示谕禁令的方式予以防治，同时协同民间社会监督，共同构成对僧人涉及司法纠纷的防治举措。

### 1. 地方官府颁布示禁

"示禁"是清代地方官府以发布示谕、禁令等方式进行的日常治理举措，具有一定的行政与法律效力。在寺僧秩序治理方面，地方官府通过逐年颁布示禁，对世俗百姓以及僧人的在庙行为加以训示、劝诫、规禁等，以维护寺庙环境的稳定。兹举二例，内容录入如下：

例如嘉庆五年（1800），巴县衙门颁布示禁：

> 为严禁晓谕事，照得真武山觉林寺乃渝州古刹。皆极真武尊神，理应肃静，以昭诚敬。恐有无业流民三五成群入寺赌博，并游食僧道恶丐强讨酗酒滋事，均为可定。除饬差查拿外，合行出示严禁。为此示谕该地方约保庙邻人等知悉，如有前项不法之徒仍蹈前辙入庙骚扰滋事者，许该住持约保人等扭禀本县，以凭枷号示众，言出法随，决不宽免，各亦凛遵，毋违特示。①

又如道光元年（1821），巴县正堂颁布示禁：

> 照得仁寿宫为祀神之所，理宜肃静，以昭诚敬，查近有无知之徒，三五成群，入庙赤身睡卧，以及摇钱赌博，肆行喧哗，合行出示严禁。为此示谕该庙附近诸色人等，嗣后倘敢故违不遵，许该坊长坊差扭送本县以凭枷示重惩，决不姑宽，各宜凛遵，毋违特示。
>
> 此系神庙重地　毋许闲人游戏
> 禁止打毽踢球　摇钱赌博宜避
> ……
> 妇女入庙犯禁　夫男罪坐一体
> 倘敢故违不遵　立即拘案重治②

地方团邻或僧官、僧众等人也会主动禀请官府发布示禁。如咸丰十一年（1861），

---

① 四川省档案馆藏：《巴县档案》，清 006-003-00170。
② 四川省档案馆藏：《巴县档案》，清 006-007-00310。

府僧纲滕仙、县僧会普修、住持僧通习、房族僧寒松协监正、团邻等禀称，渝城真武山真武庙，每年新春香会远近乡民朝拜络绎不绝。但"年久弊生，有不法痞棍觊觎三宝，或藉故威磕，挟制僧人"，因此"协恳示禁，神人均沾"。①

从部分示禁发布的时间上看，逢重要的传统节日时，官府多会集中颁布，如嘉庆元年（1796），巴县衙门示谕称："每逢上元佳节，渝城内外坊乡人等不分男妇，尽纷纷过渡上庙烧香。"衙门恐生事端，发布示禁，"各城门渡夫小甲，嗣后不得装渡"。②

示禁内容除交待时间、地点等信息外，基本都指出以寺庙为中心的区域可能会产生的不良风气，以及可能会发生的滋扰问题。如"摇钱赌博，肆行喧哗""游食僧道恶丐强讨酗酒滋事"等。因此，示禁内容有时多根据实际存在的治理问题而定，如颁布"严禁在寺庙赌博酗酒骚扰"③、"严禁不法男僧女僧煽惑愚民败坏风俗"④、"严禁痞徒劣僧来庙阻扰"⑤、"严禁在寺探视妇女并游僧恶丐"⑥、"禁止妇女在庙游玩倾倒秽物"⑦等示禁主题，以保持寺庙作为"祀神之所"的严肃洁净。

示禁基本提及寺庙为"祀神之所，理宜肃静"或"此系神庙重地 毋许闲人游戏"等内容，以此对世俗百姓与僧人的在庙行为作出劝诫。示禁还明确了违犯之人将受到"枷示重惩，决不姑宽"或"扭禀本县，以凭枷号示众，言出法随，决不宽免"的惩罚，以此加以震慑，不仅反映出示禁的法治化取向，还体现了教谕与惩治并行的示禁治理本质。

此外，在巴县，官府还要求各里甲寺庙定期向官府上报寺庙情况。如嘉庆二十一年（1816）八月初十日，巴县观音岩、廉里二甲观音寺、新开寺、玉皇观，智里九甲关帝庙、昆庐寺，智里十甲玉皇阁，慈里二甲土主庙，智里六甲金刚寺、观音寺住持僧等分别向官府投具甘结状造报寺庙情形。将寺庙僧人数量，是否恪守清规，以及是否有"挂单之僧"等信息"填注号簿，每月赴案呈报一次"⑧，都致力于维护一个稳定有序的寺庙环境。

---

① 四川省档案馆藏：《巴县档案》，清 006-018-00382。
② 从《巴县档案》中搜集的资料看，至少自道光二年至道光十三年、咸丰二年至十一年、同治元年至七年，皆有巴县衙门发布"严禁军民等在寺庙处烧香结盟赌博游僧估讨滋事"的示禁卷宗。
③ 四川省档案局(馆)编：《清代四川巴县衙门咸丰朝档案选编》内政类，第 8 册，上海古籍出版社，2011 年，第 757 页。
④ 四川省档案馆藏：《巴县档案》，清 006-056-0681。
⑤ 四川省档案馆藏：《巴县档案》，清 006-031-01880。
⑥ 四川省档案馆藏：《巴县档案》，清 006-003-00170。
⑦ 四川省档案馆藏：《巴县档案》，清 006-031-01675。
⑧ 四川省档案馆藏：《巴县档案》，清 006-003-00137。

### 2. 民间社会协同监督

利用民间组织协助监督纠察是清代地方政府司法治理的重要方式。在清代州县官负责制的管理体制下，因法定行政编制的缺陷，使得地方官府必须在有限行政、司法资源的前提下，达到治理效用的最大化。利用民间组织协助纠察治理是解决这一问题行之有效的办法之一。

首先，在具体的僧人涉讼案件的处理方面，官府若认为案件细微，多批饬民间协同解决，如在案件中批词"着投证凭中理息，毋得诉讼取累"①。

其次，民间社会需要寺庙秩序的稳定以满足祭祀祈祷的需求。因此在讼案调解过程中，民间社会"不忍两造构讼"，也以极大的热情参与案件的调解过程，自发禀官"劝息说合"。②

再者，在寺僧秩序日常治理实践中，地方官府规定如有违犯寺庙秩序之人，"许该住持协同约甲人等着即扭禀，以凭严究"③。

面对繁杂的僧人涉讼案件，让民间组织参与寺僧秩序防治过程，反映出清代地方官府省检治理下的官民共治的实质与治理实态。官府与民间社会都积极参与纠纷案件的解决过程，也有效阻断了僧俗矛盾的扩大。

综上所述，清律虽对部分僧人涉法类型作了一些处罚规定，但其规定范围难以全面涵盖繁杂的僧人涉讼案例，使得地方官府在处理实际僧人涉讼案件时，在遵照法律之外还需依据具体案情酌情处理，体现了地方官府具体司法实践的原则性与灵活性。在维护寺庙秩序方面，官府通过颁布示禁，以教谕与惩诫并举的措施防止寺庙受到滋扰，一定程度上能够对以寺庙为中心的公共空间起到秩序整顿效果，并协同民间组织共同监督纠察，以降低僧人涉及司法纠纷的可能。这种举措虽在劝诫与监督方面能够发挥一定程度的积极作用，但也存在一定缺憾，如示禁内容更多偏向劝诫和警示，且具有一定的时效性，使其无法给予充分和持久的惩诫。另外，清代整体的社会环境、宗教政策、寺庙以及庙产经营方式等方面的局限性，使得频繁发生的僧人涉讼现象无法彻底根治。

# 结　语

大量僧人涉讼的产生原因与特定历史条件和社会环境密切相关，是多重因素共同交

---

① 四川省档案馆藏：《巴县档案》，清 006-030-14502。
② 四川省档案馆藏：《巴县档案》，清 006-023-00382。
③ 四川省档案馆藏：《巴县档案》，清 006-023-00341。

织的结果。综合而言，僧俗之间频繁的经济交易活动、世俗社会对寺僧的滋扰、地方寺庙的管理松弛、佛门规戒的式微以及清代中后期清廷对僧人的管理失范从而导致僧众群体的良莠不齐等，都是导致僧人涉讼的重要原因。

解决僧人涉讼的主体、方式与过程显示出官、民、僧三方的互动整治。地方官府兼顾法律规定与实际案情酌情处理僧人涉讼案件，展现出以息讼主导、辅以教谕的治理理念。为维护寺庙秩序，民间社会与宗教组织多主动介入纠纷解决过程。地方官府还联合民间社会共同监督以防止纠纷的产生或扩大，体现了官、民、僧三方在司法领域又基于法律之外的多元互动治理机制，同时显示出清代宗教秩序治理的调适机制。

对清代地方社会的僧人涉讼问题的考察，反映出清代僧俗关系的合作与对立、依附与抵牾的特征。但清代的社会环境与宗教政策等既定因素，使得僧俗纠纷成为无法彻底阻断的现实症结，综合折射出清代社会、法律与宗教之间的纠葛共存实态。

◎ 道教研究专题

# 玉封圣母信仰的发展与潮普揭同安善堂的建立

韩山师范学院历史文化学院　欧俊勇[①]

**内容提要：**玉封圣母是主要流传于潮普揭一带的重要民间信仰。明清时期地方士绅努力建构了玉封圣母正统化的形象，推动了玉封圣母香火向榕江流域的扩展。民国时期，信众通过扶乩和参与船难救援建立了跨行政区域的充满地缘色彩的同安善堂。同安善堂在修山、救济活动中，建立了以玉封圣母为共同信仰的十八社体系。为了进一步推进善堂的组织化，同安善堂还通过药签、符咒等制度完善自身的建构。这既是同安善堂适应地方社会发展的过程，又是一种自我组织化建构的过程。

**关键词：**地方社会；潮普揭同安善堂；组织化

自光绪年间起，潮汕地区开始涌现出大量的以地域性民间信仰为依托的民间善堂组织。潮汕善堂在慈善事业上发挥了重要的作用，并且引起学界的诸多关注。就目前研究成果而言，大多数成果集中在善堂的起源、演变和功能的讨论上，如杨正军、罗明先、李华文、刘桂仙、王浩等人的研究。[②] 这些成果的重心不在于探索善堂的组织化问题，而重在功能的分析上。虽然陈景熙和笔者的研究成果关注了潮汕善堂参与国际救援活动，

---

[①] 本文系2021年度教育部人文社会科学研究青年基金项目"晚清潮州地区基层社会治理及其转型研究"（项目编号：21YJC770024）阶段性研究成果。

[②] 具体参见：杨正军：《晚清潮汕民间善堂兴起的主要因素剖析》，载《汕头大学学报（人文社会科学版）》2018年第10期；李华文：《民国后期潮汕地区的慈善救济与基层社会（1937—1949）》，湖南师范大学2017年硕士论文；刘桂仙：《晚清时期潮汕地区慈善救济事业研究》，湖南师范大学2017年硕士论文；王浩：《民国北京政府时期潮汕地区慈善救济事业研究》，湖南师范大学2017年硕士论文。

呈现临时组织化的特征①，但对其组织化缺乏深度的描述。杨正军在其《潮汕民间善堂组织的传统功能及现代变迁》一文揭示了善堂组织演变与"现代变迁与国家政策的变化也是息息相关"。②此外，徐苑的研究成果则通过结构性地叙述潮汕善堂"这一民间自愿性信仰组织在全潮汕地区扩张的历史过程，呈现这一信仰和组织体系如何与区域形成和发展的历史息息相关"③，遗憾的是，其对"组织化"的过程并没有深入揭示。日本学者夫马进的成名作《中国善会善堂史研究》意识到善堂具有组织特征④，但是其关注的视角在于善堂组织的运作；我国台湾学者梁其姿则从"儒生化"来分析善堂组织发展过程。⑤尽管前人多注意到善堂组织是一个体系，但是对于善堂"组织化"过程的问题显然缺乏探索，而且前人使用的资料主要是地方志书和报刊档案材料，对于民间文献的使用较少，这样的结果必然使得善堂自我建构声音缺失。

## 一、士绅与玉封圣母信仰的正统化建构

玉封圣母，又称林九姨、林玉云、玉封元君，是潮汕民间信仰中重要的女性神明之一。玉封圣母信众将潮阳翠峰岩视为元代玉封圣母的羽化圣地。但是方志将玉封圣母与翠峰岩联系起来则是清代的文献。在嘉靖《潮州府志》的记载中，翠峰岩已经作为地方官岁旱求雨的圣地："翠峰岩在县西七十里，岁旱祷雨多应。"⑥这是玉封圣母在翠峰岩修行成佛故事的最早记载。但史料信息简单，并没有揭示玉封圣母与翠峰岩的关系，却从另一个侧面说明了翠峰岩在潮阳县西部信众中的极高地位。明隆庆《潮阳县志》载："西南七十里曰金竹林岭，下有翠峰岩，石壁崚嶒，色概清胜，旧曾有妇人于此禅居，常畜一犬，妇幻为佛，犬也随化，乡人塑像祀之，号佛母岩。"⑦在这则记载中，妇人

---

① 陈景熙：《海外华人宗教团体赈济侨乡社会机制研究》，载《世界宗教文化》2013年第2期；欧俊勇：《"暹赈米"与潮汕善堂运作（1946-1948）》，载张禹东、庄国主编：《华侨华人文献学刊》（第二辑），社科文献出版社，2016年。

② 杨正军：《潮汕民间善堂组织的传统功能及现代变迁》，《汕头大学学报（人文社会科学版）》2017年第10期，第61页。

③ 徐苑：《大峰祖师、善堂及其仪式：作为潮汕地区文化体系的潮汕善堂综述》，厦门大学2006年硕士论文。

④ [日]夫马进著，伍跃等译：《中国善会善堂史研究》，商务印书馆，2005年。

⑤ 梁其姿：《施善与教化——明清的慈善组织》，河北教育出版社，2001年。

⑥ （清）郭春震纂：《潮州府志》卷一"地理志"，嘉靖二十六年刻本，第21页上。

⑦ （清）黄一龙纂修：《潮阳县志》卷之六"山川"，隆庆刻本，第6页上。

独在山野之中修禅,并以犬相伴,最后幻化为佛,犬亦随其羽化。材料并没有说明修行者的详细姓名,仅简称其为"妇人",而且是一位修佛者的形象,且以岩为庙,初步形成了以女性神明为中心的信仰圈。对于地方神明而言,这具有标志性的影响。① 这则史料也已经具备了后来玉封圣母叙事的雏形。

对玉封圣母生平进行详细叙述的是乾隆《潮州府志》。有的文献采纳了民间故事内容,乾隆《潮州府志》生动地讲述了玉封圣母羽化的故事,其祖籍地为潮阳成田村,名曰林九姨,翠峰岩也被视作为玉封圣母的肇迹地:

> 九姨,潮阳成田村林氏女。生有异征,性洁弗茹荤。幼时,父母为择配,辄固辞。稍长,修真于翠峰岩,以佣工芟草为活。夜独宿空山不避狼虎。所居惟一铁锅伴一犬。忽一日,犬哀吠奔回,若哭诉状,人随之至。九姨已化去。遗一小石像,绝肖其形。犬亦立化岩前,傍大石甚宽敞,中有凹如锅状,恒有水清澈,冬月不涸。旁具犬化痕,宛然蹲卧。乡人遂奉像石室中,后为人盗取。名其岩曰仙女岩。前后诸乡多祀之。②

较之前史料,本则史料信息有更大的扩充。史料中,玉封圣母被视为自小不与凡人同的圣女,她"生有异征,性洁弗茹荤",并且拒绝父母的婚姻安排,在翠峰岩修行,过着简朴的生活,"以佣工芟草为活",以一犬相伴度日。随后,玉封圣母羽化,留有小石像,乡人将其置于石室中,成为前后诸乡奉祀的神灵。为了说明翠峰岩的圣迹,史料还赋予了怪石、奇泉等神异现象。同时,史料也淡化了玉封圣母的佛教色彩。概言之,此则史料继承了中国传统女性神灵传说的叙事传统,将玉封圣母描述为一位超然于日常生活以外而又充满神奇色彩的女子。尽管史料仅仅对玉封圣母的生平进行粗略描述,并没有对其神职进行描述,但是至少说明在乾隆时期,玉封圣母的生平故事已经基本成型,香火也逐渐得以传播,并引起了地方官的关注。实际上,在雍正时期,地方乡彦就为玉封圣母香火的传播做出了努力。今翠峰岩残存碑记载:"雍正甲寅年桂月吉日立。董事人:禾沟乡陈元本、祖□乡□……锦石湖赖楚三、□潮乡刘……坝上乡刘严之、磨石乡李……"依稀文字可以看出,最迟在雍正甲寅年间(1734),玉封圣母已经成为翠峰岩周边乡人奉祀的对象,并且形成了以玉封圣母为中心的管理组织。

至嘉庆时期,翠峰岩已经成为潮州地区颇具影响力的地理坐标。临川人乐钧在其《青

---

① 蒋俊:《地方神明建构脉络之解读——以陈靖姑信仰为中心》,《宗教学研究》2008年第1期,第163页。

② (清)周硕勋纂:《潮州府志》卷三十"人物",光绪十九年重刊本,第24-25页。

芝山馆诗集·韩江棹歌一百首》中写道："九姨山下落花飞，六姊岩前野草肥。人气香烟春漠漠，灵风吹冷五铢衣。"本诗附序言："九姨，潮阳林氏女。修真于翠峰岩。化去，称其岩曰仙女岩。六姊岩亦在潮阳，相传有六女修行于此。两岩并有庙祀。"《韩江棹歌一百首》是乐钧"耳目所及，参以记载天时地理、民风物产"之作，"庶以见平人乐海滨丰庶之象"。①《韩江棹歌一百首》翠峰岩风景描述中，也可见玉封圣母香火之盛。因此，玉封圣母最迟在清中期就已经成为潮阳县西一带的重要女性神明，香火鼎盛。

真正对玉封圣母生平和神迹进行系统描述的是光绪潮阳县教谕梁国士。光绪十年（1884），在潮阳县士绅们的努力下，玉封圣母的故事被确定下来。新会人梁国士所撰写的《潮阳翠峰岩林圣母庙碑记》可谓集前人文献之大成，梳理了玉封圣母信仰的由来，并且加入了诸多新的叙事元素：

> 棉城西南八十里有翠峰岩焉。其地在深溪寨龙少祖之巅。峰回路转，顿见石磴嵌巇，别开境界。仰而望之，俨然尊肃然，坐乃知林九姨圣母娘娘奉祀，名胜也。然人但知为敬神之地，而不知其化身之由。间尝寻古迹、稽县志，悠然于仙释一传，低徊久之。及与都人士游，盖有不详究其所由来者。
>
> 缅惟圣母娘娘，潮邑成田乡林氏女也。生于元朝仁宗年间，降世时异香满室，空中闻有南无教。厥后不饮乳、不茹荤。年长择配，坚辞不纳，遂修真于翠峰岩中。一身外无长物，留有余者惟一锅，相与随者惟一犬。迨至元至正二年冬十一月念七日，紫气腾，祥云兴，恍惚有神仙飘空而下，引娘飞升作霄汉客。斯时灵香广被，非特圣叔因寻踪而偕化，即神犬亦奔告而悠化焉。
>
> 至哉！娘之精诚，应天曹，通上界，虽曰宇宙间一化机，实亦娘身一化神也。夫娘生平贞洁，介如石焉。凡身虽化，犹遗小石，其像惟肖。且石像背有神咒字迹，谓非独完贞璞以垂不朽耶？迄今石像之真传虽失，而石洞之灵爽常留。岩成螭殿，鬼斧神工。井号"龙泉"，灵源法水，每为世人消炎患、降祯祥。其尤显而屡验者，莫如逢旱祷雨事，遐迩感德有年。遂自元朝建庙于化身处，名曰"翠峰岩"，置租田以奉明禋。后蒙邑侯申奏于朝，圣旨敕封曰"翠峰岩九姨娘娘"。越明，闻玉封圣母以龙泉水浮三尺为世人征验。越今春初夏，圣母降乩云：奉玉皇封为"母后圣母"。龙泉复浮三尺，远近士商同经目击。以今证古，益知玉封之有据矣。
>
> 猗欤，休哉！仰封典之高皇，钦神灵之赫濯，其将为圣母献其颂乎？因读

---

① （清）乐钧：《青芝山馆诗集》卷八《韩江棹歌一百首》，嘉庆二十二年刻本，第5页。

《易》至坤卦而有会矣。象曰：至哉坤元，乃顺承天。纯坤变乾，用六变为用九。敕封为九姨，其即至柔至刚之旨乎？又曰：坤厚载物，德合无疆。坤地称母，黄裳，元吉。玉封为圣母，殆谓黄中通理，惟娘其柔顺利贞乎？又曰：积善之家，必有余庆；积不善之家，必有余殃。世之奉祀圣母者，不可徒作邀福想，尚当仰体圣母好善恶恶之心，惕然以履霜坚冰为戒，斯慎无咎而终有庆。此则神灵所默佑也夫。

　　光绪十年岁在甲申孟秋之月，潮阳县教谕梁国士熏沐敬撰。县内南桂坊沐恩生员郑钟华盟手敬书。沐恩首事生员刘焕章，职员刘廷杰，武生刘廷杨、赵辅臣，职员连宪德、廖奕荣仝经理拜奉。

　　毫无疑问，梁国士直言其碑记吸纳了前人文献的内容，又吸纳了民间故事的情节，进一步融合了佛道内容，"间尝寻古迹、稽县志，悠然于仙释一传"。同时，碑记又增加了诸多元素：其一，丰富了玉封圣母的生平，强化其神性，如其出生之时异香满室，并且空中传有佛音，这一叙事策略与林默娘、陈靖姑等女性神明的诞生情形极其相似；其二，增加了"叔爷"形象，这是文献中第一次出现其形象，在民间祭祀活动中，叔爷也成为玉封圣母的护法神灵，这一点或许在光绪年间就已经确立；其三，强化了玉封圣母的正统性，碑文通过朝廷和扶乩两个系统来强化其正统性，碑文含糊其词用了"蒙邑侯申奏于朝"的话语，玉封圣母得到朝廷册封为"翠岩九姨娘娘"，至于何朝何时，梁国士也不甚了解。另一个正统化的策略是扶乩，光绪十年（1884）初夏，林九姨降乩自言被玉皇封为"母后圣母"。为了证明这种正统地位，一向被信众认为是征验神迹的龙泉在这次扶乩之后便"复浮三尺"，远近士商共同见证了这一显灵现象，深信不疑。其四，突出了教化色彩，梁国士引用了《周易》坤卦的内容，对玉封圣母的合法性进行附会解释，并强调其柔顺利贞的德性，规劝信众积善存德，不徒邀福，要敬仰玉封圣母"好善恶恶之心"，才能得到神灵默佑。

　　梁国士这篇洋洋洒洒的文章，无非在于揭示玉封圣母的正统性地位和强化民间信仰的教化力量。一方面，不加考证地将区域性的民间信仰纳入朝廷认可的神明系统中，甚至不惜通过扶乩叙事来强化其正统性，极大提升了玉封圣母的神格和地位。从文章落款的人员身份看，树碑立传活动实际上也是一次潮阳士绅们的"合谋"行为，这代表了地方文化精英对玉封圣母的文化心态。他们借用了民间叙事的方法，通过附会和诠释，重新整合历史，将民间信仰纳入中央王朝的"大传统"之中。另一方面，地方士绅们也借用了民间信仰来表达他们对基层社会伦理的想象和理解，"善"与"德"成为他们施行教化的价值核心。在这个过程中，基层社会和中央王朝存在着强烈的互动过程。正如王铭铭所言，民间信仰是在与"大传统"的不断互动和交换中发展出来的。①

至民国时期，玉封圣母香火已经在潮汕地区有广泛的传播，林九姨的故事已经成为妇孺皆知，林兰编的民间故事集《呆黄忠》也将《林九姨死后为岩娘》收入其中：

> 林九姨，潮阳深溪人。她年幼的时候，性情便与大家不同：好清洁，不吃荤。年稍长，父母要为择配。她坚决不答应。每天跑到翠峰岩替人家做工，同时在山里修道。晚上带一个铁锅，一只犬，在空山留宿。野兽蛇蝎都不敢靠近她的身体。一天，那只犬忽然跑回家里，对着家人乱吠，好像来报告什么事似的。家人心知有异，便跟它上山。到山上时，她已经升天去了。只留下一个小石像在那里。乡人把石像放在山洞中奉祀。后人便叫翠峰岩为圣母岩，叫林九姨为岩娘。②

这篇民间故事就是梁国士《潮阳翠峰岩林圣母庙碑记》的白话文简缩版。就《呆黄忠》所收录潮汕民间故事看，几乎都是名贤名宦广泛传播的故事，林兰将林九姨故事编入其中，可见在民国时期玉封圣母的故事已经被民众所接受，也反映了玉封圣母香火具有深厚的信众基础。

士绅们努力整合的叙事也影响到民间扶乩仪式。田野中发现的《玉封圣母请乩咒语》便是一例："仰启飞天大圣者，神通广大除妖邪。变化石身真显灵，东海翠峰归远灵，五时脚踏天上去。感动玉皇老苍天，速来临，速来临，石同身。化我清身指辉灵。嚓呵呢，嚓呵呢。急急如律令。"③从文本内容上看，咒语吸收了道教咒语的样式，将翠峰岩、受玉皇大帝敕封、羽化石身等内容融入其中，明显受到士绅们叙事话语的影响。

历经明清两代基层社会精英的努力，翠峰岩作为玉封圣母香火的肇籍地最终被确定下来，玉封圣母从一个礼佛妇人形象，进一步被塑造成为一位有姓有名、融合儒道释价值观的民间神灵。这一过程反映了地方文化精英对民间信仰正统化的追求，他们巧妙地将民间口传历史和历史史料进行融合，并以灵验为证，建构了一个适合民间社会情境的玉封圣母，这对我们理解地方文化精英如何形塑民间信仰具有重要的参考意义。

---

① 王铭铭：《神灵、象征与仪式：民间宗教的文化理解》，载潘忠党、王铭铭主编：《象征与社会：中国民间文化的探讨》，天津人民出版社，1997年，第102页。
② 林兰编：《呆黄忠》，北新书局，1931年，第63页。
③ 田野调查资料：黄振坤，广东潮阳人，50岁，同安善堂日常管理人员，2019年4月1日。

## 二、船难与同安善堂系统的创建

杜洁莉的研究认为，在潮汕善堂中存在以玉封圣母为祭祀中心的"善堂丛"[①]，但是并没有对此进行深入的描述。实际上，以玉封圣母为祭祀中心的善堂体系至少包括潮普揭同安善堂系统、三益善堂系统和一些零散的善堂。影响最大的是潮普揭同安善堂系统，它成立于1935年，包括了以"明"字为主体的十八分社。三益善堂系统需进一步考证，今揭阳云路镇北洋村还存有三益善堂北洋社的碑记："玉封圣母元君。民国三十四年建修三益善堂北洋分社。"可见，三益善堂也是一个完整的体系，大约同样成立于1945年前后。当然，在潮汕地区还有一些敬奉玉封圣母的善堂，如民国年间揭阳地区创立渔湖溪南怀德善堂、渔湖港口庆德善堂、玉滘修德善堂等。这些善堂虽然都主祀玉封圣母，视翠峰岩为香火中心，但是略有区别，最明显的是灵签系统的差异，比如三益善堂北洋社的家门签《玉封圣母娘娘灵签》为"日出便见风云散"61签文本，而翠峰岩和同安善堂《圣母娘娘灵签》为"参宿元来吉"28签文本。另外，同安善堂系统还单独使用《玉封圣母医科药签》5种，其他善堂未见。

同安善堂系统的成立既与大峰祖师香火的传播有关，更与榕江内河航运问题存在莫大的关联性。据《重建同安善堂碑记》载：

> 吾堂原系汕头市存心善堂派衍，分创下林奉佛社，在公元一九二八年太岁庚午元月，蒙娘娘乩示，教备草席百领，以备应用，众该昧然，焉知是岁五月初七日，悉汕揭客运大兴船号遇险沉殁（没），殃及客商，死者九十七位，当时由吾堂下之吾友如黄大贤、黄源流等，勇气卓群，潜水入舱，拖出死尸尽数九十七位，归葬于玉井堤岸。此举但受到汕潮揭政府之嘉奖，存心善堂奖有"见义勇为"之匾额，以嘉奖誉，发扬善行。自此之后，众友倍加热情。一九三五年，众友议定于此建堂较为中心，才建潮普揭同安善堂。"潮普揭"三字乃潮邑八区区长石营辉亲笔所加；建堂之后，惟遵娘娘教训、乐善好施之德。自此威灵倍加显赫，庇吾万民求之有应，普济阴阳。至一九四三年灾情严厉，民遭饥困，弃子抛妻，水陆到处之尸体，难童无依，种种惨况，令人不忍。吾堂维遵娘娘谕，尽力施为，做收养难童，不下数百之众，施医送药，修尸殓骨，微

---

[①] 杜洁莉：《宗教、慈善与艺术：近现代潮汕善堂文化探析》，载《文化遗产》2016年第11期，第124页。

济衣食。于本县修山建界内，潮美之枋山，玉路乡、金溪乡等界内龟山冢、修涵元塔，揭邑之内畔乡、夏桥乡、洋稠岗乡，普邑之竹浦乡等孤冢，诸多善举，而在所不辞。自堂复兴以来，一九九三年修造塔脚冢，一九九五年四月至七月与觉世善堂协作修石头乡翁厝寮山、林厝寮山等冢，连工三月赈济超度功德完满，于近邻施棺木衣衾，修尸五俱（具）等。吾堂历史虽未古远，但所作之公益，自谓不少，但经世事沧桑多变，以致前史遗失，无能记载十全十美，只以草草拾遗而已哉。公元一九九五年天运乙亥季冬月立志。沐恩古稀农子谢拾而书。

这通由第四届同安善堂总堂总理谢有为撰写的碑记记叙了总堂成立的经过，尽管作者声称"前史遗失，无能记载十全十美"，但是谢氏实际上是同堂重要的创建人之一，可信度颇高。碑记称，同安善堂早期是汕头存心善堂的派衍之下的下林奉佛社，至于下林奉佛社成立何时则不甚清楚，1929年存心善堂《祖师纪念碑》所开列的下衍念佛社名单不见下林念佛社，据此推测，下林念佛社成为存心善堂派衍为1929年之后。促使同安善堂创立的契机则是发生在1927年6月6日（阴历五月初七日）的大兴号沉船事故（按：碑记误作1928年）。大兴号轮船隶属于汕揭合兴公司，是一艘从香港新购入的电轮[1]，经营汕揭航线的客运。大兴号核准载客量377人，但是在牛田洋海域出事时，船上人员竟然达到800多人，最后死亡人数达600余人[2]。在船难之前，玉封圣母降乩令信众"备草席百领，以备应用"。船难发生后，汕头各善堂的救援队伍积极参与救援打捞活动，"有存心、诚敬、同济、红十字、义和、同德、乐善各善堂派出勇敢善士四百余人到遇难地点捞尸。因该轮已沉落海底，舱门被水冲闭，乃雇善泅者潜入水中，用斧砍开舱门，然后将舱内死尸逐一拖起。总共捞获一百一十二具。又在各海岸捞回五十八具，抬往仁和街口陈列，由各尸亲自认"。[3] 下林念佛社社友黄大贤、黄源流等熟悉水性的人也积极参与难度最大的打捞尸体活动中，共打捞出97具遗体，数字与玉封圣母的乩示草席数量相差无几。此次事件之后，下林念佛社受到地方政府和存心善堂表彰，大大激发了社员们的热情，至1935年，经众社友商定，在灶浦渡口另建以玉封圣母为祭祀中心的潮普揭同安善堂。同安善堂成立后，社员更是在玉封圣母的乩谕下，"惟遵娘娘教训、乐善好施之德"，在1943年潮汕大饥荒中，修山殓骨、接济难民上作出了积极的贡献。尤其是在潮普揭交界的潮美、玉路、金溪、内畔、夏桥、洋稠岗、竹浦诸乡的修山活动

---

[1] 柯琪协士：《"大兴"客轮遇难记》，刘理之主编：《揭阳文史》第五集，1986年，第69页。
[2] 《汕揭电轮沉没惨剧续详》，香港《华字日报》，1927年6月10日，第一张第3页。
[3] 《汕揭电轮沉没惨剧》，《申报》，1927年6月13日，第九版"国内要闻二"。

中使得玉封圣母香火得以传播，建立了各分社机构。按照玉封圣母的乩谕，以"明"字分社堂号，最终形成了同安善堂十八社的系统。

同安善堂的创建过程中，扶乩和地缘因素扮演着重要的角色。如碑文所示，同安善堂创建来自玉封圣母的乩谕，后期的活动也多由玉封圣母的扶乩来指导。创社首任社长黄子臣居士实际上是玉封圣母的副乩手。此外，潮阳灶浦一带乡村及揭阳京岗乡的民众成为推动善堂建设的主要力量，翻阅潮普揭同安善堂历届总理及社长名录（见表一），可以发现，这些主要负责人大部分来自灶浦一带。而京岗乡在创建初期就为善堂捐献了部分田产，在善堂的祭祀神明中除了来自翠峰岩的玉封圣母外，还有"二夫人"即明代月容夫人①。这说明，地缘关系在总堂建立过程中也起到重要的作用。

**表一：潮普揭同安善堂历届总理及社长名录**

| 届序 | 总理 | 籍贯 | 社长 | 籍贯 | 说明 |
|---|---|---|---|---|---|
| 第一届 | 不设总理 |  | 黄子臣 | 潮阳下林 | 新中国成立前 |
| 第二届 | 黄刘钱 | 潮阳灶浦 | 黄德昌 | 潮阳下林 | 复建后 |
| 第三届 | 黄是义 | 潮阳下林 | 黄德昌 | 潮阳下林 | 复建后 |
| 第四届 | 谢有为 | 潮阳玉路 | 洪暹廷 | 潮阳东仓 | 复建后 |
| 第五届 | 黄维耀 | 潮阳灶浦 | 吴豪钦 | 潮阳潮尾 | 复建后 |
| 第六届 | 孙孝忠 | 揭阳京岗 | 吴豪钦 | 潮阳潮尾 | 复建后 |

同安善堂十八社体系是由总堂、奉佛社以及16个以"明"为首字的分堂组成（见表二），但是成立的时间现在难以考证，据称这些分社的成立均是分社信众请玉封圣母乩示而得名②。从行政区域划分，潮阳占10个，揭阳占7个，普宁占1个，潮阳地区善社所占比重最大，这与潮阳作为玉封圣母的香火发祥地、经历明清两代的香火传播具有相当的信众基础有很大关系。从空间分布上看，十八社主要分布于榕江流域，尤其是潮阳、揭阳交界航段最为密集，避免了与周边善堂体系的竞争，毕竟在惠来地区存在以宋禅祖师为祭祀中心的明月善社体系，而汕头地区存在密集的以大峰祖师为祭祀中心的善堂体系。

**表二：同安善堂十八社名录**

| 堂/社号 | 地点 | 现状 | 堂/社号 | 地点 | 现状 |
|---|---|---|---|---|---|
| 总堂 | 潮阳灶浦村 | 已恢复 | 奉佛社 | 潮阳下林村 | 已恢复 |
| 明庆社 | 潮阳前洋村 | 已恢复 | 明善社 | 揭阳京岗村 | 已恢复 |

---

① 口述材料：孙孝忠，男，揭阳京南村人，80岁，现任潮普揭同安善堂总理，2019年4月19日。
② 口述材料：孙孝忠，男，揭阳京南村人，80岁，现任潮普揭同安善堂总理，2019年4月19日。

| 明通社 | 潮阳玉路村 | 已恢复 | 明和社 | 普宁竹浦村 | 已恢复 |
| --- | --- | --- | --- | --- | --- |
| 明怀社 | 潮阳溪内村 | 已恢复 | 明思社 | 揭阳炮台 | 已恢复 |
| 明心社 | 潮阳新溪洋村 | 未恢复 | 明隆社 | 揭阳桂西村 | 已恢复 |
| 明义社 | 潮阳潮尾吴村 | 已恢复 | 明福社 | 揭阳古溪村 | 已恢复 |
| 明德社 | 潮阳大窖吴村 | 已恢复 | 明乐社 | 揭阳内畔村 | 已恢复 |
| 明光社 | 潮阳大寨村 | 已恢复 | 佚名 | 潮阳关埠 | 未恢复 |
| 明爱社 | 揭阳洋稠岗村 | 已恢复 | 佚名 | 揭阳埔田 | 未恢复 |

当然，同安善堂体系也维系着与翠峰岩的香火联系，主要体现在每年正月初四翠峰岩的"分香刈火"仪式中。以总堂为例，正月初四凌晨3点，总堂的主委们带着祭品和香炉前往翠峰岩，香炉用红布缠系并且装在樾中，以示敬重。凌晨4点车队达到翠峰岩，主委呈祭品礼神，并将善堂香炉摆于案上，燃烛烧香，做跪拜礼。随后，主委从龙泉井取水，用于礼敬善堂玉封圣母和馈赠信众。之后，主委们从玉封圣母香炉中取出香灰至于善堂香炉之中，并回置樾中，最后，化纸谢神，礼毕回程。信众则在联通善堂的主干道上等香火，以曲乐标旗相迎，直至香炉回置善堂案桌，接受信众的朝拜。人类学家认为，香火具有纵向性的沟通功能，神明的法力透过"分香"可以纵向贯通起来，表达了地域空间的等级秩序观念，体现了中国大区域的"象征一体性"[1]。诚然，同安善堂在具有祖庭地位的翠峰岩举行"分香刈火"仪式，实际上也表现了这种等级秩序，通过分香将两者联系起来。

同安善堂的创立过程是明清以来玉封圣母香火向潮普揭交界地传播的过程，也是一个走向组织化的过程。表面上看，同安善堂的创立有偶然因素，即通过扶乩方式积极参与大兴号电轮沉没救援活动，从而获得了地方社会、地方政府和其他善堂组织的认可，大大激发了社员们参与地方社会的热情。深层的意义在于，以地缘关系形成的信众群体主动参与榕江中游地方社会的公共事业，这弥补了其他善堂体系在本地域的空白，避免了善堂之间的竞争。而同安善堂十八社系统的成立过程，则体现了善堂参与和承担地方社会公共事业发展的过程。修山和扶贫济困活动使得十八社在各自的发展过程中更加紧密地融入了更微小的村落空间之中。

---

[1] 王铭铭：《走在乡土上：历史人类学札记》，中国人民大学出版社，2003年。

## 三、药签与同安善堂系统的维系

药签是同安善堂在基层社会深耕的体现。林国平教授通过对闽台一带流行的药签进行分析后认为，药签属于信仰疗法中的一种。药签在形式上和占卜过程上都与灵签（卜事签）相同，但与灵签不同的是，药签明确记载着若干药品、药量组成的药方，有的还涉及病因、适应症状、治疗方法的签诗和符、咒等，而不是模棱两可的签诗[1]。诚然，在医疗极其落后的条件下，药签是一适应民间社会需求的产物，借用灵签和医疗的方式，也融合了符箓咒语等内容。前人的研究主要集中在对药方疗法与传统中医治疗的关系上[2]，而忽视了对药签"民俗性"本位的解读。就目前田野所见，潮汕地区的药签文本较福建地区少，尽管潮汕地区也供奉保生大帝等医药神，但是庙中却罕见药签存在，目前仅见同安善堂《玉封圣母医科药签》与明善社《宋禅祖师药签》二种，另有《宋大峰祖师药签》《华佗仙师药签》《苍龙宫五显大帝药签》《见龙宫五显大帝药签》《伽蓝佛祖药签》数种。

同安善堂体系在卜占仪式中使用的是两套灵签体系，即用于卜事的《玉封圣母娘娘灵签》（也称"家门签"）和用于医疗的《玉封圣母医科药签》。两套签本各自独立，没有存在交叉关系。《玉封圣母娘娘灵签》共28则，结合掷杯筊使用。签本以二十八星宿名称提纲挈领，由签诗、卦象、签解三部分构成，分家门、岁君、求财、生意、六甲、婚姻、功名、六畜、出外、工夫、住宅、灶君、占病、信息、子息凡十五类事项，这与潮汕地区较为盛行的《玄天上帝灵签》极其相似。其中"岁君"内容最为充实，以1-70岁每5年为段，按照男女性别区分，又分为16类。签本虽然有"占病"签解，但是没涉及药签，如第8签"占病"解曰："星辰不亮，宜多做善事，延医调治，求神保安化吉平安。"从内容看，签解并没有指明治疗方法，反倒是劝善和祈神求福的色彩更加强烈。《玉封圣母娘娘灵签》所涉及祈神的神灵包括玉封圣母、天公爷、妈祖。这种劝善和祈神求福的信仰疗法也在其他信仰的灵签中出现，具有普遍性，兹举51签本《玄

---

[1] 林国平：《签占与中国社会文化》，人民出版社，2014年，第640页。

[2] 关于药签与药方关系的研究成果具体可参见：林国平：《签占与中国社会文化》，人民出版社，2014年；[日]吉元照治：《道教与不老长寿医学》，成都出版社，1992年；黄有霖主编：《闽台中医药文化丛论》，厦门大学出版社，2016年；邱年永：《台湾寺庙药签考释》，台北"中国医药研究所"，1996年；方友义等主编：《吴真人药签与中草药研究》，厦门大学出版社，1993年。

天上帝灵签》、38签《吕李祖师灵签》为例。《玄天上帝灵签》也设"占病"事项，第36签云："疾病已久，但不可忧愁，宜修心从善，求神祭送，请良医治之，可保平安。"所涉及的祈福神明包括玄天上帝、天地父母、太阳公、太阳娘、太阳星君、太阴娘娘、北斗星君、关圣帝君、城隍爷、土神等，而《吕李祖师灵签》所涉及的祈福神明也包括了伯公、天地父母、（龙砂）古庙众神、花公花妈、千岁爷、慈悲娘娘、妈祖、天公、太阳公、玄天上帝、吴许真君、王爷、（吕李）祖师等。可见，一般的签本对占病的签解只是以劝善和祈福为主，并没有涉及具体的药方。

《玉封圣母医科药签》据称来自玉封圣母的扶乩，通过多次扶乩活动逐渐形成①，配合求签仪式进行。善堂设有一整套的签筒，外侧阴刻医科类别。签枝头则涂上各种颜色，避免混淆。签枝上也标注各科类属，方便解签人查阅。从其药签辨症用方上看，基本继承了传统中医观念和疗法。《玉封圣母医科药签》无论在数量和形式上较《宋禅祖师药签》丰富和细致。《宋禅祖师药签》不分医科，共100签。《玉封圣母医科药签》包括男科灵方100则，妇科灵方100则，外科灵方100则，儿科灵方100则，眼科灵方53则，总计453则。从医科类别看，药签的分科是按照传统中医医科来分类的，非常细致，这一点与吉元照治收集的我国香港《黄大仙医方》《宫祖仙方》、新加坡天福宫《佛祖签》《博济仙方》一致②，较闽台一带的其他药签更为详细。《玉封圣母医科药签》封面署"玉封圣母某科灵方"，以明所求科类；上款署名"同安善堂"，以明签本使用范围，从这一点上看，《玉封圣母医科药签》应该是1935年同安善堂成立后所形成的；下款则署堂社名号。《玉封圣母医科药签》由庙祝掌管，并不公开悬挂示人，保持着一定的神秘色彩。

《玉封圣母医科药签》分为上下两个部分内容。上部分一般采用四句五言句式，大多采用四句，也采用联句。内容或阐明病因病理，或描述犯冲犯煞。如：

胃有少风寒，脾有寒痰困。行脾养胃，何须别人。（男科第77方）
经络火毒结，气血复不充。内托此邪出，后用苦寒功。（外科第7方）
肝火盛，血分燥。（眼科第13方）
毒从气化，扶气为主。行痰次之，痛自减矣。（妇科第97方）

这些内容基本上都是中医辨症的话语，与中医辨脏腑、辨气血、辨经络、辨阴阳、

---

① 田野调查资料：黄振坤，广东潮阳人，50岁，同安善堂日常管理人员，2019年4月1日。
② [日]吉元照治：《道教与不老长寿医学》，成都出版社，1992年，第61页。

辨寒热的辨症论治内容相差无几。一些药签还在归纳病症的基础上，提出诊疗方法，如例中妇科第97方，就认为此症要通过先扶气后化痰的方法来化解病痛。当然，个别药方没有直接描述病理，而是将病因归结到冲犯上，如外科83方："冲犯竈神，宜禳解。"又如儿科第100签："剥极必反，否极泰来。生生不已，扫尽凶灾。"这些辨症方法显然与民间盛行的犯冲犯煞或时运思想有关，也与卜事签占病签解内容有一定的雷同性，如《玄天上帝灵签》第14签签解认为所占病症由"阴邪交缠"引起。这反映了《玉封圣母医科药签》在辨症上也融入了民间犯冲犯煞思想，将病症归结于阴邪冲犯所致。一些药签也无辨症，直接开列药方，如儿科第36方。此外，还存劝善类型的内容，如外科第84方："罪孽重，灾害生。神前悔过，要放生行善，其效更速。"这进一步反映《玉封圣母医科药签》的民俗性特点。甚至，一些辨症内容则以诗文代替，与病症似无关联，如男科第58方："雨雾苍茫罩碧空，日遍天涯西复东。路上牧童归报晚，叩扉唤醒主人翁。"与其说这是辨症内容，不如说是一首七言绝句。

《玉封圣母医科药签》下部分内容为疗法，一般包括药方、剂量及服用方法。如上述外科第7方的药方为："北芪三钱，归身三钱，党参三钱，茅根三钱，白术三钱，银花五钱，连乔（翘）二钱。水煎服之。"而上述妇科第97方在辨症之后给出的药方："生党二钱，生芪二钱，银花二钱，陈皮八分，归尾二钱，乳香一钱，红枣十粒。水煎服之。"其特点是提及的药材都是常见的中药材，药材种类少，且剂量较小。一些药签虽有药方但不涉及药材，如外科第48方："求观世音灵丹，长灯芯煎水服之。"一些药签甚至出现无方情形，如儿科第40方直接注明"无方"，认为病因是"犯岁君"，所以要求求签人"拜岁君，许善缘。再求"。药签中独有一例是采用符箓疗法，即儿科第60方，病症为"运限低细，多犯胎神。神符佩上，自许神根"，疗法就是用朱砂新笔黄纸照写驱邪护身符一张随身携带，文中还附有该符箓样式。可见，《玉封圣母医科药签》虽然主体上是以中药方为主，实际上是融入了驱邪祛魅多种信仰疗法的综合体。

对照《玉封圣母医科药签》中的症状与药方，大部分符合了中医用药的原理，如男科73方病症为"风寒为表清"，药方为："柴胡用二钱，苏叶和北杏各二钱。照法服之。灵。"柴胡始载于《神农本草经》，列为上品，历来被医家视为具有"主心腹肠胃中结气，饮食积聚，寒热邪气，推陈致新"的疗效[1]，紫苏则被《本草正义》视为"风寒外感灵药"[2]，北杏也被视为"既有发散风寒之能，复有下气除喘之力"的功效[3]，可见，药方对症下药，

---

[1]（清）姚球撰，卞雅莉校注：《本草经解要》，中国中医药出版社，2016年，第58页。
[2]（清）汪昂编著，何璟主编：《汤头歌诀》，北方妇女儿童出版社，2010年，第154页。
[3]（清）黄宫绣编著：《本草求真》，山西科学技术出版社，2015年，第268页。

具有很强的针对性。说明《玉封圣母医科药签》的药方与中医之间存在千丝万缕的联系，具有一定的科学性。

求药签的仪式过程与卜事签几乎无差异。求签者，需要备纸节、斋品在坛前祈祷，燃烛点香，向圣母娘娘跪禀病情病症。然后，根据病情所属医科取签筒，再跪卜灵签。得签后，求签者将签呈给善堂里专职的解签人。解签人按照医科类别，迅速翻阅药签本，查阅签号，得药方，在太子爷符背面用毛笔蘸红色墨水抄录药方，并盖印。太子爷符为黄色，正面印有玉封圣母的灵符和符章，背面空白，待药方抄录完毕，加盖红色药签章。章由八卦图案和文字构成，文字内容为"敕百病消除，灵丹宝鼎"九字。求签人则将太子爷符带回家，遵照药方要求，加入其他辅助药材，如药方中有以"旧神壳"同煎水送服者，则需要采集庙前榕树下自然掉落且叶片背面朝上的枯叶共同煎服。药方符不得随意处理，需将此符送至溪边，活水送流走。求签人在病愈厄解之后，需要再备香烛、纸节、斋品来庙中答谢神明。从仪式过程看，《玉封圣母医科药签》与闽台一带的药签根本不同之处就在于不用配制中药材，本质上还属于符箓一种。至于其中原因，善堂的解释是"圣母娘娘将药童（如华佗）所采药材之药力附在药符之中，等同于相同剂量药材的疗效"[1]。因此，从本质上看，《玉封圣母医科药签》更属于融合了中医知识的符箓。这与近代潮汕地区医疗条件落后而疾病流行有很大关系，百姓只能通过信仰疗法来驱邪祈福，以求身体健康。《玉封圣母医科药签》的个案也为研究药签提供了有别于以往新的研究类型。

《玉封圣母医科药签》是同安善堂区别于其他信仰善堂和玉封圣母系统其他善堂的重要标志。一方面，药签扩大了同安善堂的公益范围，相较于以大峰祖师为祭祀中心的善堂丛，同安善堂除了共有的修山、施济、救难活动外，药签的出现使得同安善堂体系增加了医疗救助的作用。另一方面，药签也成为维系同安善堂十八社系统的共有财富，几乎所有的分社都将药签视为至宝，不轻易示人，保持着神秘色彩。善堂组织除了具有共同的信仰外，更需要其他类型的制度来维系和强化，而《玉封圣母医科药签》的出现则提供了很好的个案。

## 结 论

玉封圣母作为发源于潮汕本土的民间信仰，经历了明清时期的香火传播，在潮阳、

---

[1] 田野调查资料：黄振坤，广东潮阳人，50岁，同安善堂日常管理人员，2019年4月1日。

揭阳、普宁地区已经具有浓厚的信众基础。明清两代的士绅整合了民间叙事内容，将翠峰岩从祈雨的场所转变为玉封圣母信仰的肇迹地，并为玉封圣母信仰的正统性创设了符合民间社会价值观的情境，这为民国时期同安善堂组织的成立奠定了基础。同安善堂的创建过程表面上看是民众通过扶乩和参与大兴号电轮沉船救援活动来实现的，实际上是跨行政区信众利用地缘关系在榕江流域传播香火的结果。同安善堂十八社系统的设立深刻反映了该组织通过修山、施济、救难等活动在榕江流域扩展的结果。十八社系统所承担的公共事务是基层公共事业的重要补充，又使得玉封圣母成为所在社区中的核心神明，这是一个深耕化的过程。虽然表面上看是相互独立的关系，但他们又是协作的关系，同时，他们又通过割香刈火仪式维持着与翠峰岩的关系。《玉封圣母医科药签》的出现，为我们理解善堂体系在运作过程中内部制度的自我建构提供了一个珍贵的样本。这些表面上属于中医学内容的药签实质上归属于民间救助，适应了基层社会的发展需求，并且维系了同安善堂体系。

滨岛敦俊在《总管信仰——近世江南农村社会与民间信仰》一书中提出了一个重要的结论，他认为明清时期中国的民间信仰和祭祀中存在着共同性的组织和共同性的活动领域[①]。诚然，清末至民国时期潮汕善堂的增长也体现了民间信仰组织化过程的追求。但是，这种建构的过程不仅仅外部因素使然，也与善堂内部结构的调适存在着联系。同安善堂十八社系统的建立正是印证了玉封圣母香火从零散分布的庙宇走向善堂体系的组织化过程，这是同安善堂通过参与地方公共事务来实现的，同时，同安善堂内部体系通过咒语、符箓、签诗、药签等制度来完成自身共同性的建构。

---

① ［日］滨岛敦俊：《总管信仰——近世江南农村社会与民间信仰》，研文出版社，2001年。

# 涌现理论与神仙信仰的形成、演变和发展
## ——基于先秦两汉时期的神仙信仰研究

中国社会科学院大学　胡亚楠

**内容提要**：诞生于系统科学领域的系统哲学，强调系统是世界的存在方式之一，因此本文基于系统的思维方式，利用涌现理论对神仙信仰的形成、演变和发展进行分析。本文共分为五个部分：第一部分对系统哲学研究进行概述；第二部分介绍系统哲学的理论框架；第三部分阐述系统哲学中模型的研究方法在神仙信仰形成、演变和发展研究中的可行性或者说其利用模型研究的优势；第四部分对霍兰提出的涌现理论进行介绍，并对涌现的整个过程进行描述；第五部分针对具体的神仙信仰系统从规则（神仙与成仙）以及由规则生成的状态、结构（神仙信仰主体、信仰对象、信仰实践）三大要素、系统演变中外部环境与系统自身的更新机制等方面对神仙信仰的形成演变发展逻辑进行具体分析。

**关键词**：系统哲学；涌现理论；神仙信仰；机制；模型方法

## 一、系统哲学研究概述

20世纪40年代伊始，在科学技术领域产生了一门具有革命意义和重要价值的、相互独立而又紧密联系的新学科——关于系统的科学或者称之为系统科学。系统科学从不同的角度探索着过去的科学前所未做的工作。它的纲领是研究各类系统并探究系统的"复杂性"。"探索复杂性"这一科学壮举很快被从事系统科学工作的科学家和职业哲学家们所捕捉，他们敏感地意识到其所蕴涵着内在的、深刻的哲学蕴涵，最终以"系统哲学"

命名进行研究①。系统哲学就是研究系统复杂性中的哲学问题。

"系统哲学"这一术语是1971年贝塔朗菲在《一般系统论的历史与现状》一文中首次提出的,并基于此提出了系统的本体论、认识论、价值论三方面的理论框架。其系统本体论和认识论相互呼应,侧重于不同的方面。本体论提出了世界的"系统模型",强调整体与部分的关系、部分与部分的关系,并且强调组织结构。认识论则提倡用系统的思维方式去观察、理解世界进而把握世界。从贝塔朗菲开始掀起了关于系统研究的热潮,虽然系统哲学只有几十年的历史,但相比于其他现代哲学或后现代哲学,其学派较多,分布较为广泛。这些学派具有共同的研究对象和基本一致的理论倾向。绝大多数学者认为系统哲学是研究系统的普遍本质和最一般发展规律的学说,系统本体论、系统认识论、系统价值论、系统方法论是这种哲学研究的主要内容②。有着重于系统哲学的理论框架研究的学者,例如:贝塔朗菲与系统哲学纲要、拉兹洛与系统哲学引论、詹奇与自组织的世界观、拉波波特与一般系统论;有着重于系统复杂性与现实世界问题研究的学者,例如:切克兰德与系统思想和实践、莫兰与"复杂思维的范式";有着重于研究系统思想的学者,例如:乌约莫夫的系统方式与一般系统论。除此之外还有研究系统思想与整体性思想的学者,例如:以钱学森为代表的系统思想研究。从上述描述中基本可以看出系统哲学研究的盛况。

## 二、系统哲学的基本理论框架

系统哲学的基本理论框架分为以下三方面:系统哲学的概念、系统哲学的理论、系统哲学的方法论。系统哲学的概念论和系统哲学的演化论共同构成了系统哲学的本体论。系统哲学认为事物的存在方式是系统,系统是一个过程,是始终处于演化和发展的。在针对系统问题或复杂性问题的讨论过程中,应该特别指出的是坚持系统本体论的重要意义,在哲学上很多学者认为事物在未被认识以前是复杂的,认识以后是简单的,但系统哲学揭示出世界的本质是复杂的,并且系统是世界的一种存在方式,有其自身特定的规定性,不以人的认识发生转移。系统哲学的概念论包括以下内容:系统、整体与部分、结构与功能、层次与涌现、同型性、环境、信息、组织、关系、反馈。在提出这些概念的基础上,系统哲学对于本体论的考察主要围绕两个问题进行:第一,系统是什么?该

---

① 黄小寒:《世界视野中的系统哲学》,商务印书馆,2006年,第1页。
② 黄小寒:《世界视野中的系统哲学》,商务印书馆,2006年,第2页。

问题是对系统本体的考察，针对该问题在概念论部分中作了解答，系统哲学是在物质实在的基础上进一步提出和探讨关系实在。所谓关系实在就是各种物质实在（包括对它的意识）的存在的系统方式①。有系统便有非系统，所谓非系统是就一定的参考系而言的。在系统哲学的本体论中认为系统具有绝对性，而非系统具有相对性。第二个问题是系统如何成为系统？该问题的提出将系统哲学的研究引入系统的形成与演化这一方向。有关系统哲学的演化论包括以下几个内容：一、系统的形成、演化或发展的根本动力；二、系统演化与发展的控制机制；三、系统演化或发展的突显方式；四、系统演化与发展的评价选择机制等等。

同时系统演化遵循以下几条基本规律：一、系统序化规律，主要揭示系统形成、演化和发展的根本动力。系统都有形成和演化或发展的过程，而使得系统得以形成、演化或发展的基本条件有：开放性（系统有序存在、运动和发展的前提）、非平衡性（系统自组织演化或发展的可能性）、系统内的非线性相互作用（系统多样性、奇异性、复杂性的根源）。二、系统控制规律，主要揭示系统演化或发展的控制性机制。系统控制的基本方式是涨落和自稳定。涨落是对系统稳定的平均状态的偏移，是系统形成、演化或发展的诱因。而自稳定是系统在不断地运动中形成的某种定态，是系统存在的条件。三、系统涌现定律，系统演化或发展的突现方式是涌现，涌现现象又可以被描述为可变结构的受限生成过程，涌现现象的本质是从小到大，从简到繁。就涌现现象而论，整体行为远比各部分行为的总和更复杂。在这种意义上讲，涌现现象发生在整体行为不等于各个部分行为的简单加总的情况下。四、系统选择评价规律，其预示了系统演化或发展的道路和基本趋向。系统发展存在着各种可能性空间，没有绝对的途径与模式。但被实现的可能性只有一个，也就是说现实性只能有一个。

基于以上系统哲学基本理论提出对系统进行研究的方法论，系统哲学方法论有以下两方面基本内容：一、系统分析与系统综合相结合的方法；强调对待系统问题时不能过分拆解还原而不顾整体，也不能只注重整体而忽略细节的分析，同时不应将系统当做孤立的存在，而忽略系统与环境的关系，倡导应将系统分析与系统综合结合起来，从不同层次上、整体与部分、系统内与系统外等多个方面进行把握。二、世界模型的方法。事先对事物的简单规律、机制进行探寻或设定，通过建立模型并改变输入来模拟、预测或检验，利用模型进行模拟实验，以获取关于原形客体的某种认识。

系统哲学发展至今，首先为哲学贡献了新的概念，提出了认识和思维的新方式：系

---

① 黄小寒：《世界视野中的系统哲学》，商务印书馆，2006年，第532页。

统的存在具有客观性，或者说系统是事物的存在方式之一。从这一意义上来讲，作为事物存在方式的系统可以用于描述任何事物的存在（实在）本质，因而系统方法论也可以应用于任何具有该实在本性的事物的研究分析，这是毫无疑问的。

## 三、系统（模型）研究方法的可行性

现实世界中各类具体事物从无到有、从简单到复杂，纷繁复杂的现象使人主观上深感其神秘性，进而产生其过于复杂而不可把握感。与此同时人类的认识遵循着从表象到本质这一基本逻辑，也始终向着这一方向前进。在未认识之前，我们只能看到现象本身并观察到变化的结果，在认识之后我们深知每一种变化的背后都有着规律和法则作为根本性规则支撑着事物的存在及演变。就像种子发芽长成参天大树这一现象是如此的普遍，但深究起来又是如此的复杂。从研究种子的生长发芽开始，当我们探寻到是基因控制其发芽和生长时，便掌握了一定的规律，由此也向着解释和探寻其生长的奥秘进了一步。在自然科学研究中我们如此追寻真理，在社会实践部分我们则通过归纳规则来帮助自身掌握世界。例如：为了描述现实客体的形状或状态采用按比例缩减的方式对图形进行记录或描述，又或者对复杂的地形进行快速分解用于描述或记忆。

现象的生成、演变对于人来讲是复杂的，就像种子长成大树，即使知道是基因在控制生长我们也不能完全解释出它是如何控制并一步步生成的。而人在面对复杂的现象时明知其不可能做到完全理解，在此基础上也会不断追寻其结构、规律、本质和演变机制，将复杂的变为简单的，以期待可以做到进一步把握和理解。基于此种认识复杂世界的想法，运用探寻到的结构、基本规律、演变机制建立"模型"一直是人类认识和把握世界的不二工具。神话中无论是认为世界是天圆地方的还是大象驮着陆地的，都是一种世界结构模型；哲学中"道生一，一生二，二生三，三生万物。万物负阴而抱阳，冲气以为和"则是一种世界演化模型；阴阳五行学说的"气—阴阳—五行"也是一种万物本质模型；上述这些知识并不是经验知识，更无所谓真理与否，但这样通过建立"模型"的思维方式更显其珍贵性。从上述的例子也可以看出早在上古时期，人们就已经不自觉地运用"模型"的方法有序地规整纷繁的现象并做出归纳以帮助自身把握世界。

但上述所列的模型是人类早期对物质世界的一种基于经验归纳和想象的模型，其描述的是一种静态的本质或不变的法则。随着系统科学的不断发展，世界的存在方式被揭示为系统，系统是动态变化的因而其复杂性也开始被揭示出来。通过建立"模型"进行研究的方式开始被自觉运用，进而建立起"模型"方法论。与静态模型不同的是动态模型理论摆脱了机械的静态的模型弊端，将重点放在了变化这一节点，更加关注系统的生成、演变、发展和稳定等环节。

在现实世界（现象世界）中万事万物无论是生命的还是非生命的，涉及变化便需要时间，可以说时间维度是认识现象世界的内在基准。在面向未来和未知的自然科学领域，利用规律提前预测变化是其研究的关键，换句话说变化就是未来。随着近代计算机科学的快速发展，自然科学领域解决了动态模型的时间问题。在研究过程中通过建立模型的方式，配合计算机的高速运行，物质世界漫长的演变时间在计算机中被压缩至几秒，世间轮转就在须臾之间。有了这样一个利器相配合，自然科学研究的速度极大被提升。在自然科学领域计算机（精密仪器）和动态模型是探索和揭示事物复杂性的重要工具和方法。在该领域可以通过建模和计算机编程对未来进行可能性预测，抑或通过建立结构和设定简单规则，运用自学习、自组织等方式对复杂现象进行模拟或对未来某一时刻系统的状态进行预测。

现在便产生一个问题，建立动态模型的研究方法是否适用于社会现象的神仙信仰研究呢？答案是适用的。首先系统哲学提出系统是世界的存在方式之一，运用系统的思维方式研究任何事物，从理论上讲都是可行的，系统的研究是没有学科界限的。其次在前面已经讲过在动态模型中时间是一个很重要的维度，只有时间能体现出变化，也只有在时间上能体现出动态、演变和发展。自然科学研究中所面临的无法超越的时间问题（因为时间的变化而产生的不可知性），因为计算机（精密仪器）的参与以及运用动态模型的方式而成为可能并极大地推进了研究。与自然科学研究所面对的无法超越时间的问题不同，神仙信仰的形成已经过去，只留存演变和发展还在继续，在具体的建模过程中将神仙信仰最初形成的战国中晚期作为动态模型建立的时间起点，以战国中晚期神仙信仰的状态作为系统的初状态，利用系统的初状态分析出神仙信仰系统的结构要素，从宏观的形成、演变和发展机制三个方面对神仙信仰现象进行把握，我们便可以在系统的思维方式下将纷繁复杂的神仙信仰现象规整起来。然后依据系统地分析与综合方法结合具体的文献材料便可以从结构和内容两方面把握神仙信仰这一对象。

在研究过程中可以看做从战国中晚期起该神仙信仰系统便已建立，已经经过了两千多年的演变和发展。从系统的角度出发，神仙信仰系统已经在历史中表达了其唯一的现实性，在这一角度上讲自然科学领域中动态系统模型的时间难题在这里不是问题反而成为优势。系统发展存在各种可能性，对于自然科学研究来讲，系统模型的建立永远面向的是未到来，所以模型的作用适用于或基本用于模拟演变发展过程或预测可能性结果。而神仙信仰作为早已发生过并依旧处于演变中的事物，历史上留存了大量的资料和文献，在研究过程中可以进行历时性的神仙信仰的状态归纳和对比，也可以关注共时性的地域差别抑或关注不同状态下神仙信仰之间内在的逻辑关联，关注不同状态之间的演变是如何产生的等等。可以说从系统研究的角度出发完全可以建立起神仙信仰本身及具体事象形成、演变和发展的动态发展模型，并通过对神仙信仰结构上的把握进而规整纷繁复杂的神仙信仰现象。

基于此认识可以对神仙信仰这一事象运用系统的思考方式重新进行讨论，在系统分析与系统综合的整体考量下，运用系统方法论（世界模型）对神仙信仰的形成、演变和发展进行研究。首先采用系统分析的方法对这一神仙信仰系统进行拆解，找出支撑神仙信仰的结构要素，通过文献、考古资料等具体分析把握神仙信仰系统内各结构要素和规则的性质和类型；然后利用系统综合的方法探寻神仙信仰形成、演变和发展的机制，从整体上把握神仙信仰现象整体。如果说自然科学利用系统的研究方法所期望的是探寻本质从而预测未来，那么运用系统的研究思路和方法对神仙信仰进行研究则是对神仙信仰这一从战国中后期兴起并发展至今的社会现象的一种整理和反思。利用系统的研究方式，可以从纷繁复杂的具体神仙信仰现象（涌现现象）中找出规律，更实在地把握神仙信仰这一事象的形成、演化和发展的逻辑，甚至于可以从新的维度对神仙信仰进行价值批判，找寻神仙信仰对于人的真正意义。在该逻辑的引领下对神仙信仰的研究便可以从纷繁的现象研究中跳出，从而在规律和结构的引领下更有方向地进行。

## 四、系统的涌现现象及其机制

### （一）对"涌现"的描述

对神仙信仰系统（模型）研究的可行性这一问题进行阐述后，便需要更为具体的研究方法对神仙信仰的整个过程进行描述。在对具体研究方法进行描述前，需要解释一下系统哲学基本理论中系统的涌现规律。所谓涌现是系统形成、演变和发展的必然，从小到大，从简单到复杂，从现象上进行描述的话也可以称作系统的涌现现象。涌现现象描述的是某种复杂系统发生和更新的状态，用更形象的方式描述的话就像是喷泉一样，从隐藏的极细小的水管中喷涌而出，喷涌而出时便形成某种形状，在动力不变或动力波动不大的情况下其自身能保持喷涌形状基本不变，而在发生较大不可控的动力波动时会改变形状或方向，从时间性上看喷泉是不断翻新形状的，而在外在形态上表现出稳定性，在动力消失时喷泉的喷涌便会停止，其所形成的形状也会消失。涌现一词便是描述复杂系统从单一、简单到纷繁复杂的不断变化的隐喻性词汇，其首先表述的是一种具有耦合性的、前后关联的、相互作用的、不断变化的现象。涌现的本质是由小生大，由简入繁，而该种特征使涌现展现出一种神秘的、似乎似是而非的现象，这种现象往往带有"爆发致富"的味道①。

在《涌现》一书中霍兰通过对不同模型的反复拆解，试图解释涌现的意义并建立生成模型，书中有关涌现现象介绍了三个经典人工模型：棋类游戏、数字、积木块。棋类游戏提供了古老而又直接的例子，表明由简单的几点规则说明便可以衍生出大量复杂现象；而数字表明了如何删除细节部分，抓住基本原理进行把握；积木块则提供了一种从简单定义直接产生复杂和涌现的方法，通过各个基本部分的有机组合使得系统形成，积木块之间通过相互作用形成整体，最终出现"整体大于部分之和"的效果②。这三个人工模型所阐述的观点各有侧重，棋类游戏主要描述了简单的法则和固定棋子可以走出十分复杂和多样的棋局，揭示了涌现现象的发生有一初始状态，就像棋类游戏的最初规则和棋子缺一不可，初始规则和棋子决定了各类棋局的产生，就像神仙信仰形成初期其简单的观念对象和信仰群体、信仰实践的方式缺一不可③，这三者缺一者都不能形成所谓的信仰，更不会随着时间变化而日渐复杂；数字作为一种抽象的表达，删除了所有属性，忽略了所有细节。换个例子，"白马与马"，从现实存在的白马（现象）中跳出，找出一种形而上的"马"（概念）。即是指在建立模型的过程中应从具体的现象中跳出，找出支撑系统的根本要素；而积木块作为形成整体模型的重要要素，正是由于多种要素的耦合使得其形成整体，相互作用是系统形成的原因，也是涌现现象发生的基础。事实上并没有现成的积木块和数字。在面对巨大且复杂的系统时，通常我们面对的都是令人眼花缭乱的现象，大部分情况下我们只知道事物呈现在眼前的状态，但不知道事物是如何开始、如何变化、如何发展，同时也不知道纷繁的现象下拥有怎样的本质。而为了把握这复杂的现象，必须从复杂的现象中找寻出积木块和数字，对事物的某些本质或关系、特征、变化进行探寻。找寻积木块或数字的过程就是尝试对系统涌现进行描述和重建的过程，这一过程可以说是一种建模。

因此从具体的现象中跳出找寻结构要素便需要运用还原方法（系统分析）。不同于一般的还原论将系统进行拆解而不注重系统内外的关系问题，基于复杂性系统研究所说

---

① [美] 约翰·霍兰：《涌现》，陈禹译本，上海科学技术出版社，2001年，第3页。
② [美] 约翰·霍兰：《涌现》，陈禹译本，上海科学技术出版社，2001年，第22页。
③ 胡亚楠：《从神到仙：先秦时期神仙信仰的形成因素研究》，哈尔滨师范大学2020年硕士论文，第9页。

的还原方法只是研究的第一步。事实上还原的研究方法已经被哲学家们反复进行研究，有时也作为人文学科的研究对象，但是人们很少注意观察还原方法与受一定规则支配的涌现现象之间的联系[1]。在涌现现象的研究中所说的"还原"可以表达为两种层次的还原：一是将现象还原为各个部分，还原为积木块，用以明确系统的结构；二是将涌现现象的过程还原成规则，进而还原演变的机制。通过结构要素和初始公理（规则）便可以描述系统涌现的机制，由此获得对某一领域或事物变化的认识。"还原"规则重点在于还原相互作用，在该还原层次中涉及系统内部作用、系统与外部环境的信息交互等，在这些方面的规律或规则作用下，系统可以在时间中持续动态演变和发展。因此可以明确在对神仙信仰的涌现现象进行研究时，使用模型的方法进行研究是十分必要的，可以分为两步：一是在涌现现象初始的节点对初始的状态进行结构性建模；二是在结构基础上对神仙信仰涌现的不断生成进行机制描述。这两部分的研究是在还原的基础上进行的。当然在利用还原的方法建立模型后还要从宏观角度对各结构要素之间的关系、不同时间段的系统状态之间的内在机理进行深入的探讨，这便是第二步系统综合研究，由此我们便可以揭示神仙信仰系统的复杂性。

### （二）"涌现"的普适理论

上一小节针对涌现的生成和意义进行了描述，并明确了对涌现现象进行研究时需要运用模型的方法，而在建模过程中需要使用系统分析方法（还原方法）。那么在意义和现象层面对涌现进行描述后，涌现的本质是什么呢？《涌现》一书中霍兰以还原方法为基本方法，通过对中枢神经系统模型、蚁群、西洋跳棋、自学习程序等进行不断地拆解和还原，提出了涌现是一种可变结构的受限生成过程，并在此基础上创建普适理论。现将该理论进行描述，为下一节对具体的神仙信仰涌现的结构、机制、规则进行描述打一基础。在霍兰的涌现理论中将涌现描述为可变结构的受限生成过程，对该描述进行拆解可以得到几个关键词：可变结构、受限生成、过程。对这几个关键词我们一一进行阐述。

首先受限生成是指系统生成初期便有一定的集合，"受限生成过程的定义是从对集合的选择开始的，这里的结合是由称为初始因子的机制 F 构成的。正是通过初始因子，其他的事物才得以产生"[2]。可以理解为受限生成过程初期有一定的限定集合，其决定了系统生成的最初结构和形态，也在一定程度上控制系统演变的范围和走向。用神仙信仰进行举例：神仙信仰形成初期，在文献中的记载是："自威、宣、燕昭使人入海求蓬

---

[1] [美]约翰·霍兰：《涌现》，陈禹译本，上海科学技术出版社，2001年，第23页。
[2] [美]约翰·霍兰：《涌现》，陈禹译本，上海科学技术出版社，2001年，第145页。

莱、方丈、瀛洲。此三神山者,其传在渤海中,去人不远。患且至,则船风引而去。盖尝有至者,诸仙人及不死之药皆在焉。其物禽兽尽白,而黄金银为宫阙。未至,望之如云;及到,三神山反居水下。临之,风辄引去,终莫能至云。世主莫不甘心焉"①。"海上燕齐之间,莫不扼捥而自言有禁方、能神仙矣。"②根据上文总结一下早期的神仙信仰限定集合(规则/机制),首先是海外神山上有不死药,进而人求不死药,人服药之后可以飞升,从而成仙。这一核心规则提取出来便是:人—方式(海外神山、不死药)—飞升神仙,需要提及的是在战国中晚期(神仙信仰早期)阶段,人们渴望的是生命状态的变化,通过服食不死药使得自身可以从人的状态(人间)进入神界,从而达到神仙③。战国中晚期的神仙观念是服不死药可以飞升神仙,其重点在于求药,而随着神仙信仰的不断发展,重心从求药转变为求不死,"不死"规则决定了后世成仙方式必须以求不死为前提和目的,无论是养生长寿不死、服药不死、修炼不死、尸解不死、炼丹服食不死、道德修炼不死等等,"不死"这一核心目的决定了无论什么方式、如何演变最终结果都指向不死从而成仙。早期通过求药进而达到成仙的观念过于直白朴素,具有浓厚的神话氛围,换句话讲可操作性(可实践性)极低。而在后期的发展演变中成仙方式和神仙思想内涵在不断的变化中都在竭力地趋近于"不死"这一终极目标,表现出较强的可操作性。最终形成了不接近该目标的思想观念或实践方式,便不在神仙信仰的可发展范围内,而趋近于不死的所有观念和实践便都有可能被神仙信仰所吸收。

因此可以说受限生成过程是在最初的规则下生成,并在规则的限定下发展。可变结构则是指系统在受限生成过程中改变自身的具体结构要素、具体规则或中断自身内部的联系以求得系统的平稳或继续演进。这一过程所采用的方式是不断趋近初始公理(规则),由此间接生成联系,这样所导致的结果是系统自身的外在形态也会迥异于之前。同样继续用神仙信仰举例:有文献记载的最早的求仙活动是上文所提的齐威、宣王时期,入海求三神山进而获得不死之药,服之不死飞升(神仙),可以知道在神仙信仰初期的信仰实践是求神山和药,其后围绕不死成仙这一核心目标,不死的具体规则从直接求药不死

---

① 张大可注释:《史记新注》,华文出版社,2000年,第825页。
② 张大可注释:《史记新注》,华文出版社,2000年,第838页。
③ 具体的论述详见《从神到仙:先秦时期神仙信仰的形成因素研究》论文第二章第三小节"'神仙'内涵的确立"一节。文章认为神仙内涵的确立主要分为两个阶段,首先是神仙、不死与飞升,在神仙信仰早期,神仙信仰实践主要围绕"神仙"观念进行,"仙"在此表达的意思是上升,也就是说在战国中晚期的神仙信仰渴望的是一种生命状态的永驻和生存地点的变化,通过服食不死药达到生命状态的永驻并进入神界,从而区别于人。神仙内涵的第二阶段则融合了隐者、长寿、养生等观念,最终至晚在东汉时期形成具备"山人不知老""寿于常人""不老不死"、居住于山林等特征的"神仙"内涵。

飞升变为迂回的求不死，甚至将求药不死飞升拆解为三部分对"不死"进行寻求。求药、不死、飞升三者从连贯的一个过程被拆解为拥有等同效果的实践方式。求不死药发展出更为具体的禁方、服食、炼丹（外丹/内丹）等方式直指不死成仙，在"求"这一实践方式上也从最初的求神药变为求人（神人、仙人、神仙人、仙神人、真人、方士等）；不死则发展出养生长寿不死、尸解不死进而成为仙人；飞升则有乘龙飞升、仙人引渡等等而成为仙人。可以看到这一最初规则：人—寻神山求不死药—不死飞升神仙，在神仙信仰的发展过程中，其在不断地改变和拓展具体规则来维持信仰的稳定并使得其发展，而在外在形态上迥异于之前。最后受限生成与可变结构在时间轴上进行结合便产生过程，而这一过程表现出的便是涌现。

在对关键词进行解释后，需要对涌现的整个过程进行模型描述，即需要对可变结构的受限生成过程进行动态模型的建立以及状态转化的描述。首先存在着"生成器集合"，其给出了系统生成所需元素的初始集合以及元素组合的合法方式，这是系统发生时的最初状态，同时也作为系统受限生成的规则和限制。生成器集合这个概念兼顾状态、结构和规则，并且在最初状态中其所规定的是系统的结构性要素，所规定的合法规则在最初状态时是具体的规则，事实上随着该系统的演变发展，最初的结构性要素和具体规则会渐渐成为该系统的内在逻辑机制，从而决定了系统演变发展的方向和范围。

系统生成后所面临的便是稳定和发展问题，这时便需要转换函数和选择语句（如果/则），由于涌现的层次性，这一状态和输入会决定下一状态，这一状态作为现实已发生的话，要进入下一状态便需要转换函数（一种对应关系，一个输入对应一种状态），输入量进入系统内部后便会使系统产生新的具体状态。但这时输入则存在着能否输入的问题，即输入需要进行判定是否能对这一状态的系统产生刺激，使得系统响应而跳转出新的状态。该判定需要一个基准，即是否可行的依据。由于其层次性，上一状态和输入（新的观念、规则、实践方式等）决定下一状态，这一新的输入需要同旧的机制进行比较，有趋同性的话则可以判定输入系统便会响应，从而改变系统状态。用具体的例子说明：先秦时期最初为求药不死成仙，到西汉则增加了长寿不死求仙人也可成仙，不再提不死药，求药不死成仙作为前一状态的话，输入的新机制便是长寿不死求仙人现身也可成仙，据存留的文献可以得知该输入被响应了，各种养生长寿的方术被引入神仙方术体系内，而为什么该输入可以被响应？求药不死成仙在上文已说过是作为最初的规则，随着系统的发展，其会渐渐变为逻辑机制或概念机制，作为新输入的长寿不死求仙人与其是有目的和意义趋同性（趋同而不是相同，是指其程度减弱，从直白的求药不死到长寿的可能性基础上求仙人不死成仙），因而会被响应而纳入系统内，改变系统的状态和丰富系的具体内容（现象）。输入决定了系统的演变和发展，那么输入从哪儿来？这时需要引入外部环境的概念，由于系统是有边界的，并且系统不是孤立的系统，是随时与外界有信息交互的系统，输入产生于两种方式，一是系统内的自创造，二是和环境进行信息交换，通过输入判定进而影响系统。系统是动态演变发展的，但并不意味着系统在演变发展中一直走着最优路径，并且由于系统的动态性质，其存在着涨落问题。当系统内部稳定性不足时（涨落），便会通过输入新的机制来进行状态跳转以保持稳定，这时这一方式称作策略，也可以称作系统的自稳定。通过这样的反馈机制，系统才得以一直动态并稳定地延续，直至其策略不能弥补涨落（系统不能承受演变断裂而使得更新停止），这时系统的发展便会停止，相应的涌现现象便会凋亡直至消失。

在对涌现的整个过程及机制进行描述后，还需知道涌现会发生在何种情况下并且涌现有什么特征。针对此可以概括出以下要点：首先涌现现象出现在生成系统中，在这些系统中首先存在着基本元素和简单规则；其次在这些生成系统中，整体大于部分之和。即是说在这些系统中存在着一些规则是无法通过直接考察各组成部分所满足的规律得到的；再次在生成系统中一种典型的涌现现象是组成部分（结构要素）自身不断演变的同时规则也在不断发展，机制是动态的但也是稳定的，从而保证系统的稳定。就像神仙信仰中信仰的群体、方式、对象不断地改变，但神仙信仰一直存在并发展，就像湍急的河流中冲击石块的水流，构成河流的水滴在不断变化但碰撞石块后形成的驻波形状基本不变。

涌现现象的稳定模式，其功能根据不同的具体环境也会呈现不同的作用，即其功能是由其所处的外部整体环境所赋予。随着稳定模式的持续，系统内部各部分之间的相互作用带来的约束和检验使得系统的外部功能更加清晰并使得系统表现出较强的包容性。并且更高层次的（结构更加完整、规则更加精巧、实践方式更具操作性）生成过程可以由稳定性的强化而产生。在系统可以运行无限长的时间时，在生成过程中即使是出现最简单的稳定模式最终也会发生，而且一旦发生便会持续下去，并同其他模式相结合，从而出现更大、具有更强稳定性和能力的模式。换句话说涌现形成的模式可以成为机制"积木块"去塑造更为复杂的或更为稳定的模式[①]。

## 五、神仙信仰的结构和演变机制

上一节对涌现的普适理论进行了描述，在此基础上这一节便运用涌现理论，针对具

---

① [美]约翰·霍兰：《涌现》，陈禹译本，上海科学技术出版社，2001年，第246-252页。

体的神仙信仰本身（这一系统）进行阐述。在本小节将运用系统分析（还原方法）从状态与规则、结构、演变的机制等方面进行阐述，以此建立起神仙信仰形成、演变的结构和演变规律的逻辑，并在此基础上利用这一逻辑去规整具体神仙信仰的研究。

### （一）规则与状态

作为社会现象的神仙信仰可以说是一种典型的涌现（可变结构的受限生成过程），在对其进行系统研究时，采用建模的方法对其形成、演变和发展的整个过程进行描述，首先对形成进行描述，形成需要两方面的支撑：结构要素和规则限定。神仙信仰可以拆解成两个词：神仙和信仰，首先表达的是神仙信仰是一种信仰，其次表达的是信仰神仙这一对象，事实上这两个词分别代表了神仙信仰这一可变结构的受限生成过程发生所需要的结构和规则。

作为规则的词便是"神仙"一词，《史记》中首先记载了有关"神仙"的字词，是神仙一词的最早出处，汉代发展出仙人（山人）的说法，至东汉所表达的仙人与后世所说的仙人无论是形象上还是涵义上基本一致。神仙作为规则限定了该系统的生成、演变和发展必然是围绕神仙进行，更具体的是围绕人—神仙进行，即人如何成为神仙以及人与神仙之间的关系两方面。而这两方面在时间生成上是有前后之分的，并且在不同阶段是各有侧重。从时间角度以及系统状态拆解出两种不同时间阶段的关系：第一阶段，人—实践方式—神仙（神仙），在这一阶段是基于某种现实可能性观念进行的一系列信仰活动，人与仙人之间的信仰关系是比较隐晦的，更多的是表现一种追寻和想成为后者的目的，信仰的虔诚隐藏在方式中，人与神仙（神仙）之间处于同一宇宙时空架构下，可以通过某些方式进行身份的转化；而到了第二阶段更多的是：人—信仰（伦理道德）—神仙，该阶段的人与神仙被分割在两种时空中，很难从具体的实践行为上直接进行身份转化，二者之间体现为更为单一的信仰关系（信仰与被信仰），身份转化变为祈求保佑赐福消灾等等。在该阶段也不是绝对不可能再进行身份的转化，而是以道德伦理为基础进行评判，即所谓行善积德、救苦救难等，符合该标准的则在生命结束后进入神人空间，否则进入轮回。这两种关系阶段可以认为是神仙信仰在不断演变发展的过程中所呈现的两种宏观状态。

从"神僊"到"神仙"，在第一种规则下字形的改变也意味着围绕如何成仙的具体规则的变化。有文献和资料可证的最早的求仙活动（更具体描述应该是求不死成仙活动），上文已经引述过是齐威、宣王时期的求仙活动，通过文献记载可以将其规则概括为：人（群体）—寻神山求不死药—飞升成仙，根据《史记》记载还存在禁方的方式，与入海求药差不多时期，这是神仙信仰初期围绕着如何成仙而形成的最初具体规则。该规则一直存续到秦代，开始渐渐地出现变化，增加了吸引仙人现身成仙和海上求仙人两种，进而到西汉时期其重点转变到求不死进而成仙，大量的养生方术进入神仙方术中，至汉代结束已经拥有养生方术、服食、炼丹、尸解、引渡等各种方式，在对成仙规则进行扩充的同时，也是在进行着对"神仙（仙人）"概念的建构。《史记》中记载的"神僊"一词"僊"字从动词含义"移动"至东汉已经演变为"仙人（山人）"，成为一个名词概念，用以表示具有某些特征的群体。至唐宋及以后对伦理道德的遵从也成为成仙规则，规则的多样着实令人眼花缭乱，从侧面讲恰恰也正是因为这些具体规则的不断改变充实了神仙信仰，使得围绕这些具体规则产生了很多有关神仙的具体事象，使得神仙信仰呈现出涌现的特征。在如此多的具体成仙规则中，可以提取出逻辑规则：人—方式—不死（神仙或成仙），并且依据最初规则（群体—寻神山求不死药—飞升成仙）进而可以理出一条思路，从最初规则的规定到新规则的不断产生，最初的规则在神仙信仰兴起时作为具体实施方式，后随着神仙信仰的不断发展，围绕着最初规则开始不断拆解和阐释。如成仙从求不死药的方式被拆解为不死成仙、飞升成仙、服药成仙并将不死置于核心位置，进而围绕着这三种方式产生更为具体的方式（规则），求药发展出更为具体的禁方、服食、求（仙人）、求山（登高、封禅）、炼丹等方式，直指不死成仙人；不死则有养生长寿不死、尸解不死进而成为仙人；飞升则有乘龙飞升、仙人引渡等而成为仙人。后来随着信仰的发展，从以求不死为核心转变为规定生的行为进而成仙，将伦理道德作为规则，积善行事成仙，在这一具体规则下八仙故事、妈祖是典型。

至此可以明晓，在神仙信仰中"神仙"是核心概念和规则，围绕如何成仙和人与神仙的关系两方面进行，产生出大量的具体实践规则，随着具体规则所带来的状态变化展现出神仙信仰在历史上的演变和发展过程、脉络。具体规则在这一系统中还有一个身份：在时间线上不断产生的新的具体规则也作为系统的输入，导致系统进行状态跳转，进而产生出不同的状态。历史上不同时期神仙信仰所表现出的状态是不同的，例如西汉时期的西王母信仰与宋代的玉皇大帝信仰。因此可以说在神仙信仰中有两种意义上的规则：一是区分于其他信仰系统的"神仙"规则；二是指具体规则，具体规则首先在系统涌现层次性上讲，是限定神仙信仰系统发展方向的重要因素，其次其作为系统的输入，导致神仙信仰系统的状态发生变化，使得神仙信仰在历史长河中展现出纷繁多姿的形态。

**（二）神仙信仰的结构要素**

上文提过神仙信仰的形成需要两方面的支撑：结构要素和规则限定。在对状态与规则进行说明后，需要对系统结构要素进行说明。结构要素就像是棋类游戏里的棋子，没有棋子便没有所谓的棋类游戏，更没有复杂的棋局一说。神仙信仰中作为结构的一词是"信仰"，也就是在这一节我们要找到结构型的"积木块"用以组成信仰系统，可以说找寻到信仰的结构组成便找到了神仙信仰系统的结构性框架，针对于神仙的信仰结构，这里便首先需要对信仰的有关问题进行回答。信仰是什么？信仰是由哪些要素构成？首先信仰的定义是："信仰是人类在无限的空间和永恒的时间中建构的'宇宙图式'；在复杂多变的社会生活中确定的'社会模式'和价值尺度，在盲目的人生旅途上认定的目的和归宿。"信仰是同人类的社会生活、精神生活一同发展起来的精神现象，表现为社会成员对一定的宇宙观、社会观、价值观、人生观等观念体系的信奉和遵行。作为一种精神现象而言，信仰是信仰主体对一定信仰对象所表现出来的感情、态度和行为。作为社会现象而言，其由一系列的信仰体系组成：信仰观念、信仰领袖、信仰组织、信仰仪式、信仰的偶像、圣迹等。信仰的组成要素有：信仰感情、信仰态度、信仰对象、信仰行为。信仰感情是指信仰者在信仰中的精神体验和情绪感受，是一种心理倾向，同样是维持信仰稳定的重要精神因素。信仰态度是指信仰主体对信仰对象的信服、尊重和奉行程度的主观表现。信仰行为即信仰实践，是信仰主体在信仰观念指导下的活动，是信仰感情和信仰态度的具体体现。信仰对象又由信仰观念、信仰组织、信仰领袖与信仰相关的偶像、圣地、圣迹等内容组成[1]。

对于作为社会现象的信仰来讲，其存在着结构才使得信仰系统可以一直稳定存在和发展。基于此可以提取出信仰的三大结构要素：信仰主体、信仰对象、信仰实践。上文提及的要素中信仰感情和信仰态度这两个要素实质上是信仰主体在对信仰对象的关系生成和关系维持中所体现的主体的内在表达，其主要体现的是关系和相互作用，而不是作为结构性的要素。信仰的三要素——信仰主体、信仰对象、信仰实践三者共同组成信仰，并且三者形成相互耦合的结构使得信仰得以稳定，但三者本身又是各自开放的，使得信仰形态在历史发展中可以客观存在和延续。这三者作为支撑信仰的结构要素，三者并不是孤立存在的或是机械的加和便成为信仰系统整体，而是由于三者之间的相互作用、相互影响，使得三者耦合为有机的整体得以发展。这三者的具体内容随着时间的变化不断地发生更新，但这三者的演变向度始终围绕着"神仙"这一核心概念规则。围绕着具体的神仙规则产生不同的信仰群体、实践方式和更加丰富的具体信仰对象。就像有机生命体在不到两年的时间跨度内，所有组成成分都会更新一遍，而器官的外形和功能一般不

---

[1] 冯天策：《信仰导论》，广西人民出版社，1992年，第4页。

会有变化。同样的，有关神仙信仰的主体、对象、实践这三个要素支撑起信仰结构，使得具体内容无论怎么改变，神仙的概念规则和信仰结构存在，便可以保证神仙信仰的继续。三者缺一不可，没有实践的存在，便不存在主体和对象的相互构造关系，没有对象也就没有所谓的实践一说。

  三者的运作机制是由信仰主体创造信仰对象（观念），为了维持信仰关系或表达实践观念进行信仰实践，随着信仰关系的持续，由于信仰主体对于神仙信仰理念的不断更新，信仰对象的具体内容或内涵被不断丰富，进而信仰实践的方式也发生改变或变得更为复杂。随着实践方式的实质改变，具体信仰现象更为多样。由此在不同历史阶段三者自身围绕着"神仙"概念，三者本身的结构开放着并相互影响着，改变着神仙信仰在不同历史阶段的发展方向，但又严格地把控信仰在历史发展中的稳定性，使得信仰形态在历史的不断推移中得以一直存在。由于信仰主体的主动性和创造性，信仰系统的输入端在信仰主体，由主体进行接收，进而作用于其他结构要素，使得系统结构要素内的内容不断改变也可以保持稳定性。前文已经论述过神仙信仰首先是作为一种信仰，其次才是针对于神仙的信仰，在对信仰的结构要素进行分析后，事实上也是对神仙信仰的结构进行了探寻，稍微不同的地方在于神仙信仰相较于广泛的信仰，拥有"神仙"这一限定范围，是在该限定范围内发生的、以信仰的结构为支撑发展而成的系统。

### （三）神仙信仰的演变发展机制

  在对神仙信仰形成所需要的信仰结构和规则进行分析后，接下来面对的便是系统形成后的演变发展问题。神仙信仰作为一种经典的涌现现象（可变结构、受限生成），梳理辨析历史文献便可明白其演变发展的纷繁复杂，是什么使得神仙信仰可以演变，并且可以不断地改变方向发展。对其演变机制进行研究，首先需要对神仙信仰主体、对象、实践之间的关系进行分析，神仙信仰中信仰主体是对象的创造者，是实践的实施者，没有信仰主体的存在，什么都不会存在，这是神仙信仰结构要素不同于自然科学的有机体组成的地方。与自然科学中所说的各类器官互相独立存在相互作用联结形成整体，并且各个组成部分之间是互不相容的和完全区别于对方的存在不同，神仙信仰中的结构要素划分是一种逻辑上的划分。三大结构要素紧紧围绕着信仰规则，信仰主体通过创造观念并完善，使得观念凝结成为对象，并实施实践行为，以此来完成信仰的构造。在创造对象的过程中，事实上是将观念糅合、提取、抽象成概念的过程，最终形成的对象可以称之为概念对象。

  例如"仙人（山人）"一词产生之时（可考最古在东汉铭镜中出现），作为名词词组成为一种概念，用以整合所有的具体观念（仙人表示羽化飞升、轻身飞举、修炼不死、养生延年、逍遥自在、居于山穴、拥有法术等等特征于一身的群体）。在神仙信仰系统中，"神仙"被主体认为是真实存在的对象，是可以实践的对象，但究其前身事实上最初是一种观念，是一种思维的产物。在战国中晚期至西汉早期并没有"神仙""仙人"等词语，只有神仙的观念表达（寻神山有不死药，食之飞升成仙），因此可以说明在信仰的发展中，神仙信仰的对象也存在着发展层次，从具体观念扩展为观念群，后从观念群中凝成概念。信仰主体作为人—仙人（神仙）关系中固定的一端，仙人（神仙）作为人的身份转变的另一端，这二者之间用函数表示的话是一种对应，最初的具体对应法则只有少量的几条，比如最初的食不死药、禁方等，后随着认识的累积，能够对应的法则便扩充为更为具体的、繁多的，随着法则的扩充，便引起另一端"神仙"的内容和涵义发生变化，使得其从具体观念扩充为观念群，进而被提取抽象成为概念对象。而所谓的观念、方式、法则首先从信仰主体这一端输入，造成信仰主体内部的变化或更新，进而使得神仙信仰的实践方式、对象等发生变化，最后使得系统的整个状态发生改变。生物体中有高度分化的细胞几乎只执行特定的一种或几种功能，就像神经元只进行刺激所产生的微弱电流的传导，而作为信仰主体的人，其具有高度自由性、主动性和创造性，或许由于某些外在限制对上述的某些性质有所压抑，在此基础上依然可以说信仰主体是自由、主动和创造的，并且其是神仙信仰系统唯一的输入端。

"神仙"这一概念从主体的认识活动中生发出来，在主体意识中从知识论的角度又被认为是客观存在物，是和自然存在物一样实在的存在，并且其本身可以被主体不断认识，随着思想观念的改变，自身也会更新或改变。即"神仙"是从主体认识中产生的概念，在主体意识内拥有客观现实性，同时也是被主体认识的对象。康德在三大批判中提出了知识论和实践论，并且在纯粹理性批判中分析了三大幻象，从知识论的角度出发我们可以评判一下神仙概念及其知识体系。可以说神仙思想及其知识和中世纪神学没有本质上的区别，都是对知性和理性的非法运用。其探讨的自在之物不属于经验世界，属于不可知论，是超验的，所以由此产生的知识也不能称之为经验知识。那么该知识就没有任何用处吗？应该从实践论的角度出发来理解神仙理念及其知识体系。也就是说神仙作为一种理性推理的产物，是运用理性对生命推演至无穷状态的一种推理，换句话说也就是人的生命和精神状态的极致就是神仙。这个理念被创造出来指向的是实践，在实践论的意义上可以重新进行理解，神仙信仰是一种有关人本身的生命实践。

## （四）外部环境与系统

系统是拥有边界的，这一性质便生成一组概念：环境与系统。对于神仙信仰而言，信仰神仙并做出信仰行为的便属于神仙信仰系统内，而没有如此行为的便在系统外，属于环境。事实上神仙信仰系统本身也是属于环境的一部分，环境是充斥知识、思想、制度的领域，所有人类通过认识和思维而产生的结果都留存于此。其次信仰主体本身由于其高度的自由、主动和创造性，使得其既是信仰系统内的一分子对神仙信仰进行践行，也作为环境的一分子不断产生新的知识、思想和接收环境内其他的知识，时刻准备以丰富神仙信仰系统。信仰主体中很少部分是执行神经元似的单一行为，其活跃在系统内和环境中，也正是因为此种特性，使得系统内的自创造速度增快，并且由于神仙信仰主体的特性，神仙信仰系统与外部环境的信息交互十分频繁，使得神仙信仰系统与环境紧密相连并且与其他系统互渗。更确切地说，神仙信仰主体既是系统的唯一输入口，也是系统的输出口。输入通过主体进而到信仰对象、信仰实践，系统内的创造或系统状态的变化又通过信仰实践表现出来，进而影响其他系统或领域。例如李白既是文学造诣极高的诗人又是痴迷修仙问道的信徒，在他的诗文创作中，神仙观念与文学之间以李白为媒介交相呼应相互成就。这便是神仙信仰系统中主体的第二个不同于自然科学系统组成要素的地方。

除了系统本身与外部环境之间的相互作用外，神仙信仰系统内部的结构要素与环境的关系也极为密切。抽象的结构要素可以拆分为主体、对象、实践三部分，这三大结构要素绝不是静止的，在具体的层次上这三大结构要素也是在外部环境的作用中不断生成并处于演变中的。社会制度或结构的改变、思想观念的变化、信仰心理的形成等，政治的、经济的、文化的切实影响人的生存处境和精神状态的事物，这些历史根源与当代现实融合在一起构筑起信仰的群体甚至于主体[①]。具体的神仙信仰对象也在审美的、想象的、创造的、情感的实践心理影响下从空洞干瘪的理念变为骨血兼备丰满无比的对象。同样的信仰实践行为也因为观念的改变，不断结合技法而更具操作性。

在此基础上对神仙信仰的演变发展进行探讨，前文已经提过系统的演变发展需要转换函数和输入判定。输入产生于两种方式：一是系统内的自创造，二是和外部环境进行信息交换。首先是系统内的自创造，系统的自创造指在系统内部演变而产生的一系列内容，比如：炼丹或是后世提出的内丹说。炼丹的思想渊源于金石长寿，因而炼金服食亦

---

[①] 具体阐述详见《从神到仙：先秦时期神仙信仰的形成因素研究》第三、四、五章节。分别从神仙信仰主体的形成、对象的产生、实践方式的变化三大部分对神仙信仰的结构要素进行梳理。

可长寿的观念，炼丹又称为黄白之术，来源于神仙信仰系统内部的创造，而不来源于与外部环境信息交互产生。由于是系统内部的自创造和发展，因此其不涉及输入判定而就在输入判定基准范围内。第二种是源于与环境信息的交互，在引入外部环境中的思想观念、知识体系、实践方式时，存在着输入判定，以当前的系统具体规则和结构（机制）当做输入判定基准，以趋同性和合目的性为标准进行判定。例如在较早期燕齐之地产生的方仙道以及其群体倡导求不死药、寻神山等方式飞升、成仙。同时期以养生长寿方技为例，事实上养生方技在战国时代也风靡各地，但就现有的资料来看，最起码其在西汉以前并没有和神仙方术有联系（换句话说其并没有被引入神仙方术体系内），马王堆汉墓所处时间在西汉初期，马王堆汉墓出土的《五十二病方》《食气方》《养生方》《导引图》等养生术中并没有与神仙相合的地方，可以看出在汉初这两者属于不同的系统。

在医书《十问》中出现"形解"一词，"能者必神，故能刑（形）解"。有学者便联系这与方仙道所倡导的"形解销化"是一致的，联系上下文语境仔细考察的话，可以发现其表达的"形解"与神仙"形解"不是一种意思。现摘录如下："俗人芒生（性），乃持（恃）巫医，行年夌（七）十，刑（形）必夭狸（埋），颂（容）事白〈自〉杀，亦伤（伤）悲（哉）。死生安在，彻士制（制）之，实下闭精，气不（漏）泄。心制（制）死生，孰为之败？慎守勿失，长生累迣（世）。累迣（世）安乐长寿，长寿生于蓄积。坡（彼）生之多，尚（上）察于天，下播于地，能者必神，故能刑（形）解。"①其中提到俗世之人最多可以活七十岁左右形必夭亡，可以得知这个"形"字指的是身体和生命，下文提及闭气不漏，便可以由心控制生死立于不败之地，谨慎地守着"气"使其不泄便可以达到累世长生安乐，由此说长寿来源于蓄积，其生存在世上的时间越长，便可以上察天、下播地，而能上察天、下播地的人便是像神一般的存在（庄子所提及的神人），因此可以形解。根据上下文的文意梳理可以明确知道这个"形解"并不是使身体消失或进入与神共处的空间状态的意思，而是指通过闭气养精，人的身体可以逃脱死亡的命运，而长时间存在于这个世间。因此这个"解"字可以理解为把某种系着的东西打开，解开人之生必死形衰的命运。

至汉武帝时期少君献祠灶法，提出保寿进而求仙人封禅不死，大致从这一时期以后养生长寿方术才被大量纳入神仙方术体系内，《列仙传》中出现大量的养生术成仙的仙话便是证明。神仙方术与养生方术的合流便是系统与外部环境信息交互所产生的结果。现在话转回来，为什么养生方术可以和神仙方术合流，正是由于有关成仙规则的变化，

---

① 马王堆汉墓帛书整理小组编：《马王堆汉墓帛书》（肆），文物出版社，1985年，第148页。

长寿成为成仙所必须具备的一种条件，因此养生方术在进入系统时，由于其长寿这一目的与成仙的目的相合，得以被系统响应进而被引入神仙信仰系统中。大范围的融合使得神仙信仰系统的状态发生了极大的变化：从求仙人、求药、求神山转而进入人为修炼的新阶段。在历史上神仙信仰系统经历过不止一次地与外部环境信息大范围交互，由此使得神仙信仰的状态表现出极大的阶段性。郑土有先生也针对这几个时期的大体神仙信仰状态进行过总结，详情可以看其论著《晓望洞天福地：中国的神仙与神仙信仰》。总的来说神仙信仰系统内的自我创造和与环境信息交互这两种输入方式影响着神仙信仰系统演变和发展并使得不同时期不同阶段的神仙信仰具体状态大不相同。

## 结　语

自上一世纪神仙信仰研究兴起以来，大量的学者们从民俗学、文学、医学、宗教学、人类学等等各学科角度出发，对神仙信仰进行了大量的研究，成果卓著。神仙信仰以及神仙信仰文化何以如此璀璨磅礴？是什么使得其在历时性中保持自身，是什么使得其浩如烟海？在此问题下，结合霍兰的"涌现"理论，将神仙信仰的不断发展看做一个动态发展的系统，系统建立初始有自身的规则（神仙）以及结构（信仰主体、信仰对象、信仰实践），规则与结构紧紧环绕在一起，使得神仙信仰系统在自身的不断更新下以及与环境的交互中得以保持自身的活力并不断发展。

# 形神俱妙与阳神解脱

## ——从形神问题看唐宋之际钟、吕内丹道教的思想突破

新加坡国立大学中文系　邓盛涛

**内容提要**：从中国早期到中古时代，道家与道教对身体的认识基本上都在形神不二的身体观与形神分离的身体观之间徘徊；大体上说，早期道家传统主要将"神"看作是由形体生发出的一种心知作用，而佛教传统则主要将"神"认作是可完全与形体相分离的神识。在以上两种理解之外，晚唐五代的内丹家提供了对于形、神内涵的一种新的理解：通常意义下所认为的物质性的实体"形、气"与精神性的实体"神"在本质上其实是一致的，两者可以相互转化生成。钟、吕内丹道教通过修炼实践进一步肯认了形、精、气、神之间可以相互转化，从而在修道论上提出了炼精化气、炼气化神论。更进一步，这样的修道论也实际促发了从中古早期道家与道教传统注重形体解脱到钟、吕内丹道教注重形神俱妙的阳神解脱的转变。

**关键词**：形神观；钟、吕内丹道；炼精化气；炼气化神；形神俱妙；阳神解脱

在中国思想史上，身体观或者说形神观是一个受到广泛关注的话题，而道家或道教更是对其进行了颇为深入的探究与讨论。[①] 就早期道家的核心观照而言，其是以炼身修仙为旨归，即通过追求形体的长存而达到成仙的目的。南北朝隋唐以降，道教逐渐受到佛教的影响，开始对偏重于形体的修炼方式进行反思，而逐渐重视内在的心性修炼以追求无形状态下的长生。不过，衡诸道士修行的整体情况而言，这样的变化并非一蹴而就；一直持续到中晚唐时代，道士们依然面对着到底是重形还是重神的不同修行道路的抉择。到唐宋之际内丹道教逐渐兴起之后，这样的情况开始发生实质性的变化。

在以往的研究中，以张伯端为代表的北宋内丹新道教重视形神不二、性命双修已经

---

① 感谢本刊匿名评审的宝贵意见。

成为学界的共识。然而，这样的形神观以及修道论具体是如何从中唐道士在重神与重形之间徘徊的迷宫中突破而转变过来的？这个变化的转折点出现在哪里？目前学界对此一线索上的转变过程还缺乏较为清明的揭示与呈现。

缘此，本文希望以道家或道教形神关系的演变为线索，探究作为北宋内丹道教思想源头的唐宋之际的钟、吕内丹道教如何去重新理解形与神的本质义涵及两者间的内在关系，而这种对形神关系的重新认识又是如何影响到钟、吕内丹道教修道论与解脱论的转变的。本文以《钟吕传道集》为中心，同时辅以钟、吕其他的相关著作如《灵宝毕法》《西山群仙会真记》等[1]，尝试去寻找此问题的答案[2]。

## 一、形神不二抑或形神分离：中古道教的两种形神观

先秦道家看人的生命，一般而言分为形与神两个层次。形指的是人的躯体，精与气一般也可以被形所包括。而神，通常的理解是形体生发的一种心知作用。早在战国时代，庄子及其后学就曾言："无视无听，抱神以静，形将自正……目无所见，耳无所闻，心无所知，汝神将守形，乃乃长生。"（《庄子·在宥》）这里以形、神对文，形属于外，

---

[1] 《钟吕传道集》与《灵宝毕法》，根据道教传统的看法，为钟离权最重要的著述。然而，此两书是否为钟、吕二人所亲撰，抑或后人假托，未有定论。根据张广保的考证，此两书自北宋起，到南宋一直在社会上流传，与钟离权、吕洞宾、施肩吾有关，体现了钟、吕的内丹思想。见张广保：《唐宋内丹道教》，上海文化出版社，2001年，第96-99页。北宋曾慥所辑的《道枢》中也有大量关于钟、吕系内丹家的丹诀，其与《钟吕传道集》和《西山群仙会真记》中钟、吕的言论一致，这也从侧面印证了后者极可能为五代到北宋初年钟、吕系内丹家的作品。参见杨立华：《匿名的拼接：内丹观念下道教长生技术的开展》，北京大学出版社，2002年，第96页。此外，施舟人等学者也认为《钟吕传道集》与《灵宝毕法》极可能为钟离权述，吕洞宾编（元代之后才将作者归属于施肩吾），为广义的钟、吕内丹派的著作。Kristofer Schiper & Franciscus Verellen edited, The Taoist Canon: A Historical Companion to the Daozang (Chicago: University of Chicago Press, 2005), pp.801-802.

[2] 晚近学界开始对钟、吕有关注，先行的研究有：张广保：《唐宋内丹道教》；杨立华：《匿名的拼接：内丹观念下道教长生技术的开展》；袁康就：《钟吕内丹道教道德观念研究》，宗教文化出版社，2005年。郑灿山：《道教内丹的思想类型及其意义——以唐代钟吕〈灵宝毕法〉为论述核心》，《台湾宗教研究》第9卷第1期，2010年，等等。戈国龙的《道教内丹学溯源》（宗教文化出版社，2004年）一书中对神形问题与内丹学的解脱观念总括性的讨论，惠本文良多。以上的研究成果与笔者此文的研究立意与中心问题有别，侧重也有所不同；在述及相关问题时，在后文适当的地方笔者会与前贤进行具体的对话，并对其观点进行评述。

神属于内，而神大体上指的是人的心知作用。① 因为神这种心知的作用是依托于形体才有的，所以与形体之间是不离不杂的关系。所以庄子认为只有时时持守着，使这种心知返回到形体之中，形体才能长存。汉代道教兴起，在很大程度上依然接受了渊源自先秦道家的身体观。如太平道经典《太平经》云："人有一身，与精神常合并也。形者乃主死，精神者乃主生。常合即吉，去则凶。无精神则死，有精神则生。常合即为一，可以长存也。"② 《太平经》似乎也认为精神为人的心知作用，而精神与人的形体存在着相互的作用。只有精神与形体时常合而为一才能长生；因为形体有了精神才意味着其处于有生命的状态，如果没有精神，形体则会死去。

在这种形神不二的身体观之下，汉魏以来的道教修行者主张不能舍形而求道；其强调养生、贵生，而养生的重点则在养形，通过养形进而达到养神的效果。③ 具体而言，通过外丹的服食以及各种形体的修炼使得"神"和"形"永远结合在一起④，而让肉体长生不死或肉体飞升而成仙。譬如，东晋葛洪《抱朴子内篇·论仙》云："按《仙经》云：上士举形升虚，谓之天仙。"⑤《抱朴子内篇·至理》称："河南密县，有卜成者，学道经久，乃与家人辞去，其始步稍高，遂入云中不复见。此所谓举形轻飞，白日升天，仙之上者也。"⑥ 可见，葛洪认可举形升天即修炼形体使之永存并藉此形体飞升的这种成仙的方式。

然而，自汉魏以来，佛教传入中国之后，对中国传统的身体观带来了极大的更新。佛教固然也承认现实时空中的生命所具有的形、神的两个层面。就人的形体而言，是由地水火风四大构成，可以说也是一种物质性的存在。然而，佛教对神的理解与中国早期道教传统相比，却有着显著的不同。佛教认为，神并不仅仅是由形体而生发的一种心知作用，而是可以在脱离形体之后还能以某种形式独立存在于宇宙中；所以神与形有着本质上的差异。⑦ 神在脱离形体之后，还以一种独特的生命形式存在于时空之中，所谓"形尽神不灭"。因此，佛教承认死后的世界，认为现实中生命的形体衰亡之后，而作为生

---

① 参见钱穆：《庄老通辨》，台湾联经出版公司，1994年，第255页。
② 王明编：《太平经合校》，中华书局，2014年，第734页。
③ 如《吕氏春秋》有养生与贵生之说。参见许地山：《道教史》，中华书局，2015年，第82-87页。
④ 如东汉中期以来，主流道派所崇尚的外丹黄白之术。
⑤ 葛洪、王明校释：《抱朴子内篇校释》，中华书局，1985年，第20页。
⑥ 葛洪、王明校释：《抱朴子内篇校释》，中华书局，1985年，第115页。
⑦ 中国本土思想已有将神理解为可离开形体而存在的例子。钱穆：《庄老通辨》，第285页。然而，这样的思想似不甚显。佛教则特别强调与形体相异的作为人的超越主体的"神"的意涵。

命另一表征的神识则进入另一个世界，而成为因果报应和轮回转生的载体。①基于这种形神观之下生命的理解，佛教认为修行的关键，其实在于修炼神识，而形体只不过是神识短暂的寓所。更有甚者，将形体认作是"臭皮囊"，其为污秽不净之物的汇聚②，所以应当破除对形体的贪恋与执着，内炼神识，才能最终获得解脱。

自魏晋南北朝以来，佛教的这种形神观在中国逐渐流播开之后，对道教以形体长存为鹄的炼身修仙之道造成了不小的冲击。比如南朝刘勰于《灭惑论》说："夫佛法炼神，道教炼形。形器必终，碍于一垣之裹；神识无穷，再抚六合之外。明者资于无穷，教以胜慧；暗者恋其必终，诳以仙术。"③由此可见，佛教批判道教只是注重炼形，而形所对应的时间和空间是极为有限的。而佛教所说的"神识"才是对应着无穷的时空。因而，在刘勰看来，佛教的炼神无疑是远远高出道教炼形的。北周末期道安《二教论》云："无生无始，物之性也；有化有生，人之聚也。聚虽一体，而神形两异；散虽质别，而心数弗亡。故救形之教，教称为外；济神之典，典号为内。"④道安指出，人的形体是有化有生、有聚有散的，而"神"是无生无始的永恒本性，不随着形的消散而灭亡。依道安之见，道教只是注重外在形躯的修炼，所以是不究竟的"救形之教"；而只有佛教才能够真正使得人的神识抵达不生不灭的永恒本性，所以佛教的经典称为"济神之典"。由于受到佛教的影响，南朝齐梁间的道士陶弘景对形神问题进行了进一步思考："凡质象所结，不过形神。形神合时，则是人是物。形神若离，则是灵是鬼。其非离非合，佛法所摄；亦离亦合，仙道所依。"⑤陶弘景同时承认了道教与佛教的形神观，也就是存在形神合与形神离的情形；基于此，他强调修炼形体如同烧炼器物，"以药石炼其形，以精灵莹其神，以和气濯其质，以善德解其缠，众法共通，无碍无滞"⑥，也就是说只有形神兼修，

---

① 必须指出，在佛教传入以前，中国已有灵魂与来世的观念。Yu Ying-shih, "'O soul, Come Back!' A Study in the Changing Conceptions of the Soul and Afterlife in Pre-Buddhist China", *Harvard Journal of Asiatic Studies,* No.2 (1987), pp.363-395. 然而，正是由于佛教轮回思想的磁化，使得汉魏之后作为超越主体的神识或灵魂的思想具有极为深透与广泛的影响力。Lo Yuet Keung, "From a Dual Soul to a Unitary Soul: The Babel of Soul Terminologies in Early China", *Monumenta Serica*, Vol.56(2008), pp.23-53.

② 如后秦鸠摩罗什所译的《禅法秘要经》中描述了多种观身不净的方式，如白骨观、津腻惭愧观、薄皮不净观、厚皮虫聚观等。鸠摩罗什：《禅法秘要经》卷1，《大正藏》第15册，第243-251页。

③ 刘勰：《灭惑论》，僧祐撰，李小荣校笺：《弘明集校笺》，上海古籍出版社，2015年，第416页。

④ 道安：《二教论》，见道宣：《广弘明集》卷8，《大正藏》第52册，第136页。

⑤ 陶弘景：《答朝士访仙佛两法体相书》，见《全上古三代秦汉三国六朝文》，中华书局，2016年，第3216页。

⑥ 陶弘景：《答朝士访仙佛两法体相书》，见《全上古三代秦汉三国六朝文》，第3216页。

才能真正达到寂灭解脱、了无障碍的境地。

可见，佛教拓展了中古道教（包括道家）对形、神问题的理解，但与此同时也给道教自身的发展带来了危机与挑战。一方面，如果接纳佛教所提倡的神识远远重于形体，那么神识契入真如本体就成为修行的核心目的。以此而言，道教似乎就应当放弃修炼形体的传统，如此，道教就完全走上了佛教的道路，其自身存在的价值与意义也变得荡然无存。另一方面，如果回归早期道教炼身修仙的本怀，那么道教还是应当注重养生炼形，以求得形体之长存而成仙。然而，这样却无法回应来自佛教的批判，即道教对于人的终极解脱之道的认识并不彻底。

魏晋南北朝以降，道士在修炼中基本上在重神与重形之间徘徊，这两种基于不同形神观而形成的修道论之间的内在矛盾始终没有得到很好地解决。[7] 约成书于魏晋时代的《西升经》言："伪道养形，真道养神，真神通道，能亡能存。"[8] 依此，《西升经》认为真道应重视养神，而非养形。因为人的神可以通达到道，通过对心、神的修炼，通达道体，以获得解脱。然而，《西升经》也说："老君曰：神生形，形成神。形不得神，不能自生，神不得形，不能自成。形神合同，更相生，更相成。"[9] 此即主张神生于形，形生成神，形神相合以至于相生相成时才构成完整的生命。因此，道教修炼必须建基于形，形神兼顾。[10]

事实上，道教内部对于修炼之中到底是应该偏重形还是偏重神的问题的省思一直持续不断，并一直延伸到中晚唐时代。比如，中晚唐时的高道吴筠（？-778）就给我们呈现了这两种修道论之间的张力。《玄纲论》云：

> 或问曰：道本无象，仙贵有形，以有契无，理难长久。曷若得性遗形者之妙乎？愚应之曰：夫道至虚极也，而含神运气，自无而生有。故空洞杳冥者，大道无形之形也。天地日月者，大道有形之形也。以无系有，以有合无，故乾坤永存，而仙圣不灭。故生者，天地之大德也。所以见六合之广，三光之明者，为吾有形也。若一从沦化，而天地万物尽非吾有，即死者人伦之荼毒也。是以

---

[7] 张广保已指出道教生命观存在的重神与重生之间的矛盾；此点对笔者启发颇多。见张广保：《唐宋内丹道教》，第336页。

[8] 《老子西升经》，《中华道藏》册8，华夏出版社，2005年，第233页。

[9] 同上，第244页。

[10] 可参李刚：《伪道养形，真道养神——〈西升经〉的形神观探险》，《宗教学研究》2009年第1期，第28-40页。

炼凡至于仙，炼仙至于真，炼真合乎妙，合妙同乎神，神与道合，即道为我身。所以升玉京，游金阙，能有能无，不终不殁，何为理难长久乎？若独以得性为妙，不知炼形为要者，所谓清灵善爽之鬼，何可与高仙为比哉？①

  由与吴筠同时代的人所提出的疑问我们可见，其认为早期道教贵形的修仙之术并不能契入本无形象的道，而真正修仙之妙在于得其性而遗其形体。从这样的理解之中，我们已然可以嗅到佛教重神轻形的气味。从吴筠的回答来看，他认为大道本身是有无形之形与有形之形的；这两者之间相互作用——以无系有，以有合无，所以天地乾坤才能永远存在，而仙圣才能永恒不灭（正是因为有形体，修仙才得以成为可能，如果没有形体，修仙则无从说起）。对应于此，吴筠认为人的生命其实也包含了无形与有形两种层次，换言之，即人是形与神的统一体。因此，凡人在修炼的过程中，要以炼形为基础，逐渐地使得其神与道相合；即人的身体与道相合为一，所以才能出入有无，永离生死，成为永恒长久之神仙。倘若只是为了求得其性，而偏废炼形，这样只能成为清灵善爽之鬼，而不能成为仙人。吴筠以形神兼顾的立场反驳了重性（神）轻形之说。需要说明的是，作为吴筠前辈的司马承祯（647-735）其实早已表达过他在修道论上形神兼顾的立场，吴筠的观点可能也受到其说法的影响，司马承祯说："形随道通，与神合一，谓之神人。神性虚融，体无变灭，形与道同，故无生死。隐则形同于神，显则神同于形，所以蹈水火而无害，对日月而无影，存亡在己，出入无间。身为滓质，犹至虚妙，况其灵智益深益远乎！"②可见，司马承祯认为得道的神人一定是形神合一的。这样的神人首先其体、神、性达到冲虚融和的境地，所以不会有变化与生灭；而其形体能够与神、性相合同，转其渣滓之质而为虚妙之体，所以才能真正地脱离生死。

  颇为值得注意的是，吴筠在形神兼顾的立场之下，又同时发出了反对太注重形体的声音："夫人之所以死者，形也；其不亡者，性也。圣人所以不尚形骸者，乃神之宅，性之具也，其所贵者，神、性尔。若以死为惧，形骸为真，是修身之道，非修真之妙矣！"③依吴筠之义，人的形体固然有生有死，但死的只是形体，而神、性却永远不灭。老庄之所以不崇尚形骸，只是因为形骸是神、性的器具、居舍。如果把人的形体看成真实，想要始终使之长存，这样其实并非了达了修真的妙道。吴筠此话的言下之意，即人的形体

---

① 吴筠：《玄纲论》，《中华道藏》册26，第67页。
② 司马承祯：《坐忘论》，《中华道藏》册26，第33页。
③ 吴筠：《玄纲论》，《中华道藏》册26，第66页。

只是人神性的短暂寓所，人修身成仙的真际还是在神、性。①

由此可见，从先秦到中晚唐时期，道家与道教大体上是在形神不二的身体观与形神分离的身体观之间徘徊，这两种不同的身体观使得道家与道教的修道论在重形轻神、重神轻形与形神兼顾之间游移不定。②那么道教自身是否能从这种重形与重神的内在张力之中突围呢？

## 二、炼形化气与炼气化神：钟、吕内丹道教形神观的突破

中晚唐以来，由于道教对佛教思想进一步地吸收，也因为道教外丹术在实践中所遭遇的种种困难（如烧炼外丹费用甚巨、外丹烧炼失败、服用外丹中毒、服用外丹难以获得真正的解脱等），通过服食外丹而使肉体长生不死与肉体飞升的追求日趋淡化，道士们从而转向对内修超脱之路的重视。③通过内在的修炼，道士们对宇宙与生命的生成有了更深的理解；到晚唐五代时期，道士们逐渐发现了一条可以消融重形与重神内在张力的新的解脱道路。

譬如，五代时的谭峭（860？-968？）于《化书·死生》云：

> 虚化神，神化气，气化血，血化形，形化婴，婴化童，童化少，少化壮，壮化老，老化死，死复化为虚，虚复化为神，神复化为气，气复化为物，化化不同，由环之无穷。④

> 道之委也，虚化神，神化气，气化形，形生而万物所以塞也。道之用也，形化气，气化神，神化虚，虚明而万物所以通也。是以古圣人穷通塞之端，得

---

① 卢国龙认为吴筠重视形与神；同时，吴筠也以神与性相发明，因此有养性而形不亡的说法，这可以看作是唐宋之际道教内丹术中性命双修说的先导。卢国龙：《中国重玄学》，人民中国出版社，1993年，第394页。

② 张广保指出，在中国传统文化中存在着两种生命观，一种为世俗的生命观，另一种为宗教的生命观。世俗的生命观认为"生命乃形神二者的统一体，精神系依赖肉体而存在"，宗教的生命观认为"神（灵魂）脱离形体之后，还有其独立的生命存在形式"。此"两种不同的生命观导致了道教两种超越观，使得道教思想家们在论及超越问题时，常常互相矛盾，前后冲突"。张广保：《唐宋内丹道教》，上海文化出版社，2001年，第339-340页。笔者对于先秦至中古早期的两种形神观的揭示与勾勒直接受到张先生以上观点的启发。当然这样的归纳可能还显得粗糙，未必能穷尽中国早期至中古时期形神观的全貌，但是以此来理解唐宋之际内丹家形神观的变化，不失为一个可资参照的视角。

③ 参杨立华：《匿名的拼接：内丹观念下道教长生技术的开展》，第89-93页。

④ 谭峭：《化书》，中华书局，1996年，第13页。

造化之源，忘形以养气，忘气以养神，忘神以养虚，虚实相通，谓之大同。①

谭峭描述了他观察到的宇宙间的一个现象，"虚"可以化生出"神"，"神"可以化生出"气"，气的集聚可以产生"形"（形体）。而人老死之后形体又化变为气，气又化变为神，神又化变为虚。"神""气""形"被看成是同一的物体的不同呈现形态，而这些不同的形态在一定的条件下可以相互转化。谭峭将这一"神""形"之间的关系，比况为水、冰的关系。《化书》云："是故形不灵而气灵……水至清而结冰不清，神至明而结形不明。水泮返清，形散返明。"②谭峭认为神、气本是至灵的，但是一旦结成形，就滞碍不通了；就如同本来是至清的水结成了冰一样，就变得不清明流通了。而冰融化成水之后又变得清明，就如同形散为神之后又返回到灵明的状态。③

我们从谭峭所肯认的虚—神—气—形这一化生的脉络可见，虽然"神"在"气"与"形"先，但是并非精神实体产生物质质料的那种意味的先，而更多只是倾向于表明"神"是"形"与"气"的更为精微的存在形态。④因此，在早期道教传统将"神"看作是由形体生发出的心知作用与佛教传统将"神"认作是可完全与形体相分离的神识之外，晚唐五代的内丹家提供了对于神、形内涵与关系的新的理解。在这种新的理解框架中，通常意义下所认为的物质性的实体"形、气"与精神性的实体"神"在本质其实是一致的，形、神之间可以在一定的条件下相互转化生成。⑤谭峭所提出的气、神转化论与早期钟、吕系内丹家炼形成神论应当属于同一个场。钟、吕可能受到谭峭等道士的启发或者其通过独立的内修实践，也同时发现，形、精、气、神之间皆是可以相互转化生成的。不过，需要注意的是，形、气、神之间可以相互转化，这个认识最早源自于何时，还有待细考。然而，到晚唐五代，此想法才成为道教修炼者颇具共识的、较为流行的思想。⑥晚唐五代的道教修炼者，是从内丹实证修炼的角度去提出并印证此点，与前人从知性的角度所约略提及的形、神可相互转化有所不同；更为重要的是，钟、吕内丹家对"神"有一种基于实证修炼的新的理解，而不仅仅是将神理解为一种心知作用。后文我们将进

---

① 谭峭：《化书》，第1页。
② 谭峭：《化书》，第14页。
③ 参杨立华：《匿名的拼接：内丹观念下道教长生技术的开展》，第147页。
④ 参杨立华：《匿名的拼接：内丹观念下道教长生技术的开展》，第147页。
⑤ 参杨立华：《匿名的拼接：内丹观念下道教长生技术的开展》，第147页。
⑥ 如晚唐五代的内丹家施肩吾、彭晓等，也通过内丹的修炼肯认形神之间可相互转化。参卿希泰：《中国道教史》卷二，四川人民出版社，1992年，第520-525页。晚唐五代上清派的道士杜光庭也认为形神相生相成，精、气、神之间可以相互转化。孙亦平：《唐宋道教的转型》，中华书局，2018年，第158-159页。

行说明。

处在唐末五代的钟离权、吕洞宾所开启的钟、吕内丹道教①，基本继承并发展了此种形神相互转化的形神观，从而在修道论上走出了一条新的道路。钟、吕云：

> 人之生也，形与神为表里。神者形之主，形者神之舍。形中之精以生气，气以生神。液中生气，气中生液，乃形中之子母也。②

> 以己身受气之初，乃父母真气两停，而即精血为胎胞，寄质在母纯阴之宫，阴中生阴，因形造形，胎完气足，而堂堂六皆属阴也，所有五点元阳而已。必欲长生不死，以炼形住世而劫劫长存；必欲超凡入圣，以炼形化气，而身外有身。③

在钟、吕看来，人的生命以形、神为表里。神是形的主宰；而形是神之居舍。但同时形是神的基础，正是形中之精化生出气，气才化生出神。可见，钟、吕认同形、气、神之间是可以相互转化的。④同时，就阴阳来看，形是属于阴，神是属于阳。因为人的躯体以及体内的一切器官有形有象，所以是属于阴。而如果只是如外丹道教那样通过服食外丹与练习各种内修术以追求属阴的形躯的长存，钟、吕认为虽然对形体的长生有一定的效果，但是那样的方式其实还不是究极的成仙解脱法门。钟、吕系内丹家固然也注重炼形，但是他们对"形"的理解在整体上已然超出了早期道教与中古外丹道教的深度与规模。"形"固然是属于物质性的阴质之体，但是钟、吕通过自身的内丹的实际修炼却窥探到此近乎纯阴之体的"形"之中其实还蕴藏着不为人知的秘密。这个秘密之所在正是人能炼形化气而使得人的形体变为纯阳之体得以成为可能的前提；而人通过炼形化气变为纯阳之体，则是人能超凡入圣而历劫长存的关键之所在。

这个秘密就在于，钟、吕通过自身的修炼实践点出此变化得以发生就源自人阴质形体中的"五点元阳"。此"五点元阳"又来自何处呢？钟、吕认为，人之有元阳，是因为父母真气、真水的交合，父体的真气是阳，母体的真水是阴，之后阴阳互索而精血化生为包含元阳真气的胎胞，胎胞在纯阴子宫中积日累月，阴承阳生，气随胎化，三百

---

① 关于钟、吕的生平与活动，可参卿希泰：《中国道教史》卷二，四川人民出版社，1992年，第746—754页。张广保：《唐宋内丹道教》，第83—138页。
② 钟离权、吕洞宾：《钟吕传道集》，中华书局，2018年，第98页。
③ 钟离权、吕洞宾：《钟吕传道集》，中华书局，2018年，第99页。
④ 《西山群仙会真记》引《太上隐书》云："形为留炁之舍，炁为保形之符，欲留形住世，必先养炁。至大至刚，充塞乎天地之间，炁聚神灵，遨游风尘之外。善养生者养其形，善养形者养其炁。"这也揭示出形、气与神之间可以相互转化。施肩吾述：《西山群仙会真记》，中华书局，2018年，第181页。

日胎圆而元阳造化成人，其后那五点元阳就隐藏在人的形体之中；它也就成为钟、吕所说的内丹炼形的本源性起点。

由此五点元阳开启了炼形化气、炼气化神的具体内丹修炼之路。① 钟、吕云：

> 铅在肾中，而生元阳之气，气中有真一之水，视之不可见也。铅以得汞，汞生正阳之气。以正阳之气烧炼于铅，铅生气盛，而发举于真一之水，可以上升。然而汞本正阳之气，即真一之水，而为胞胎，保送在黄庭之中，是龙虎交媾。②

先天的一点元阳藏在肾中，即是肾精或肾气，由肾精而生真气。所谓"真一之水"，即是肾气中的无形之水。而纯阳之气藏于此"真一之水"中，便是钟、吕所认为之"阳龙"。肺属阴，能隔绝心的"余阳"，因此心中之液至肺则为纯阴，这个纯阴之液，称为阴虎。肾中的真一之水因水恋心液的关系，会上行与心液相交。心液中的无形之气则称为"正阳之气"。这样，真一之水与心液、正阳之气与肺气相合，"传行之时，以法制之"③，所以真一之水与正阳之气相逢，此正所谓"龙虎交媾"④，因而"日得黍米之大。百日无差，药力全。二百日，圣胞坚。三百日，胎仙完"⑤。对此一真阴真阳交合结成圣胎的过程，钟、吕又云："论其交合生成，乃元阳一气为本。气中生液，液中生气。肾为气之根，心为液之源。灵根坚固，恍恍惚惚，气中自生真水。心源清净，杳杳冥冥，液中自有真火。火中识取真龙，水中认取真虎。龙虎相交而变黄芽，合就黄芽而结成大药，乃曰金丹。金丹既就，乃曰神仙。"⑥ 以元阳一气为本，肾中之气生液，心中之液生气。尤需注意的是，钟、吕强调炼形时需要心源清净，也就是没有任何不净的杂念。而在炼精化气的过程中，火候的度是极为重要的；如果有不净念的话，很可能会引发火候过强，难以控制，由此而导致前功尽弃。只有调整好火候，肾中的真火才能辨认出真龙，心中的真液才能辨识出真虎。真龙与真虎相交，才变为黄芽。合此黄芽才能结成大药，即金丹。而此后半过程所述即炼气化神的过程。

---

① 必须指出，虽然炼形化气、炼气化神的观念至迟在隋唐之际就已出现，但是直到内丹学兴起之后，这样的观念才更广泛地被内丹家接受。杨立华：《匿名的拼接：内丹观念下道教长生技术的开展》，第63-65页。而钟、吕可以说是创造性地重新阐发了炼形化气、炼气化神的观念。
② 钟离权、吕洞宾：《钟吕传道集》，中华书局，第81页。
③ 钟离权、吕洞宾：《钟吕传道集》，中华书局，第72页。
④ 对此条引文的以上分析，笔者参考了高丽杨的解释，见高丽杨点校：《钟吕传道集》之"前言"，第32页。
⑤ 钟离权、吕洞宾：《钟吕传道集》，中华书局，第72页。
⑥ 钟离权、吕洞宾：《钟吕传道集》，中华书局，第66页。

同时，钟、吕也将此过程看成是内炼铅汞的过程。受胎之初隐于肾中的元阳真气称为"内铅"，心液中的正阳之气则称为"内汞"。而这个心之液，则称为"内砂"。这样，气中的真液之水，与液中的正阳之气相合，积而为胎，传到黄庭。如果掌握火候没有差谬的话，胎仙则就此生成。钟、吕指出，开始的时候真一之水内蓄正阳之气，所以是属于"阴留阳"的阶段，其后则是"用阳炼阴。气变为精，精变为汞，汞变为砂，砂变为金丹。金丹既就，真气自生，炼气成神而得超脱"[1]。

接下来的问题是，此炼形化气、炼气化神而成的"金丹"究竟为何呢？以及此金丹是放置在何处呢？

> 所谓丹者，非色也，红黄不可以致之。所谓丹者，非味也，甘和不可以合之。丹乃丹田也。丹田有三：上田神舍、中田气府、下田精区。精中生气，气在中丹。气中生神，神在上丹。真水真气合而成精，精在下丹。奉道之士莫不有三丹。然而气主于肾，未朝于中元；神藏于心，未超于上院。所谓精华不能返合，虽三丹终成无用……肾中生气，气中有真一之水，使水复还于下丹，则精养灵根，气自生矣。心中生液，液中有正阳之气，使气复还于中丹，则气养灵源，神自生矣。集灵为神，合神入道，以还上丹，而后超脱。[2]

钟、吕指出，此金丹并没有颜色、也没有气味。他们把生丹的丹田分为三种：上方的成为"神舍"，中间的称为"气府"，下面的称为"精区"。由精中所生的气在中丹田，而由气中所生的神在上丹田，真水、真气相合所成的精在下丹田。但是如果"气主于肾，未朝于中元；神藏于心，未超于上院"，那么精华就不能返合于下丹田。

因此，肾中的气包含有真一之水，要让此水返还于下丹田——精区，才能精养灵根，元气才会源源不断地产生。心中所生的心液中有正阳之气，要让此气复返于中丹田——气府，此气才能养护灵源，神才能源源不断地生发出来。再不断地集聚此灵，复归于上丹田——神舍，就可以合神而入道了。而此整个过程即钟、吕所言的"炼精生真气、炼气合阳神、炼神合大道"[3]。而钟、吕的形、气、神相互转化的形神观以及炼形化气、炼气化神的修道论深刻影响了北宋新道教，如金丹南宗的张伯端的形神兼顾、性命双修

---

[1] 参高丽杨点校：《钟吕传道集》之"前言"，第33—34页。钟、吕也以日月之变对炼气化神之路做出了形象的说明："月受日魂，以阳变阴，阴尽阳纯，月华莹净，消除暗魄，如日之光辉照耀于上下。当此时，如人之修炼，以气成神，脱质升仙，炼就纯阳之作也。"钟离权、吕洞宾：《钟吕传道集》，中华书局，第57页。

[2] 钟离权、吕洞宾：《钟吕传道集》，中华书局，第93—94页。

[3] 钟离权、吕洞宾：《钟吕传道集》，中华书局，第62—63页。

的修道论的提出。① 从更广的视角来看，这样的思想也超越了道教的范围，影响到北宋道学家，如张载虚、气、形相关转化的认识。②

## 三、从"形气"到"阳神"：钟、吕内丹道教的阳神解脱论

钟、吕虽然强调炼形集气以至于神，方才是究竟旨归，但是钟、吕并不否认，在炼形化气、炼气化神的过程中，同时也带来了人阴质形体本身的变化：

> 金液炼形，则骨体金色而体出金光，金花片片而空中自现，乃五气朝元，三阳聚顶，欲超凡体之时，而金丹大就之日。若以玉液炼形，则肌泛阳酥而形如琪树、琼花、玉藻。更改凡体而光彩射人，乘风而飞腾自如，形将为气者也。奉道之士，虽知还丹之法，而炼形之功亦不为小矣。③

经过"玉液炼形""玉液还丹""金液炼形""金液还丹"等功夫，炼形化气以成神，因此形体或变成金色而发出金光，或此形体变得光彩照人，乘风飞腾自如。④ 所以钟、吕亦云："炼形成气，而轻举如飞。"⑤ 由此可见，虽然是内炼气神，以还神舍，但是对于阴质形体而言，也产生了不小的积极效果。不过，钟、吕认为到达这一步，还只是小成的地仙，也就是说只是修炼了形躯，依靠此修炼过的形体可以在世间长久地生存。⑥

另一方面，倘若没有经历炼形化气、炼气化神的内丹修炼过程，只是采取佛教的修行之法，诸如禅定等，在钟、吕看来其实也是存在问题的。他们说："修持之人，始也不悟大道，而欲于速成。形如槁木死灰木，心若死灰，神识内守，一志不散。定中以出阴神，乃清灵之鬼，非纯阳之仙。以其一志阴灵不散，故曰鬼仙。虽曰仙，其实鬼也。

---

① 张伯端推崇形神兼顾与性命双修，以实现与佛教不同的道教所独有的终极解脱。这其中待发之覆尚多，笔者另拟撰文讨论。参孔令宏《道教新探》，中华书局，2011年，第191-203页。张伯端与钟、吕思想的关联，参孔令宏《道教新探》，第118-127页。

② 限于篇幅，容后另详。张载与道家、道教思想的关联，参孔令宏《宋代理学与道家、道家》，中华书局，2006年，第167-191页。

③ 钟离权、吕洞宾：《钟吕传道集》，中华书局，第102页。

④ 孔令宏认为钟、吕炼形化气的思想可能也受到尸解成仙思想的影响：即形体是不能直接随神飞升，只能通过转化为气，再转化为神，形也就随之转到神，最后以神的形式飞升。孔令宏：《宋明道教思想研究》，宗教文化出版社，2002年，第57页。

⑤ 钟离权、吕洞宾：《钟吕传道集》，中华书局，第69页。

⑥ 钟离权、吕洞宾：《钟吕传道集》，中华书局，第46-47页。

古今崇释之徒，用功到此，乃曰得道，诚可笑也。"① 依钟、吕之见，修禅定到达一定的程度，神识虽然也可以出于形体之外，但是所出的只是"阴神"，而这种阴神只是清冥的魂灵，而非纯阳的神仙。② 钟、吕对此解释道："神像不明，鬼关无姓，三山无名。虽不轮回，又难返蓬瀛。终无所归，止于投胎就舍而已。"③ 就是说，这种阴神虽然能出于形体，但是不能返还仙界。因此，只是不断地到不同的躯体中次第投胎以居。《道枢·坐忘篇》亦云："由是观之，心识者，为阴阳所陶铸，安能自定哉？所以贵乎形神俱全者，盖以此也。"④ 据此，在内丹道教看来，佛教所言的"神"，只是心识，虽然可以脱离形体，但是还不足以自定；所以它还不是"神"的全体。那么钟、吕内丹道所追求的形神俱全的全体之神为何呢？

其实，我们前一部分的讨论已经涉及，就是通过炼形化气、炼气化神的内丹修炼之路而成的"阳神"。那么到底如何来理解"阳神"呢？大体上说，在中国早期人们普遍认为"魂气归于天，形魄归于地"（《礼记·郊特牲》），即人逝去后化为鬼，其魂气属阳归于天，谓之神；而形魄属阴归于地，谓之鬼。所以阳神一般指归向于天的人的魂。东汉的道教丹经《周易参同契》云："阴阳为度，魂魄所居，阳神日魂，阴神月魄。魂之与魄，互为室宅。"⑤ 魏伯阳同样认为阳神与魂密切相关，并以为阳神为太阳的魂。在《云笈七签》所收宋以前道教经典中，阳神一词虽然也曾出现，但大多与"三魂"或人的魂紧密相连。⑥ 五代的道士彭晓用外丹术的概念来阐释内丹术，在他那里，"阳神"一词开始与人内丹修炼之后的某种精神状态发生联系。⑦

到了钟、吕内丹道教的修炼体系中，则从一个新的角度来重新理解阳神或者说是重

---

① 钟离权、吕洞宾：《钟吕传道集》，中华书局，第45页。
② 需要说明的是，这是钟、吕对禅宗修定的理解；倘若以唐末五代禅宗祖师的立场来看，他们也许并未认同此种说法。然而，我们由此可以推知钟、吕内丹道与禅宗在修行着重点上存在着某些根本的差异。限于篇幅，暂不详及。
③ 钟离权、吕洞宾：《钟吕传道集》，中华书局，第45页。
④ 曾慥编集：《道枢》，中央编译出版社，2017年，第13页。
⑤ 魏伯阳：《周易参同契》，《中华道藏》册16，第24页。
⑥ 例如《云笈七签》引《内观经》云："天地构精，阴阳布化，人受其生。一月为胞，精血凝也；二月为胎，形兆胚也；三月阳神为三魂，动以生也。"张君房编，李永晟点校：《云笈七签》，中华书局，2015年，第653页。
⑦ 彭晓云："气乱神疲，魂伤魄瘁，以致阳神逃于官宅。"彭晓：《周易参同契分章通真义》，卷上。又云："复有通德三光，游精八极，服金砂而化形质，饵火汞以炼精魂，故得体变纯阳，神生真宅。"彭晓：《周易参同契分章通真义·序》。这里，阳神虽不必然作为一个复词，但是其实质已颇为接近钟、吕的"阳神"观念。

新界定了在其内丹修炼体系中的"阳神"。据笔者考察,"阳神"一词在《钟吕传道集》中一共出现十三次,而每一次出现的"阳神"一词都不是仅仅简单地指人的魂的涵义,而是与炼形化气、炼气化神的内丹修炼密切相关。如钟、吕云:

> 真气生而五气朝中元,阳神就而三神超内院。紫金丹成,常如玄鹤对飞;白玉汞就,正似火龙涌起。金光万道,罩俗骨以光辉;琪树一株,现鲜葩而灿烂。或出或入,出入自如;或去或来,往来无碍。殷神入体,且混时流,化圣离俗,以为羽客。①

> 定息内观,一意不散,神识俱妙,静中常闻乐声。如梦非梦,若在虚无之境。风光景物,不比尘俗;繁华美丽,胜及人世。楼台宫阙,碧瓦凝烟;珠翠绮罗,馨香成阵。当此之时,乃曰超内院,而阳神方得聚会而还上丹,炼神成仙以合大道。一撞天门,金光影里以现法身,闹花深处而坐凡体。乘空如履平川,万里若同展臂者。若也复回,再入本躯,神与形合,天地齐其长久。若也厌居尘世,寄下凡胎而返十洲,于紫府太微真君处,契勘乡原,对会名姓,较量功行之高下,得居三岛而遨游,永在于风尘之外,名曰超尘脱凡。②

在钟、吕看来,此阳神即统合形气之后所显之神,并非仅仅只是单纯地禀自于先天的神识、心识或者人死后归向于天的魂灵。具体而言,经过前文所述的龙虎交媾、抽铅添汞、玉液炼形、玉液还丹、金液炼形、金液还丹等内在修炼功夫,真炁不断被凝炼;在这个过程中也通过内观来凝聚气所化的神,之后真气就能够朝向中元,从而进入内院返还上丹田,而变为纯阳的阳神。③需要注意的是,在这一过程中,钟、吕极为强调内观以心境纯一才能凝神聚气,变阴质之体为阳神,而由凡入仙。④如《灵宝毕法》云:"一气归一心,心不可为物之所夺;一心运一气,气不可为法之所役。心源清彻,一照万破,亦不知有物也。"⑤整个修炼的过程的最后部分也是炼神成仙以合大道。在这样的层次,

---

① 钟离权、吕洞宾:《钟吕传道集》,中华书局,第91页。
② 钟离权、吕洞宾:《钟吕传道集》,中华书局,第108-109页。
③ 施肩吾也认为阳神是由真气凝炼而成,其言:"夫修养真气,真气既成,而锻炼阳神。"施肩吾述:《西山群仙会真记》,第236页。
④ 钟离权、吕洞宾:《钟吕传道集》,中华书局,第116页。吕洞宾亦言:"古今达士,闭目冥心,以入希夷之域,良以内观而神识自在矣。"钟离权、吕洞宾:《钟吕传道集》,中华书局,第109-110页。
⑤ 吕洞宾、钟离权:《灵宝毕法》,收入袁康就《钟吕内丹道教道德观念研究》附录,第312页。

此阳神能够在宇宙之中出入自如，往来无碍，所以其为人的身外之身①，也即是色身之外的真身，幻形之外的真形。

从此条文献对阳神功能的描述看来，与佛教所谓意生身有相类似的效用。然而，所不同之处在于，佛教的意生身仅仅是通过修炼禅定之法而人的神识出窍，而阳神则为炼体内的气，由气的凝聚而化生的。如果我们问一个问题，这个阳神到底是有形的还是无形的呢？有学者认为，阳神舍弃形体，"身形中的真气亘古常在，而且作为'心识'或'慧觉'的依托，人的性灵与真气结合，才是内丹道教所追求的无相真身，也就是阳神"。②笔者部分同意此看法，但对于阳神必定是无相的说法还持保留态度。一般来说，在人体中所有具体形质东西都是属于阴的，如人的四大一身③；而人体中无具体形质但又是真实存在的东西则属阳，如真气等。因而，据笔者推测，钟、吕所言的阳神应当是人眼、耳、鼻、舌、身的五种感官所无法直接感知到的，但是又是气所化生的一个带有某种超越性的形相和能量的真实存在物（所以阳神并不同于禅定中出窍的神识、阴灵）。《灵宝毕法》所描述的阳神出窍的景象也许可与此相印证："既至七级之上，则闭目便跳，如寐如寤，身外有身。形似婴儿，肌肤鲜洁，神采莹然，回视故躯，亦不见有，所见之者，乃如粪堆，又如枯木，憎愧万端，辄不可顿弃而远游。益其神出未熟，圣气凝结而成。须是再入本躯，往来出入，一任遨游。"④阳神作为人的身外之身，似乎有如婴儿般光洁形相，这样的相本身说明其具有某种超越性的能量。而阳神本身是"神入气胎，气全真性"的结果⑤，所以具有来去自如、往来无碍、般神入体、化圣离俗的功用。⑥

此外，阳神还能复返回人的形躯之中，阳神与人的形体相合。阳神为什么还会返回形体呢？原来，在钟、吕看来，完成了炼形化气、炼气化神的修道阶段，之后达到阳神出窍，这只能算是自我解脱的神仙。而阳神只有返回形躯，在人间不断地积累德行，功行需要达到一定的量，方才可以居于洞天⑦；也就是说，才能真正地成为度己度人的天

---

① 如钟、吕云："大药成而阳神出，身外有身，似蝉脱蜕。"钟离权、吕洞宾：《钟吕传道集》，中华书局，第77页。
② 杨立华：《匿名的拼接：内丹观念下道教长生技术的开展》，第145页。
③ 吕洞宾言："形象，阴也，阴则有体。"钟离权、吕洞宾：《钟吕传道集》，中华书局，第99页。
④ 吕洞宾、钟离权：《灵宝毕法》，收入袁康就《钟吕内丹道教道德观念研究》附录，第314页。
⑤ 吕洞宾、钟离权：《灵宝毕法》，收入袁康就《钟吕内丹道教道德观念研究》附录，第313页。
⑥ 袁康就也认为："阳神不能单独存在于虚空之中，必须借形'壳'而传道人间；形躯无神亦状如枯木。"袁康就：《钟吕内丹道教道德观念研究》，第220页。
⑦ 钟、吕的这种思想可能也影响到北宋以降的新道教强调于人世间积累功行的思想。

仙。① 而这才是钟、吕所认为的阳神的终极解脱之道。

## 结　语

综观以上所论，从中国早期到中古时期，道家与道教一直在形神不二的生命观与形神分离的生命观之间徘徊。在早期道教传统将"神"看作是由形体生发出的一种作用，佛教传统将"神"认作是可完全与形体相分离的神识，除此二种理解之外，晚唐五代的内丹家提供了对于神、形内涵的一种新的理解。在这种新的理解框架中，通常意义下所认为的物质性的实体"形、气"与精神性的实体"神"在本质上其实是一致的，形、神之间可以在一定的条件下相互转化生成。处在唐末五代的钟、吕内丹道教受到形神相互转化的形神观的启发，通过内修实践进一步肯认了形、精、气、神之间可以相互转化，从而在修道论上摸索出了炼精化气、炼气化神论的一条新的道路。

钟、吕内丹道教使"形"发生转化，再以转化后的"形"—"气"归融于神，从而成为无形之形的"阳神"。这种通过"炼形化气、炼气化神"的钟、吕内丹道修炼所成的"阳神"，既是对"形"的升华，又是对"神"的妙化，由此以达成形神俱妙的解脱境界。这样的形神俱妙修道论与阳神解脱论，也实际促发了从中国早期道家与道教传统注重形体解脱到唐宋之际新兴的内丹道教注重形神俱妙的性命双修论的转变。

---

① 在钟、吕的修道体系中，其对神仙与天仙作了区分。天仙为在神仙的基础上，能够传道人间，功行圆满，才返回洞天。钟离权、吕洞宾：《钟吕传道集》，中华书局，第47页。

# ◎ 宗教学理论与其他宗教研究专题

# 对我国宗教学发展若干理论问题的探索

中国人民大学佛教与宗教学理论研究所　张雪松

**内容提要：**本文就当前我国宗教学学科发展面临的一些主要理论问题进行了研讨，认为1949年之后我国的宗教学就是马克思主义宗教学，宗教学研究与无神论研究均不可或缺，并对宗教学应发展成为一级学科及其学科建设提出了一些建设性意见，以供学界讨论。

**关键词：**宗教学；马克思主义宗教学；无神论；一级学科

## 一、我国宗教学与马克思主义宗教学的关系：不违背、不割裂

在西方学术界，"宗教学"作为一门学科，诞生于19世纪后半叶，是人类学和史学的衍生学科，以麦克斯·缪勒（Max Müller）于1873年发表《宗教学导论》[①]为标志，宗教学成为一门独立的学科。它是将社会历史中存在的各种宗教现象作为其研究对象，探讨宗教的起源与发展历史，考察宗教观念、行动及组织形态，分析其得以生存的社会文化背景与基础，找出其内在性质和规律、社会功能和作用。在西方，宗教学是一门研究感性事实的经验学科，区别于并非论述神哲学主张的规范学科。狭义的宗教学分支学科主要包括：比较宗教学、宗教史学、宗教现象学；广义的宗教学分支学科或者说交叉学科还主要包括：宗教社会学、宗教人类学、宗教心理学等。

1898年"戊戌变法"之后，西方宗教学的一些观念、理论逐渐被介绍到中国来，特别是"五四"新文化运动之后，我国启蒙思想家对宗教进行了理论批判，由此也拉开了我国学者以客观中立的态度来进行宗教学研究的序幕。民国年间的宗教学研究，尤其以宗教史学研究和民间信仰礼俗研究的成绩最大，出现了陈垣先生《元西域人华化考》

---

① ［英］麦克斯·缪勒著，陈观胜、李培茱译：《宗教学导论》，上海人民出版社，1989年。

(1923)、《南宋初河北新道教考》(1941)，汤用彤先生《汉魏两晋南北朝佛教史》(1938)，陈国符《道藏源流考》(1949)，以及江绍源《发须爪——关于它们的迷信》(1928)、顾颉刚《妙峰山香会调查报告》(1928)、许地山《扶乩迷信底研究》(1941)等具有开创性意义的重要研究成果。这一时期也开始对宗教学研究进行方法论上的反思，例如江绍源先生指出：

> 关于有史和有史前的古人之部分，须从他们所遗下的文献（或器物）等等，下手研究，关于今人的，须从民间去采访调查。研究人的世界观如是，研究题目的盆观罐观亦如是。①

汤用彤先生提出宗教史学研究不能简单地等同于一般的史学考据：

> 佛法，亦宗教，亦哲学。宗教情绪，深存人心，往往以莫须有之史实为象征，发挥神妙之作用。故如仅凭陈迹之搜讨，而无同情之默应，必不能得其真。哲学精微，悟入实相。古哲慧发天真，慎思明辨，往往言约旨远，取譬虽近，而见道深弘。故如徒于文字考证上寻求，而乏心性之体会，则所获者其糟粕而已。②

马克思主义在中国的传播，特别是1949年之后在马克思主义指导下的宗教研究，使得我国宗教科学研究进入到从自发到自觉的新阶段。在我国现有的学科体系中，"马克思主义某某学"，从语法上分析，有两种用法：一种情况是把"马克思主义"作为描写性定语，例如马克思主义新闻学、马克思主义史学；第二种情况是把"马克思主义"作为限定性定语，例如与中国哲学、西方哲学并列的马克思主义哲学，与中国伦理学、西方伦理学并列的马克思主义伦理学，等等。

我国著名语言学家朱德熙先生在1956年最早提出了限制性定语和描写性定语的概念。③ 该学说在国内外产生了很大的影响，此后赵元任、吕叔湘等语言学家都采用了限制与描写的框架来讨论汉语名词修饰语。马克思主义宗教学是指在马克思主义宗教观指导下对历史上和当今社会中的各种宗教现象进行理论和实证研究的学科。新中国成立后，我国的宗教学就是马克思主义宗教学。这就同新中国成立后建立并不断发展壮大的新闻学就是马克思主义新闻学、史学就是马克思主义史学一样。

---

① 江绍原：《江绍原民俗学论集》，上海文艺出版社，1998年，第85页。
② 汤用彤：《汤用彤全集》第一卷，河北人民出版社，2000年，第655页。
③ 朱德熙：《现代汉语形容词研究：形容词的性质范畴和状态范畴》，北京大学中国语言文学系，1956年。

现今我国有些学科，如哲学及其下属的伦理学及无神论、经济学等学科门类，在马克思主义哲学、马克思主义伦理学、马克思主义无神论（科学无神论）、马克思主义经济学（政治经济学）之外，有独立的西方哲学、西方伦理学、西方无神论、西方经济学（宏观经学和微观经济学）等学科划分，它们主要是研究和分析该学科在西方社会历史和现今发展的主要内容，作为我国科研工作者研究该学科的主要史料素材或借鉴参考，我国这些冠以"西方"（或"中国"等）名称的学科，实际上仍然是以马克思主义基本原理为指导。宗教学在西方的发展有一百多年的历史，其内容我国学者也有不少系统性介绍[①]，但我们认为没有太大必要在我国宗教学学科体系中建立一门独立的"西方宗教学"下级学科。

1949 年之后，特别是改革开放以来，在马克思主义宗教观正确的指导下，在我国逐渐形成和发展壮大的宗教学就是马克思主义宗教学，必须坚持马克思主义宗教观对我国宗教学教学和研究的统领，不违背、不割裂。

## 二、宗教学与无神论研究的关系：均不可或缺

有人认为，在高校中，"宗教学热"是"宗教热"的一个反映，其实这种看法是值得商榷的。因为 19 世纪宗教学诞生之初，很大程度上就以批判或者说解构宗教神学为宗旨，宗教学把神学的"上帝是什么""神是什么"世俗化为"宗教是什么"，把追寻上帝之意的玄思，拉回到地上，变成了对人间的宗教组织思想、礼仪、制度的研究。历史的真正发源地不在天上，也不在思辨的云雾中，而在粗糙的物质生产中，宗教学是要从人类社会的现实出发，实证性地研究宗教的发展规律。从这个意义上看，宗教学的诞生与发展，本身就是对传统神学研究范式的一种挑战或者说再反思。

"只知其一，将一无所知"是自宗教学诞生之日起就流行的名言，宗教学强调以理性的精神来研究宗教，而且特别强调不能单纯研究某一种宗教，而是要将不同的宗教进行对比研究，"比较宗教学"在很长一段时间内就是"宗教学"的别名。通过不同宗教的比较，人们容易跳出某一种宗教传统视野的束缚，在诸多宗教的对比中发现宗教的客观规律，加深人们对宗教这种重要的人类社会文化现象的认识。

---

① 例如卓新平《西方宗教学研究导引》，中国社会科学出版社，1990 年；吕大吉《西方宗教学说史》，中国社会科学出版社，1994 年；孙亦平：《西方宗教学名著提要》，南昌：江西人民出版社，2002 年，等等。

宗教学研究绝对不能等同于传播宗教；同样，无神论研究也不能完全等同于无神论宣传。1949年之后，中国无神论学科的发展，肇始于1959年春毛泽东同志指示中国科学院哲学社会科学学部文学研究所选编古典文学选本《不怕鬼的故事》，何其芳、钱钟书、陈友琴、王伯祥、余冠英等著名学者参与选编工作，1961年2月由人民文学出版社出版第一版。① 随后关锋在《光明日报》上撰文建议："中国无神论思想发展史，应该成为一门专门的科学。我认为，应该先广泛地搜集材料，编辑一部完备的《中国无神论思想史资料》；并逐步地进行研究，予以科学的总结。"② 之后南京大学哲学系王友三等人逐步开展中国无神论思想史资料选编工作。

无神论的研究，在我国大体分为三个部分：一是无神论本身的理论建设，二是中国无神论史研究，三是西方无神论史研究。中国无神论史研究主要是系统梳理散见于中国浩瀚的经史子集、稗官野史中的各种无神论思想，概括抽象出诸多中国无神论概念、范畴和命题，并对它们加以分析，从更高、更深、更广的角度来重新审视、发掘中国无神论思想的意义和价值，从正面积极发掘中国传统文化的精华。牙含章、王友三等老一代学者在中国无神论史研究方面有很多建树③，大体上看，已有的研究成果主要属于中国哲学史、思想史的范畴。相应地，西方无神论史研究，主要属于西方哲学史、思想史的范畴，像在西方无神论史研究方面作出重要成绩的吕大吉等老一代学者，大都是西方哲学史研究出身。而无神论自身的理论建设，主要是由马克思主义研究者来担任，特别是对科学无神论的研究，本身就是隶属于历史唯物主义的一个研究领域。

由此可见，宗教学研究与无神论研究的研究对象有很大差异，两者绝不能相互代替。宗教学研究是以世界与中国各大宗教、信仰现象为研究对象，中国有着数以亿计的宗教信徒，在中国，宗教学的研究具有极其重要的现实意义；同样，无神论研究是以历史上不同时代的社会思潮中蕴含的唯物主义、无神论思想特别是马克思主义科学无神论为研究对象，无神论研究对于传统思想的去粗取精，对于全面把握历史唯物主义、马克思主义思想，具有重要的价值。

对宗教的盲目信仰不是宗教学研究，同样，对宗教的非理性粗俗谩骂也不是无神论研究。宗教学研究、无神论研究都需要科学的理性精神。宗教学与无神论是不同的研究

---

① 费冬梅：《〈不怕鬼的故事〉的编辑、出版和传播》，《东吴学术》2021年第5期，第103-121页。
② 关锋：《我国无神论的优良传统——读熊钟陵的〈无何集〉札记》，《光明日报》1961年3月25日。
③ 牙含章：《中国无神论史（上、下）》，中国社会科学出版社，2011年；王友三：《中国无神论史纲》，上海人民出版社，1999年。以及王友三主编的多卷本《中国无神论史资料选编》，先后在中华书局出版。

领域，不存在此消彼长的对立关系，两者在高等院校的教学与科研中均不可或缺。

## 三、宗教学学科发展展望：应新增为一级学科

### （一）新增"宗教学"一级学科的必要性和可行性

1. 学科概况

宗教学是研究宗教现象及其规律的一门科学，主要探讨宗教的起源、发展与历史走向，考察宗教观念、行为及组织形态，揭示宗教的社会本质与社会作用。改革开放以来，我国宗教学对宗教在社会主义时期的作用、宗教与社会主义社会相适应、宗教中国化等重大理论问题都有突破性进展。经过数十年的发展，我国的宗教学从理论到实践都产生了巨大的社会效益。

2. 必要性

习近平总书记在2016年5月17日召开的哲学社会科学工作座谈会上把宗教学列为加快完善对我国哲学社会科学具有支撑作用的11个重要学科之一。面对西方强势的话语体系，我国迫切需要建立一个广泛、横跨多学科知识门类的宗教学一级学科平台，与西方对话争鸣。建立和发展独立的宗教学一级学科，是在新时代繁荣和发展完善我国学科体系的必要之举。

3. 可行性

现已形成本、硕、博完整的宗教学专业培养体系。全国共有38个博士培养点，43个硕士培养点。开设宗教学专业的高校，近半数为综合性大学，其次为师范、民族、理工、政法类高校；其中有30所为"双一流高校"（"一流大学建设高校"19所，"一流学科建设高校"11所）。

世界各国大学中普遍开设宗教学专业。据近年来的"QS世界大学排名"，宗教学专业国际排名前100位的高校中，美、英的著名大学所占比例最高，其次为德国；宗教学在我国具有较强的学术积累，地域和高校类别分布合理，亦有高校排名较前，具有一定的知名度，新增宗教学一级学科的条件早已成熟。

### （二）宗教学的研究对象、理论、知识基础和研究方法

1. 研究对象

人类历史和现实生活中诸宗教现象，以及宗教的本质、产生发展与必然趋势的一般

规律。

2. 理论体系

中国化的马克思主义宗教观理论体系。即在马克思主义的指导下，结合中国实际而形成的关于宗教的理论体系，包括宗教的本质观、历史观、价值观和适应观等主要内容，对宗教的社会文化本质、存在的长期性、社会功能的双重性以及引导的可能性与方式方法，都给予科学的理论回答，并对我国宗教重大现实问题给予实践指导。

3. 概念体系

宗教学是以"宗教"概念为核心，围绕"宗教"的本质属性、构成要素、社会功能，建立起一套层级分明、内容完整的概念体系。

我国宗教学的概念体系，是以马克思主义为指导，基于中国宗教的历史与现实，以系统推进我国宗教中国化为目标导向建立的具有中国特色的学科话语体系。

4. 研究方法体系

在马克思主义宗教观的科学指导下，（1）利用语言学、史学等人文学科的研究方法，对历史上各主要宗教的历史与思想进行梳理总结；（2）利用社会学、人类学、心理学等社会科学的研究方法，对当今世界重大宗教现象进行科学研究；（3）在综合运用以上两类研究方法的基础上，运用哲学方法对宗教最一般规律进行理论构建。

5. 宗教学与相近一级学科（哲学）的关系

我国现有14个学科门类中，只有哲学门类未设多个一级学科，这种情况是不正常的。从研究对象、学科层次、研究目的和作用等诸多方面，宗教学与哲学之间均有着清晰、严格的学科界限。

国家技术监督局制定的具有法律效力的《学科分类与代码》国家标准、国家社会科学基金会，都将宗教学视为与哲学平行的一级学科。但目前在学位授予和人才培养序列中，仍把宗教学置于哲学一级学科之下，这种不一致的现象亟须调整。

### （三）成为一级学科后宗教学下属二级学科及主要研究方向的设想

1. 宗教学原理：马克思主义经典作家论宗教研究、中国化马克思主义宗教观研究、西方宗教学说史、科学无神论研究。

2. 佛教研究：佛教文献学、佛教哲学、印度佛教研究、东亚佛教研究、南传佛教研究、藏传佛教研究、佛教中国化研究。

3. 道教与民间信仰研究：中国道教史、道教文献学、道教仪式研究、中国民间信仰史、地方宗教研究。

4. 犹太教与基督宗教研究：犹太教研究、天主教研究、东正教研究、基督新教研究、基督教中国化研究。

5. 伊斯兰教研究：伊斯兰教史、伊斯兰教教法研究、伊斯兰教与国际关系研究、伊斯兰教中国化研究。

6. 宗教文化比较：比较宗教学、神话学、宗教考古与艺术研究、世界宗教史、中国宗教史、宗教对话研究、儒释道三教关系研究。

7. 宗教民族学与人类学：宗教人类学、民族宗教学、原始宗教研究、中国少数民族宗教研究。

8. 当代宗教社会治理：宗教社会学、宗教心理学、新兴宗教研究、反邪教研究、国内外宗教形势与政策研究、宗教管理学。

# 海外华人宗教社群文化认同与民俗实践[①]
## ——以温哥华天金堂为例

西南大学国家治理学院哲学系　杨子路

**内容提要**：伴随加拿大多元文化政策的推动和华人移民增加，温哥华华人信仰社群近年逐渐兴盛。2010年，加拿大"中华道教关帝协会"在温哥华都会区本那比市建天金堂，信仰群体多元并主要为中国台湾移民。就文化认同而言，一方面，天金堂以服务社区、敦亲睦邻、传承中华文化为宗旨，热衷推动两岸交往；另一方面，在新的社会背景下，天金堂在语言、仪式等方面又呈现出多元化趋势，反映出移民在新环境下逐渐形成华裔加拿大人的复合身份。此外，庙宇既传承了传统的道教经籍、科仪与方术；又在社会参与、世俗活动中淡化宗教身份，并生产出差异化的民俗空间。这种流动的认同机制，使自身保持了较高的社会参与能力与良好的社会影响。

**关键词**：温哥华天金堂；加拿大华人移民；道教；多元文化；社区民俗

21世纪以来，学界关于海外华人道教与民间信仰研究得到深入开展。如白玉（Jean DeBernardi）[②]、李丰楙[③]对马来西亚华人宗教进行了深入研究；高保罗（Paul Crowe）对加拿大温哥华地区道教、汉传佛教活动场所进行了系列考察[④]；丁荷生（Kenneth

---

[①] 本研究受到国家社会科学基金重大项目"中国西南道教文献整理与数据库建设"（21&ZD249）及西南大学创新研究2035先导计划（SWUPilotPlan018）资助。

[②] Jean DeBernardi, *The Way That Lives in the Heart: Chinese Popular Religion and Spirit Mediums in Penang, Malaysia*, Stanford: Stanford University Press, 2006.

[③] 李丰楙著：《从圣教到道教：马华社会的节俗、信仰与文化》，台大出版中心，2020年。

[④] Paul Crowe, "Chinese Religions", in Larry Devries, Don Baker & Daniel Overmyer eds., *Asian Religions in British Columbia*, Vancouver: UBC press, 2010, p.250.

Dean)、许源泰对新加坡近代华人碑刻进行了系统搜集①，并研究了庙宇网络等相关问题；卿希泰、詹石窗主编的《中国道教通史》亦概述了道教海外传播状况②。

魏乐博（Robert Weller）曾谈到海峡两岸的中国人都适应、接受并改变了在20世纪全球宗教生活领域中发生的至少四大最为重要的趋势：宗教从政治中脱离（世俗化 secularization），宗教纯粹化努力（宗教化 religionization），日益关注经文权威和宗教自觉意识（理性化 rationalization）以及逐渐强调通过无媒介的肉体感受获得信仰的直接身体体验（体验化 embodiment）。③ 不同地域道派在从世俗生活中被逐渐剥离的过程中，亦因一定的纯粹化、理性化的努力而得以整合，从而形成大型制度化的道教团体。

尽管如此，与中古天师道对民间信仰采取伐庙态度④不同，宋代以降吸收、参与地方民俗逐渐成为道教在地化的主流策略。近现代以来，这一趋势虽受到启蒙主义者的持续冲击，但仍然在一定社会环境下以新的特点呈现出来。一些认同自身为道教团体的信仰群体长期吸收地方文化的过程中，多因此表现出丰富而差异化的民俗活动。道教在海外传播过程中，受当地政策与社会环境影响，亦呈现出此种特点，本文拟以加拿大温哥华天金堂为案例试作考察。⑤

## 一、天金堂的创建背景

鸦片战争后，随淘金热及修建铁路等各种招工机会，大批华工从珠江三角洲等地涌入加拿大不列颠哥伦比亚（卑诗）省，为维系、巩固宗族或同籍乡民间的社会联系，开始建立供奉祖先、地方神的庙宇。1875年维多利亚（域多利/大埠）唐人街谭公庙（Tam

---

① 丁荷生、许源泰编：《新加坡华文铭刻汇编（1819-1911）》，桂林：广西师范大学出版社，2017年。

② 卿希泰、詹石窗主编：《中国道教通史》第5卷，四川人民出版社，2019年，第393-468页。

③ Robert P. Weller, "Global Religious Changes and Civil Life in Two Chinese Societies: a Comparison of Jiangsu and Taiwan." in *The Review of Faith & International Affairs*, 2015(2), vol.13, p.13. 另见[美]魏乐博：《全球宗教变迁与中国两个社区的民众——江苏和台湾的比较研究》，李生柱译：《民俗研究》2017年第5期，第34页。

④ [法]石泰安（Rolf A. Stein）：《二至七世纪的道教和民间宗教》，吕鹏志译：《法国汉学》第7辑，中华书局，2002年，第39-67页。

⑤ 2017年至2018年间，笔者在加拿大访学期间对天金堂等温哥华华人宗教与文化场所进行了系列考察，感谢中国国家留学基金面上项目资助以及西门菲沙大学（SFU）林思齐国际交流中心与人文系系主任高保罗（Paul Crowe）博士支持。

Kung Temple）就是惠东客家移民社团人和会馆（Yen Wo Society）为祭祀得道先祖谭公①、联络乡谊所办②，是加拿大首座华人庙宇③。

因华人长期被限制移民，道教文化在温哥华地区的传播亦缓慢。1947 年，加拿大政府废除排华法案。复经左翼民主运动批判，20 世纪 70-80 年代，加拿大在宪法和政策层面确立起多元文化主义理念。此时，包括华人在内的亚裔移民迅速增加。据加拿大统计局一项针对 1971 至 2006 年全国新移民出生地情况的统计显示，1971 年欧洲与亚洲新移民比例约为 5:1；至 1981 年，该比例为 1:1；而至 2006 年，该比例则扭转为 1:5。④ 另据加拿大统计局网站 2016 年人口统计数据，加拿大共有 35,151,728 人，其中华裔 1,805,705 人（含中国台湾移民 36,510 人），约占 2%；不列颠哥伦比亚省温哥华都会区共 2,463,431 人，其中华裔有 519,520 人（含中国台湾移民 20,345 人），约占 21%。

在族群政策改善、华人移民不断增长的背景下，温哥华地区道教逐渐得到发展。1976 年，我国香港圆玄学院皈依弟子李道勉（James Lee）于温哥华唐人街创普玄精舍道观（Po Yuen Taoist Cenre Society）⑤，实行理事会制与会员制，除研习经典、科仪外，还提供医药与针灸按摩、太极拳与养生功法教学等服务，至 2002 年有 107 人皈依⑥，周末李氏夫人还举办斋会。1993 年，香港青松观亦于温哥华唐人街设分观（Evergreen Taoist Church of Canada），有三层楼，在香港移民社区传播。两者日常均使用粤语，认同自身为全真道并崇奉吕祖，后者亦供奉王重阳、丘处机祖师像。

此外，梅连羡（Moy Lin-shin）、梅明道（Mui Ming-to）在香港新界创立蓬莱阁道观（Fung Loy Kok Taoist Temple）后，于 1970 年移民加拿大多伦多，先后开办多伦多太极拳社、加拿大道家太极拳社，1981 年复创蓬莱阁坛场后并建立协会（Fung Loy Kok Institute of Taoism），虽使用粤语诵经，但熟练使用英语向各族裔传播太极拳、静坐等，曾邀请北

---

① 王元林、汪欢：《名同实异：道教、民间信仰中的谭公考辨》，《世界宗教研究》2014 年第 6 期，第 105 页。

② http://chinatown.library.uvic.ca/index.html%3Fq=yen_wo_society.html.

③ [加] 黎全恩等著：《加拿大华侨移民史（1858-1966）》，人民出版社，2013 年，第 65 页；另参见 Lai, David Chuenyan, *The Forbidden City within Victoria: Myth, Symbol and Streetscape of Victoria's Earliest Chinatown*. Victoria: Orca Book Publishers, 1991.

④ 参见 https://www12.statcan.gc.ca/census-recensement/2006/as-sa/97-557/figures/c2-eng.cfm.

⑤ 参见 Paul Crowe, "The Chinese Religious Landscape in the Vancouver Area with A Brief Case Study of Po Yuen Taoist Centre Society." in *Archives de sciences sociales des religions*, Paris: Editions de l'École des Hautes Études en Sciences Sociales, forthcoming.

⑥ 张楷：《加拿大温哥华普玄精舍道观简介》，《上海道教》2002 年第 1 期，第 40 页。

京白云观闵智亭、谢宗信道长赴加交流①，逐渐吸引大量以英语为母语的各族群人士参加，并辐射温哥华等加西地区。例如在2018年2月18日温哥华第45届春节大游行中，该道家太极拳社由一位华人女性导师带领英裔、锡克等非华裔族群学员近20名以演练太极的方式参与游行，以突显其社团的开放性与普遍性。

值得一提的是，温哥华华人佛教界亦有传播道教文化者。如创立温哥华世界佛教会（Universal Buddhist Temple）的我国香港移民冯公夏（1903-2000）居士曾于20世纪90年代在列治文（Richmond）市租房，用以传授道教内丹。②据访谈了解，新西敏（New Westminster）市（二埠）四代移民蒋汶德（Rudy M. T. Chiang）先生便曾师从冯公夏居士研习易学及道教养生术。

## 二、天金堂的创建过程与文化认同

天金堂（Tian-Jin Temple）位于温哥华都会区（Metro Vancouver）本那比（Burnaby）市史密斯大道（Smith Avenue）3426号，主要创办人均为我国台湾高雄移民，陈明娜（Millie Chen）女士任住持。该庙宇由加拿大"中华道教关帝协会"（Chinese Taoism Kuan-Kung Association in Canada）于2010年以240万加元购买一座1957年兴建的基督教堂改建、创办，2012年完成建设。

协会由余嘉骙（Clement Yu）先生任理事长，创建于1995年10月，为同年5月在台湾登记成立的社团法人"中华道教关帝协会"的分会。高雄总堂明修法师亦为温哥华庙宇主要仪式专家。总堂创建于1986年，位于高雄大寮乡拷潭村，并于1989年在台北市龙江路设办事处。台北天金堂还曾于1997年成立财团法人"中华关帝文教基金会"。

协会奉关圣帝君为主神，此当与台湾流传甚广的"关帝当玉皇"传说有关。其说最早见于云南洱源鸾坛1925年出版的《洞冥宝记》。③协会又以弘扬乩坛所传关公教诲"读好书、说好话、行好事、做好人"为旨趣，宣扬道教义理，推广关圣帝君忠义精神和道德伦理并实践于日常生活，设置庙宇、道场及从事相关学术、慈善活动为宗旨，以抚慰

---

① 《闵智亭、谢宗信道长出访加拿大讲学》，《中国道教》1988年第4期，第20页。

② Paul Crowe, "Universal Buddhist Temple: Embracing Myriad Dharmas." in *Canadian Journal of Buddhist Studies*, 2010(6), p.106.

③ 参见郑志明《台湾民间鸾堂儒宗神教的宗教体系初探》，载《台湾民间宗教论集》，台湾学生书局，1988年，第108页；杨春宇：《洱源善书与近代鸾坛救劫运动的人类学研究》，载《人类学研究》第4卷，浙江大学出版社，2014年，第160页。

人心、尊重礼仪、敦亲睦邻而改善社会风气、复兴中华文化为目标。

温哥华天金堂倡导慈悲、博爱、平等，不分人种、宗教、国籍，以"能助则助、能救则救、能度则度"为行事宗旨，积极参与、服务社会。除与其他族群交流使用英语外，日常多使用中国普通话、闽南话，着白色法服举行各种传统仪式活动。除周日为上午8点至下午5点开放外，其他时间更开放至晚上9点，以吸引各地、各年龄段华人及其他族裔广泛参与。

2000年，协会合刊《太上老君说常清静妙经》《关圣帝君桃园明圣经》及称由太上老君开示延生度厄之理的《五斗真经》为《道门宝典七合经》，2012年又发行汉语拼音版，在信众中流通。其中，《清静经》为重玄学思潮下约盛唐时期传出的重要道教经典[1]；《关圣帝君桃园明圣经》在清代已广为流传，为乩坛所传道书，民国刊本收有乾隆五十五年（1790）、道光六年（1826）、咸丰十年（1860）及同治八年（1869）等时间发生于广东南海、宜昌、重庆城等地的灵验故事[2]，清末民初时北京前门关帝庙亦曾流通此经[3]；《北斗经》等五斗经托太上老君传天师张道陵（正一天师）而出，据考约于唐末宋初（宋真宗以前）时传世[4]，收入明《道藏》洞神部本文类。从协会和庙宇宗旨及所奉经典可知，天金堂信仰社群具有明确的道教认同。

温哥华天金堂庙前有山东籍贯、台中出生的书法家曲国仲先生2013年12月20日楷书碑文一通，兹迻录如下：

> 天金堂由陈玉堂老师创建于台湾高雄，主祀关圣帝君。关帝一生恪守忠孝节义，正气凛然，精神长存，事迹留芳。后世受到众人景仰尊崇，为信士行为的典范，人格之楷模。历代君王皆有赏赐封谥，由侯而公而王而帝，最终成圣成神，为芸芸众生顶礼膜拜的关圣帝君。关帝好研儒家经传，明晓《春秋》大义，文人尊为文衡圣帝，奉为五文昌神之一；武功盖世，行事光明磊落诚信，武者尊为武圣人，与文圣人孔子并列。关帝神威显赫，护国佑民，忠义神勇的高大形象举世敬仰，信望深植人心，信仰跨越儒道释三教。关公崇拜是为中华民族一大民间信仰也，是一种令人骄傲无价的历史传承文化。受关帝崇高精神的感召，陈明娜老师及余嘉骙老师于一九九五年组成加拿大"中华道教关帝协

---

[1] 卢国龙著：《中国重玄学》，人民中国出版社，1993年，第451页。
[2] 《关帝明圣经全集》，民国庚午（1930）春重印本，《藏外道书》第4册，巴蜀书社，1992年，第203-208页。
[3] 赵兴华著：《老北京庙会》，中国城市出版社，1999年，第102页。
[4] 丁培仁著：《增注新修道藏目录》，巴蜀书社，2007年，第135-136页。

会"，与诸多大德共同发起筹建加拿大天金堂。殿内奉祀关圣帝君、观音大士、济公禅师、哪吒太子及地藏王菩萨。天金堂现址始建于一九五七年，原为教堂式建筑。二〇一〇年由加拿大"中华道教关帝协会"购入设计装修，保留原本建筑物结构和格局，外观巧妙结合传统与现代建筑风格。大殿表现出中华传统道教文化艺术，独特雄伟壮观。二〇一二年四月二十一日举行安座开光典礼，为加拿大第一座以关圣帝君为主神崇祀的庙宇。

曲国仲先生退休后移居温哥华任庙宇书法兼太极拳老师。所撰碑文除记载天金堂建立的背景、时间，表达庙宇的中华文化认同外，文中强调关帝信仰跨越三教及采用"民间信仰"一词，又颇透露出庙宇的多元背景与民俗化趋势。

2006年11月，协会曾参与支持台湾中山大学与高雄道德院主办，海峡两岸及日本、意大利、美国等国学者参加的"第一届道教仙道文化学术研讨会"，余理事长曾率领数位年轻后学与会。访谈期间，他还向笔者介绍了协会支持参会的一篇论文，表达了加强两岸文化交流的愿望。

## 三、天金堂的空间结构与文化象征

天金堂为三角形木结构建筑，原为教堂，象征基督教上帝三位一体观念，正墙嵌入十字架形支柱，门口正向西方。协会购入后，增饰十字架上半部而改作"金"字形，为不朽长生之象征。庙宇以《春秋》加阴阳鱼太极图作标识，春节期间门口贴神荼、郁垒等门神年画，悬大红及诸彩色灯笼，门口又置香炉，并依时辰置炭火炉，信众敬香后跨过火炉以作过渡、净化。门边平常放有庙宇活动中英双语宣传板，以作介绍。庙宇又有地面与地下两层。

地面这一层色彩为金黄色与白色相间的大堂，相关标识以中文为主，间有英语注释。进门后侧有地藏菩萨像，以奉幽冥，大堂两边有长凳供休歇。堂内主墙以西洋画技法绘有自然太极形天象图，阳鱼部分绘太阳，阴鱼部分烘云托月并绘北斗等星象，其构思源于陈住持一次异梦。墙顶有天金堂另一标识"狮衔斗剑图"，主神位供关圣帝君读经像，侧立春秋大刀，座下供哪吒太子（中坛元帅）；关帝左右供奉观世音菩萨、济公禅师，并有斗姆元君神位。供品除香炉、油灯外，以凤梨等花果素祭。神龛侧摆有科仪所用令旗。殿前另有象征同舟共济的纸制龙舟法船，并有掷筊（闽南语称"跋杯"）占卜所用木制筊杯、签诗。神殿侧方供有光明灯、文昌灯、太岁灯。神殿前方左右分立钟鼓，钟鼎刻《清静经》,余理事长认为此经于现代人修行颇有意义。

殿内桌案又有以铁环红绳固定的五磅装平安米所砌祈福米龟共 7 层,顶覆先天八卦太极图,米袋上贴书有参与信众姓名的红色纸条,共计约 60 人 / 户,除姓名外,纸条又写捐、乞数量,如曾 XX 合家捐 1 包、乞 1 包,许 XX 捐 1 包、乞 2 包,史 XX 捐 5 包、乞 6 包,刘 XX 全捐、乞 12 包,黄 XX 全捐、乞 2 包等等。正月初一至十五期间,米龟均可供信众掷筊乞赐,待获"圣筊"(一阴一阳)得到神明允赐后,即可至服务台登记缴费,每包 15 加元。元宵节后可带回家,亦可统一由庙宇捐献。住持称:"乞龟意在祈求平安,祈求新的一年国泰民安、风调雨顺、身体健康、家庭幸福、事业兴旺。所祈求的龟为神龟也是灵龟,再加上是神明的赐与,具有福运象征,为对美好生活的期望,是闽台两地深具传统寓意的过年、过元宵的民俗活动。"通过这一仪式,信仰社群内部完成了礼物流动、维系了社会联系,并进行了一定程度的财产再分配调节。

余理事长介绍称,本庙所有神像均为单跏趺像,一脚盘坐、一脚下垂,以表积极参与社会、服务社区的发心。地下层便设文化活动场所与斋堂,开展书法、杨式老架太极拳、插花、瑜伽、健康排舞、青少年 Hip-Hop 等各年龄参与的培训,除哪吒鼓阵训练、少儿数学培训外,大多只收取 5 或 10 加元每次的基本费用。并于每周六下午安排免费社区交流活动,斋堂也还在此制作罐装咸菜,据不同情境而兼具礼物与商品的二重性[①]。这种积极行动的态度,亦与天金堂在温哥华所处的激烈宗教市场竞争背景有关。值得注意的是,太极拳、瑜伽在传播中均逐渐被温哥华各族群、宗教团体授受。除道家太极拳社学员涵盖各族群外,当地恩典路德教堂(Grace Lutheran Church)等基督教团体亦教授瑜伽以吸引信众。

## 四、天金堂的参与群体与文化代际传承

天金堂参与群体较为多元,如温哥华地区有原住民部落便乘车 3 小时不时赴此做"收惊"仪式。在接受访谈时,陈住持称这些原住民本信巫,但其巫师早年已被殖民者杀害,她被当地原住民视为巫师。还有少量其他族裔接受多神信仰者参与祭祀,如印度裔移民 Antara Deb 每周固定上庙拜神,她很欣赏这家庙宇对各族群开放和热心社区公益活动的态度。尽管并不清楚这些神灵的身份和传说,但她认为神像不是重点,重点是做

---

① 类似现象参见李元元《"圣物"与"商品"之间——青海热贡唐卡交换二重性特征的人类学分析》,《北方民族大学学报(哲学社会科学版)》2016 年第 5 期,第 5-10 页。

仪式的过程中遇到的人和所得到的积极能量。此外，还有与中国台湾移民结婚的俄罗斯人Yulia Bobrovskaya参与哪吒鼓乐排练，并兼任鼓阵队画师。

参与庙宇传统宗教活动者多数仍为中国台湾移民。一位晚年从台湾移居温哥华的Z先生便通过参与活动，成为天金堂负责摄像的义工之一。他谈到自己也是到温哥华以后才开始参与庙宇活动，对道教文化有了一定的了解。尽管如此，有来自天津的少数中国移民有意愿了解、参与天金堂活动。而2012年开始设立的下午茶以及生日聚会及团体外出旅游活动，更有社区其他族群参与，老年人居多。庙宇亦向各族群参与者传授养生功法。

在2018年《戊戌年农民历》共235人/家庭的助印名单中，捐献100至500加元的信众有20人/家庭，捐献22至80元的信众有113人，捐献20加元者97人，捐献2万元台币者2人、3000元台币1人、1200元台币2人。其中采用英文名字登记的华人约50人，占总人/家庭数约两成。而为弱化宗教内涵，英语流利的余理事长之子设计的天金生活网（TJLIVING）标识用卡通形象绘制"狮衔斗剑图"，并将剑身北斗符号消除。庙宇网站（tianjintemple.org）首页宣传亦自称是"让自我学习提升，促进社区和谐的场所"。可见部分信众特别是二代移民信众在保持传统信仰习俗同时，亦为适应加拿大的社会环境而不断作出调适，逐渐形成加拿大华人这一新的复合身份认同。庙宇也为不会英语的移民顺利融入社会提供帮助。

为了更好地延续中华人文传统，天金堂除教授书法外，自2016年起，还与温哥华世纪扶轮社连续于每年9月举办天金世纪盃（杯）书法比赛，主办方提供宣纸，作品要求直式（竖排）书写。分设学员组与社会组，前三名奖励100至300元不等。2019年便有14名各年龄段华人经比赛获各级奖励。除曲国仲先生外，评委古中、杜涛均来自中国大陆。活动宣传称："中国汉字是世界上唯一还在使用的象形文字，经历数千年的演化，而有篆、隶、楷、行、草等字体的形成，再经各书法家的演绎，书法产生的艺术之美，成为世界文化瑰宝。天金世纪盃书法比赛的目的是弘扬中华文化，发扬及传承中华汉字书法之美，进而提升民众对书法艺术之品位以及人文艺术之涵养。"

天金堂又不定时地在本地博物馆等机构宣传书法艺术。此类世俗活动，更容易使社区青少年华人兴起学习汉语、诗词及研习书法的兴趣，使得传统文化得以完成代际传承。该项活动还得到加拿大总理特鲁多（Justin Trudeau）及不列颠哥伦比亚省省长贺谨（John Horgan）等政要致信祝贺，产生了良好的社会影响。

## 五、天金堂仪式的多元化与民俗化

天金堂在城市社会环境下对传统道教方术与科仪进行了适当简化。如每周五晚在地面层免费教授20分钟的修心打坐，这种短时间静功修习，适应了快节奏的现代社会生活，亦具有一定的心理调适功能。自1998年起，从高雄至温哥华，庙宇每年赠送《农民历》宣传天金堂各项民俗活动。

天金堂以正月初一为元始天尊圣寿，正月初一至初三举办过七星灯化厄仪。坛场在地面贴岁日游大将军押煞符，以"瞫"字作符头。考金人韩道昭《五音集韵》载："人死作鬼，人见惧之；鬼死作瞫，鬼见怕之。若篆书此字贴于门上，一切鬼祟远离千里之外。"[1] 该符身分置七灯，左四右三。为消防安全，以电池通光而不用烛火。笔者参与观察的一场仪式由陈住持执令旗引导，香客脱鞋后步入神台，依次从两灯间以"之"字形路线穿过，半步一停，形断神连，出阵后从神台另一侧下。仪式过程中，住持挥旗时不断发出喝逆声；结束后，她还会判断信众的大致身心状态，给出调理意见。她提醒笔者注意保护保养肺藏、胃腑；又对一位从中国香港到温哥华攻读研究生、为未来焦虑的女生说："放松一点，不用那么紧张。"可见，该仪式承载了传统道教贵生的价值观念，并具有一定的心理慰藉功能。

余理事长又强调"有很多道教朋友喜欢纯粹，我认为不要分那么清楚"。除延续道教认同并倡导三教融合，天金堂仪式活动又吸收了大量的闽台文化，更参与万圣节、圣诞节节庆，在加拿大国庆日表演鼓阵、八家将，组织信众举行短途和长途旅游，以融入当地社会，并有意识地将其多元宗教实践纳入加拿大多元文化政策的主流叙事，逐渐形成华裔加拿大人的新的身份认同。

天金堂仪式服务宣传称："我们的文化传统，秉持着对古圣先贤及仙佛们伟大精神的崇敬，并深信着人们只要尽自身本分，即能得到他们的庇护。天金堂延续着中华传统的生活习俗，每一项祭拜盛典，每一个民俗活动环节，皆是承载了中华五千多年的文明而产生的，它们的意义非凡，只能亲身体验才能从中体悟这其中的可贵。"可见在宗教观念上，其庙强调自力与他力的结合。而在世俗化历史背景下，其自力修行更多地表现为民俗化仪式。如抓周、上中下三元等节庆转运补财库[2]、神明（关帝、观音、济公、哪吒）

---

[1] 韩道昭著：《改并五音集韵》卷7，日本京都大学藏明万历己丑年（1589）重刊本，第8页。
[2] 参见姜守诚：《"寄库"考源》，《宗教学研究》2019年第1期，第247–256页。

收契孙等。

天金堂又于2012年起每年春分、秋分左右举办"相约天金庙会"，青年人参与的哪吒鼓阵、八家将巡游亦是庙宇的重头戏。在这类仪式中，实用的防御功能已大为降低，庙会中的电音三太子展演则更突显了年轻一代表达自身文化身份与情感的愿望。此外庙会又有折纸、画脸等各种亲子活动，同时还得到大温地区其他社团响应，进行古筝和陶笛演奏、书画展出、传统小吃与武术表演等。

庙宇亦发动信众建立义工团队，在加拿大各种公共节日中通过制作、发放三明治与刻南瓜等活动，与小区其他族群建立融洽的关系，并与基督教联合教会等其他宗教组织保持来往、相互访问。这些活动发挥了重要的居住区融合、慈善救济等功能。2018年全年法会捐助食物便达33740磅（约15304千克）。还组织年轻人制作三明治于街道分发，并于岁末举办"寒冬送暖"活动，赠送围巾、毛帽、手套等御寒物品于街友。

关于哪吒鼓阵需要补充的是，哪吒信仰源于北凉县无谶译《佛所行赞》载毗沙门天王之子那罗鸠婆(Nalakuvara)名字前二音节Nala之汉译。宋代福建瑜伽教已奉哪吒（那叉）太子为神将。《海琼白真人语录》曾记载闽籍道士、金丹派南宗组织实际创立者[①]白玉蟾与弟子彭耜（教众奉为度师）间问答称：

> 耜问曰：今之瑜伽之为教者，何如？答曰：彼之教中谓释迦之遗教也。释迦化为秽迹金刚，以降螺髻梵王，是故流传。此教降伏诸魔，制诸外道，不过只三十三字金轮秽迹咒也。然其教中有龙树医王以佐之焉，外此则有香山、雪山二大圣，猪头、象鼻二大圣，雄威、华光二大圣，与夫那叉太子、顶轮圣王及深沙神、揭谛神以相其法。[②]

可见，瑜伽教当为密教在闽地与地方信仰融合后的产物，其中保留的哪吒信仰后世又渐与地方道教仪式传统交融，被地方道派吸收。如明初编成的《道法会元》卷二百三十《上清马陈朱三灵官秘法》便奉"哪吒太子"为神将。有学者调查，明代山西移民带来的民俗音乐与福建本地信仰进一步融合，诞生哪吒鼓乐信俗。2009年漳州文衡殿哪吒鼓乐便成功申报福建省级非物质文化遗产。[③] 由此亦可见天金堂庙会哪吒鼓阵文

---

[①] 盖建民著：《道教金丹派南宗考论——道派、历史、文献与思想之整合研究》，社会科学文献出版社，2013年，第656页。

[②] 谢显道编：《海琼白真人语录》卷1，《道藏》第33册，文物出版社、上海书店、天津古籍出版社，1988年，第144页。

[③] 杨秋萍、郑玉玲：《漳州哪吒鼓乐仪式表演的田野调查——以芗城区正顺祖庙、文衡殿为例》，《闽台文化研究》2017年第3册，第57页。

化渊源。

在仪式民俗活动与临时公共卫生政策发生冲突时，天金堂亦注重实时作出调整。2020年，新型冠状病毒病蔓延至温哥华地区后，为维护大众健康，天金堂配合当地政府防疫工作，在道场内多处设置酒精消毒液，加强消毒工作，并于3月19日暂时取消周一、周五及周六晚上的问事服务及天金庙会。至6月1日始恢复，出入庙宇、举行仪式仍要求佩戴口罩，并遵守省政府限制聚会人数在50人以内的规定。又因受疫情影响，为低收入人群提供免费服务的大温哥华食物银行13个据点骤减为4个，协会因此计划将年度庙会所募集筹备款项转赠以支持食物银行的募捐活动。至5月中旬，共募集5000加元整。协会又将6月春季"消灾解厄延生锡福拔荐大法会"延期至当年10月，与秋季法会合并举行。法会共为食物银行筹集价值56986加元的物资。至重阳节，又捐赠750片防疫口罩，赠与本那比市韩裔社群。

2021年春，为克服因疫情缺乏社交活动的状况，天金堂又参与社区线上老年人互动活动，为老人分享线上盆景手工工艺。3月21日，因在反种族歧视和多元文化建设上的贡献，该庙青年义工王梦蝶荣获省府多元文化新晋领袖奖。

总的来说，中国台湾移民至温哥华后，信仰生活有纯粹化、理性化的努力，如协会名称、宗旨和经典标出了道教身份与中华文化认同。但在加拿大多元文化政策及城市市场经济背景下，天金堂更多地呈现为多元化、民俗化的趋势。庙宇一方面传承传统的道教经典、科仪、方术，一方面又在符号表征、社会参与、世俗活动中淡化宗教身份，在庙宇的地下层与居住区生产出差异化的民俗空间。这种流变的文化认同机制，使得自身保持了较高的社会参与能力。可见在宗教社会治理实践中，一方面应尊重传统宗教社群自身的活力，发挥其在民俗文化、慈善公益、代际沟通等方面的积极功能，另一方面，亦应营造积极的宗教对话氛围，以形成开放的文化心态和宽容美德。

# 净化"玛杜"
## ——凉山彝族"尼木措毕"仪式中的祛污除秽

乐山师范学院法学与公共管理学院　丁木乃[①]

**内容提要**：尼木措毕仪式作为凉山彝族宗教意识层面的具体行为表现形式，历来颇受人类学、民族学和宗教学界的关注。可以说不研究尼木措毕仪式及其经文，就无从研究凉山彝族洁净与污秽观念。要探讨凉山彝族洁净与污秽观念的文化内涵和社会意义，只有同尼木措毕仪式联系起来考察，才能彰显出来；只有洁净与污秽同尼木措毕仪式紧密结合起来，并把它放到具体的仪式中进行研究，才有宗教意义，这样才能体现出洁净的神圣性和污秽的危险力量，才能反映出洁净与污秽的象征意义和社会功能。

**关键词**：凉山彝族；尼木措毕；洁净与污秽；祛污除秽

## 引　言

"尼木措毕"为彝语音译，译为祭祖送灵仪式或超度送灵仪式。一般情况下是前辈去世，其后代为其举行祭祖送灵仪式。整个仪式围绕"亡灵"展开，用灵牌象征亡灵，彝语称为"玛杜"，这里"玛"意为竹，是用竹子制成，整个仪式前，灵牌也即"玛杜"敬供在子孙家里，仪式后，祖灵牌将送到家支岩洞内存放，其神圣不可侵犯。送到岩洞的灵牌，意味着灵魂已经归祖界；魂归祖界是彝族人最大的心愿和最高目标。[②] 学术界从宗教学、民族学、人类学、美术学、音乐学和文献学等不同视角对尼木措毕仪式进行

---

[①] 本文系乐山师范学院高层次人才引进科研启动项目（RC2021003）、乐山师范学院社会工作重点学科建设骨干教师成果培育项目（205220207）的阶段性成果。

[②] 蔡华、丁木乃：《神圣之美：凉山彝族尼木措毕仪式审美文化阐释》，《宗教学研究》2021年第3期，第155—159页。

了研究。

例如，史蒂文·郝瑞（Stevan Harrell）指出，"洁净与不洁的对立原则在凉山彝族传统文化中表现得比较突出，高阶者群体十分重视家支的洁净程度，家支成员会一致设法不与不洁者家支联姻而降低身份"[1]，论述了凉山彝族洁净观与血缘家支的等级关系。吉尔体日等著的《祖灵的祭礼：彝族"尼木撮毕"大型祭祖仪式及其经籍考察研究》一书，通过对美姑县的尼木措毕仪式进行长期实地调查，对仪式结构、象征和功能以及仪式艺术、仪式经籍进行比较系统地考察、记录与研究。巴莫阿依在《彝族祖灵信仰研究》中指出："袚祟术是彝族祖灵信仰仪式中广泛施行的去邪除祟的巫术。"[2] 从仪式与经文两方面研究了彝族的祖先观念，阐释了尼木措毕仪式中关于祖先与祖界的信仰。朱崇先的《彝族氏族祭祖大典仪式与经书研究》一书，根据彝族传统礼俗和宗教信仰情况及彝文宗教经籍，对彝族氏族祭祖大典的仪式与经书进行了系统研究。曲木约质的《魂归洞天：彝族阿侯氏祭祖大典》一书，以越西县申果庄片区黑彝阿侯氏族的尼木措毕仪式为例，对仪式的笔录进行整理与注解，详细描述了尼木措毕仪式过程。卢志发和胡正勇的《小凉山彝族祭祖仪式》一书，通过对宁蒗县彝族尼木措毕仪式的调查，并结合文献系统整理和呈现了仪式仪轨和内容，对仪式进行了学术解读和研究。

又如，曲木铁西和巴莫阿依从祭祖送灵"尼木"及其仪式、送灵仪式的类型、送灵仪式的内容、送灵归地祖界、祭祖毕摩等问题进行了阐释和讨论。[3] 马锦卫以凉山彝族尼木措毕仪式为例，探讨了祭祀活动的主要仪格，并对尼木措毕仪式祭祀程序进行了介绍。[4] 吉郎伍野和阿牛史日指出尼木措毕是彝族永恒的"心灵图式"，是彝族共有的族群记忆和历史积淀，是难得一见的人类非物质文化的"活化石"。[5] 刘小幸通过对越西县尼木措毕仪式的考察，探讨仪式的象征意义和对彝族群众社会关系的影响，指出尼木措毕是凉山彝族毕摩综合性仪式中最为重要的仪式之一，具有加强民族文化认同、民族

---

[1] [美]史蒂文·郝瑞：《田野中的族群关系与民族认同：中国西南彝族社区考察研究》，巴莫阿依等译，广西人民出版社，2000年，第99页。

[2] 巴莫阿依：《彝族祖灵信仰研究》，四川民族出版社，1994年，第127页。

[3] 曲木铁西、巴莫阿依：《凉山彝族"尼木措毕"祭祖送灵仪式研究》，《中央民族大学学报》2017年第4期，第106—114页。

[4] 马锦卫：《凉山彝族的祭祀仪式——以"尼牡措毕"为中心》，《宗教学研究》2003年第1期，第52—60页。

[5] 吉郎伍野、阿牛史日：《凉山彝族送灵归祖仪式"尼木措毕"及其价值》，《贵州工程应用技术学院学报》2007年第2期，第24—30页。

团结、社会和谐的作用。①

再如，蔡富莲指出在尼木措毕仪式前进行咒鬼仪式，目的是为接下来的仪式扫除障碍和排除干扰，具有净化灵魂的作用。②曲比阿果从仪式的成本与收益及消费观念的角度讨论凉山彝族尼木措毕仪式，认为仪式本身耗资巨大，未来收益无法在短时间内达到体现，从宗教学的意义来说，是非理性的理性选择。③肖雪以尼木措毕仪式为例，认为面对现代化发展和主流文化的冲击，彝族对自己的死亡认知进行了恰当的调适，凉山彝族对死亡的认知，不仅仅表现在仪式展演上，也成为日常生活的一种方式。④陆菊芳以马边彝族自治县的尼木措毕为考察对象，探讨了毕摩诵腔、曲调、多声形态和仪式音声特征。⑤学者们从仪式过程、仪式本身、仪式信仰、仪式艺术、仪式音乐和仪式经文等方面对洁净与污秽观念进行了论述，具有重要的理论意义和参考价值，同时为深入研究尼木措毕仪式提供了良好的学术资源。但美中不足的是，缺乏对尼木措毕仪式中洁净与污秽观念的系统性研究。

目前，国内学术界对于洁净与污秽话题的关注，多以汉族、藏族、蒙古族、维吾尔族、回族、傣族、侗族、土族等为主，很少学者对彝族洁净与污秽进行系统研究。本文以2016年10月至12月、2017年7月至12月、2018年10月至12月和2019年1月至2月在凉山彝区进行为期一年的田野调查为基础，分析尼木措毕仪式上的净化行为和观念，对凉山彝族祛污的除秽进行文化诠释，指出洁净与污秽观念具有神圣性与象征性，文中凡未明确标注的材料均系笔者调研所得。

# 一、仪式性净化：凉山彝族尼木措毕中的祛污除秽类型

玛丽·道格拉斯（Marry Douglas）指出："污秽从来就不是孤立的。只有在一种系

---

① 刘小幸：《生命、团结与繁荣的庆典——凉山诺苏祭祖仪式考察》，《民间文化论坛》2005年第5期，第72-77页。

② 蔡富莲：《凉山彝族送灵归祖仪式的序曲——咒鬼法事》，《宗教学研究》2008年第1期，第140-145页。

③ 曲比阿果：《仪式成本与象征收益——美姑县彝族农民阿伙某某家尼木措毕消费观念研究》，《贵州民族研究》2018年第5期，第61-69页。

④ 肖雪：《凉山彝族死亡认知的本土表达与现代调适——以"尼木措毕"仪式为例》，《宗教学研究》2013年第3期，第200-206页。

⑤ 陆菊芳：《马边彝族尼姆撮毕仪式音乐的多声形态》，《中央音乐学院学报》2016年第4期，第75-90页。

统的秩序观念内考察，才会有所谓的污秽。"[1] 道格拉斯认为，洁净与污秽观念不仅仅是存在于原始社会，人们试图躲避污秽、祛除污秽、净化污秽和控制无序等行动存在于所有社会之中。在凉山彝族的宗教仪式中，祛污除秽仪式有着极其重要的位置，尤其是尼木措毕仪式中祛污除秽占据着非常重要的地位。布朗（A.R.Radcliffe-Brown）认为："在我们社会的仪式回避领域中，我们需要做的是划分圣洁和不洁。一些东西因为圣洁而必须给予尊敬，而另一些东西必须得到尊重却恰恰是因为他们是不洁的。"[2] 凉山彝族也有对于这种圣洁与不洁的划分，通过长期的田野调查，我们发现尼木措毕中的祛污除秽仪式主要有以下几种类型：

### （一）堵塞污秽

第一类祛污除秽仪式，彝语称为"茨"。"格茨"为堵塞污秽仪式。"格茨格朵"为赎魂堵秽仪式。毕摩在坟墓将亡魂招回，刚从黑暗的鬼界招回的亡魂，其身上污秽最为严重。毕摩诵经，把跟随亡魂而来的恶鬼、病魔、邪祟、污染、疾病、灾难等堵塞在东南西北四方，避免污秽随着亡魂来到人间危害仪式主人。在神枝中进行净化，祛除污秽，用神枝和铜丝堵住恶鬼、死神和病魔的路，驱逐亡灵身上的病根、孽业、污秽，转嫁给"格惹"（草偶），让草偶将这些重污秽带往"德布洛魔"（鬼谷）方向。先要把每个亡魂召回，然后将竹根合在一起进行堵秽。美姑县俄曲古乡雷觉莫村勒格氏族的"扎尼木"，当咒鬼仪式做完后，早晨毕摩到坟地招亡魂，"毕惹"（毕徒）们前往不同的坟地用招魂鸡招亡魂，先在亡者坟地旁生烟火，一边诵经一边用酒水洒到坟墓上唤醒亡灵，然后手持竹根、招魂鸡和招魂草向内摇三圈，放到坟墓上拿起来，这样表示已将亡魂招附到竹根。于是拿到最近死者的坟地上交给主祭毕摩举行赎魂堵秽仪式，堵住污秽前往人间的路，为亡魂祛污除秽，头部用水洗，腰部用酒洗，脚部用泡酒洗，以此净化亡灵。

"堵塞"是祛污除秽仪式之一。在甘洛县里克乡居什村吉克氏族的"日尼木"（凶性尼木）中举行了两个赎魂堵秽仪式。一个是"日毕毕摩"在野外做完咒鬼仪式后，一般在凌晨前往山上的坟地，将凶死者的亡魂招附到竹根上，堵住恶鬼和病魔的路。拿招附了亡魂的竹根到之前举行咒鬼仪式的地方进行祛污除秽，将净化干净的凶性竹根交给护灵员。另一个是"扎毕毕摩"在屋内做完咒鬼仪式后，前往正常死亡者的坟地招魂，仪式主人的女性也到坟地哭丧。去世时间比较长而且死者的坟地也不知道的，就用石头

---

[1] [英] 玛丽·道格拉斯著：《洁净与危险》，黄剑波、柳博赟、卢忱译，商务印书馆，2018年，第54页。

[2] [英] 拉德克利夫·布朗著：《原始社会结构与功能》，丁国勇译，九州出版社，2007年，第293页。

代表坟墓，男性九个石头，女性七个石头。先为这些亡者招魂。仪式主人用锄头和镰刀在最近去世的死者坟地四周进行除草，砍掉树枝。毕摩在坟前插黑白花三色神枝，用招魂草编织一个鬼草偶，用麻绳包住"玛杜"，并绑上写有亡者姓名的白布。仪式神枝插好后，黑花白色神枝三处，每处坐一个毕摩，每处拴一只小母鸡（黑黄白），每处放一个烫石，每处放一个菜板和席片。还放有一块鬼板、一个草偶、一头猪、一瓶白酒和一瓶泡水酒等。毕摩诵经召回亡魂后，将鬼板和草偶从白黑花神枝中穿过，又将左右两侧的神枝交换，以此堵住鬼路。用马桑（树中部开有四口）将亡魂与恶鬼隔离开，用"玛杜"从外往内在树中的四口处穿，"格惹"从内向外出，穿四次后拿铜丝把树的四个口封起来，再用牛屎堵住空隙。护灵员点燃竹火把，向火把撒一些炒熟的荞面粉，顿时火花四溅，以此吓唬驱赶鬼邪。最后，把鬼板、"格惹"和马桑树一同送往"德布洛魔"。堵塞四方出口，铜钉钉左侧，铁钉钉右侧，蜂蜡堵缝隙，以此锁住污秽之门。

### （二）驱除污秽

第二类祛污除秽仪式，彝语称为"迪"。"格迪"即为驱除污秽仪式。"格"是一种可以侵入人体使人生病的污物，在尼木措毕仪式中专门为亡灵驱除身上污祟，用鸡除秽，倒水到烫石上熏蒸灵牌，驱除污秽，从而达到净化亡灵的目的。"格迪"和"则雄"是尼木措毕仪式中比较常用的祛污除秽仪式，有的地方将两者合在一起称为"格迪则雄"，其仪式过程和内容大同小异。仪式祭牲为一头黑色拴猪和一只黑色拴鸡，护灵员手持灵牌从神枝中烫石上跨过时，毕摩将盆里的水倒到烫石上，熏蒸灵牌，净化亡灵。最后，毕摩用猪和鸡将神枝全部推倒，象征着污秽如同神枝一样被拆毁。驱除祖妣亡灵身上的黑污秽，所有病秽和污祟都被驱除，让祖妣变得净白。

### （三）清除污秽

第三类祛污除秽仪式，彝语称为"雄"。"则雄"为清除污秽仪式。"则雄"与"格迪"一样，仪式祭牲为一头黑色拴猪和一只黑色拴鸡，护灵员手持灵牌同样从下而上跨过烫石时，毕摩将盆里的水倒到烫石上熏蒸灵牌，同时助手们拿着生殖猪、开路猪、祛秽鸡、洁净羊、生命树等跟随护灵员后面，跨过烫石进行熏蒸净化。清除亡灵身上的污秽，同时净化仪式上的一切物品。清除沾染祖妣亡灵的污秽，使祖妣亡灵变得洁净。在凉山彝族日常生活中，人们清洗动物肠子时都用"雄"这个词，"则雄"则很形象地将污秽与动物肠子中的污垢一样清除掉。一般彝语称祛除污秽为"卓尼雄"，根据污秽的严重程度，从严重到轻依次分为黑污秽、花污秽、白污秽。象征性地将亡灵身上的污秽进行疏通，亡灵就变得干净，轻松愉快。清除玷污亡灵的污秽，让污秽消失，不再污染亡灵。同时斩断死神病魔的路，斩断祖妣亡灵的秽路，斩杀污秽之孽源，埋葬于地底下。防止生灵染污秽，防止子孙后代染污秽。祛秽祖灵洁，除污祖灵净，除秽则洁净。

### （四）遣送病污

第四类祛污除秽仪式，彝语称为"闪"。"司闪"为遣送病污仪式。在尼木措毕仪式中，是遣送各种病灾病魔必不可少的仪式。彝族人认为污秽染疾，如果不驱走亡灵身上的病污，那么病魔会继续纠缠亡灵，亡灵就不能顺利归祖，病污也会传染仪式主人。因此，仪式中必须遣送导致人生病或死亡的污秽，为祖妣亡灵脱去病身，驱除死祸病根，化解病污，使其不能再祸祟祖妣亡灵和仪式主人。亡灵解脱了病痛，脱离了病和灾，死和病不再缠绕着亡灵，亡灵净白无秽地归去，留下洁净的生育魂和福禄给子孙。唯有净化祖妣的灵魂，为祖妣亡灵解除一切疾病、病痛、病魔的纠缠，让其健康洁净地归祖界，子孙后代才能获得健康，无病无灾，繁衍生息，兴旺发达。

### （五）浇灭污秽

第五类祛污除秽仪式，彝语称为"涩"。"滋涩"即浇灭污秽仪式。毕摩在念诵经文过程中，助手从火中取出一块正在燃烧的柴火给毕摩，再舀一盆水放到毕摩前面。毕摩一边诵经一边用草偶沾水浇灭柴火，诵完后将盆里的水全部倒到柴火上，整根柴火被浇灭。然后把浇灭的柴火和草偶锁于仪式神枝场中，象征着祖妣亡灵身上的死祸、病灾、鬼怪、疯癫、瘟疫、浊气、秽气等不洁之物全部被浇灭，而洁净之物则不浇灭。以浇灭方式进行祛污除秽，从而起到净化亡灵的效果。

### （六）扫除污秽

第六类祛污除秽仪式，彝语称为"斯"。"库斯"为扫除污秽仪式。它是祛污除秽的重要仪式之一，其内容包括擦拭污秽、断开污秽、清洗污秽、拭除污秽、祖锁污秽等。在尼木措毕仪式中，扫除污秽仪式重复举行两三次，毕摩用烫石冒出的水蒸气、神枝和鸡为祖灵牌和仪式主人祛除污秽，将黑花白每处横放的神枝左右交换，这样污秽之路被锁住。最后，毕摩用鸡将神枝全部推倒，持灵者将祖灵牌交给护灵员，整个扫除污秽仪式结束。在仪式过程中，毕摩从脚部到头部依次为祖妣亡灵扫除污秽。原野蒿枝是净草，用蒿枝来除污，清洗祖灵牌的脚污，从此亡灵洁白无瑕。马桑枝是净树，用马桑树来除污秽，清洗祖灵牌的口污，清洁祖灵牌身上的口污后，从此亡灵白白净净。杜鹃是净树，用杜鹃枝清洗祖灵牌的头污，清除全部污秽，从此祖妣洁净归祖界。

### （七）祛秽洁灵

第七类祛污除秽仪式，彝语称为"伙"。"曲茨曲伙"为祛污洁灵仪式。从字面上看，就是清洁亡灵身上的白污秽，让亡灵变得纯净洁白。这是尼木措毕仪式中最后一个祛污洁灵的净化仪式，从黑色污秽净化到花色污秽，再从花色污秽净到白色污秽，污秽程度越来越轻，亡灵变得纯净洁白，仪式主人家也洁白无秽。一方面，把祖妣亡灵净化成为高贵、纯洁的善灵，健健康康地前往祖界生活。另一方面，子孙后代通过献祭除秽，让祖妣亡灵安心归祖，既不要带污秽前往祖界，也不要滞留污秽在人间，一切污秽都驱赶到鬼界。污秽不再污染祖灵，这样祖灵不会作祟于人，子孙们也远离危险，一代比一代聪慧健康。

除此之外，祛污除秽类型还有"苏"。"尔擦苏"即烫石净仪式。即将一烧烫的石头投于水中，或将烫石放于地上浇上水，为仪式场所和仪式所需各种什物、牺牲、神枝、毕摩法具以及参与仪式的主人、帮手、主人家的屋神、灶神、护家神、生殖神等清除各种污浊和尘灰。帮手端着"咝咝"作响的水象征性地穿过各种什物器具之下，让其熏蒸气，以示作净。毕摩认为，神灵们不屑与污浊为伍，若不先作此净化仪礼，神灵就不会前来助法，毕摩的法事也就不能达到目的。毕摩在《洁净经》中诵道："啪哦咦——净呀净，上方神枝丛来净，神垫侧来净，神枝头来净，神垫头来净，左方斯兵来净化，右方乃兵来净化。东方佑毕神来净，西方神鹰来净化……保护毕摩之神来净化。"[①] 为仪式场上的所有祭物、仪式主人和毕摩等进行净化，洁净法不仅是一种象征性的祛污手段，而且是灵魂的净化术。

如上所述，仪式性净化目的是祛除一切污秽，让被沾染的受祭亡灵、仪式主人和祭祖仪式场合中的各种物件洁净无秽。尼木措毕仪式中象征性的净化是凉山彝族宗教仪式的一个重要组成部分，主要功能在于"净化"，这里的"净化"是从宗教意义上而言，是指清除污秽，使物品、人体和灵魂达到洁净的状态。其目的在于祛除罪孽、邪气、疾病、灾祸、病魔和一切污秽，同时净化灵魂，防止污秽带来危险。在尼木措毕仪式中，借助各种祛污除秽手段，如堵秽、送秽、解秽、驱秽、除秽、洗秽、扫秽、脱污、锁秽、灭秽等，既净化亡魂，又净化主人家的活动空间和生活环境。从而有一个新的开端，让亡魂洁净地进入下一个仪式，把黑秽、花秽和白秽分别在黑神枝、花神枝和白神枝中进

---

① 佟德富等主编：《中国少数民族原始宗教经籍汇编·毕摩经卷》，中央民族大学出版社，2009年，第193-194页。

行最彻底的净化,全部污秽被拦在仪式神枝场中净化掉。把亡灵净化成洁灵,成为最洁净最神圣的祖灵,让其住到最干净的白神枝层中,住到最洁净的白灵牌里,住到最圣洁的祖灵居所。

## 二、祛污洁灵:亡魂回归祖灵的圣洁状态

　　凉山彝族尼木措毕仪式空间具有多元性,是人、鬼、神三元共存空间。先在家中举行咒鬼仪式,将屋内的污秽(通常以鬼的方式出现)驱除到家屋边界之外,家屋空间的洁净是仪式成功的重要保障。然后在坟地举行赎魂堵秽仪式,从鬼界将亡魂救回并象征性地堵住四方,划分人与鬼之间的界限,使人鬼两界处于有序的状态,具有空间区隔的意义。青棚空间是神圣的,通过身体象征和仪式性净化对毕摩、护灵员和仪式一切物品进行祛污除秽,以禁忌的方式确保仪式空间整体性的洁净。岩洞是一个神秘、神圣和圣洁的空间,它是亡灵的最终归宿,体现了凉山彝族特有的祖界观和象征意义。

　　首先,尼木措毕仪式中将亡魂赎回,制作好竹灵牌,为亡魂祛污除秽,要进入祭祀青棚时,还要为毕摩和护灵员祛秽,清净神座,清洗法器,净化灵牌和一切物品,才能进青棚,净牲献祖灵。凉山彝族认为,进入祭祀青棚内的毕摩和护灵员来自远方,制作神枝的树木砍自深山老林,献祭用的牲畜和家禽,免不了路过肮脏之地或沾染不净之物,担心会将污秽带入青棚之内作祟,致使祭祀活动发生意外和不祥,或阻挡诸神降临,或影响亡魂前来享受祭品等。所以,在尼木措毕仪式中,进入青棚前必须举行祛污除秽仪式,以此确保毕摩和护灵员洁净,竹灵牌也洁净,其他一切物品都干净。毕摩吟诵道:"净化祖灵,净化灵牌,干净的祖灵返太空。净化祭牲,净化祭牲的魂……把人间万物的生灵净化成圣水,把水变成气的蒸气净化洁净,气变成的灵魂、亡灵变成的生灵净化洁净。"[①] 通过净化竹灵牌,净化毕摩、法器和护灵员,净化祭牲和牲魂,净化仪式一切物品。净化仪式主人家的活魂,让其健康洁净地回来。净化一切污秽,保护环境不受污染。所有的污秽都净化干净,洁净的灵魂才有生命力,才能健康生长。

　　其次,凉山彝族宗教文化中,仪式是净化人心的一种形式,也是净化污秽的一种方式。祛污除秽离不开仪式,仪式不仅有助于净化亡灵身上的污秽,而且可以净化人的心灵,同时强化尼木措毕的神圣性和仪式感。毕摩以"赎魂"仪式将亡魂从黑暗鬼界赎回,以"堵

---

① 曲木约质:《彝族阿侯氏祭祖大典》,云南人民出版社,2007年,第157-158页。

塞"仪式将亡魂与恶鬼分离；以"净化"仪式为亡魂祛污除秽，以"通过"仪式把污秽锁于神枝之中；以"招魂"仪式把亡魂与活魂区隔，以"指路"仪式将洁净之灵送往祖界。一般的污秽要用白酒来洗净，程度较深的污秽则要用净水来清洗，程度最严重的污秽就用泡酒来清洁。黑污秽锁在黑色神枝中，花污秽阻于花色神枝中，白污秽关在白色神枝中。用净草、净树、净石、净水、白酒、柴火、蜂蜡、铜丝等洁净之物，堵塞污秽、驱除污秽、疏通污秽、遣送病污、浇灭污秽、扫除尸秽。祖灵的脚部用蒿草枝净化，祖灵的口部用马桑枝净化，祖灵的头部用杜鹃枝净化，最终将祖灵净化为圣洁的善灵。

再次，在凉山彝族尼木措毕仪式中，为了祛污洁灵会举行一系列的祛污除秽仪式，而且此类仪式不断重复使用。清污祛秽、进行仪式性净化，其目的是净化祖妣亡灵身上的污秽，让亡灵成为洁净污秽的洁灵，为送灵归祖做好准备。通过一系列的净化仪式，从无形到有形，从无序到有序，最终构建和谐的人鬼神三界。将无形的祖妣亡灵净化为"善灵"，让其洁净无秽地前往祖界；将有形的竹灵牌净化为"洁灵"，把它送往仪式主人家的祖灵箐洞；将有形的神枝进行左右交换，封锁无形的死神病魔通道，堵住无形的污秽之路，严防不洁之物，防止污染生灵，严防污秽的侵扰；将有形的黑灵桩更换为白灵桩，又将有形的"玛杜"放入灵筒，祛除无形的黑秽、花秽和白秽；将无形的活魂召回，把有形的招魂鸡和招魂草带回家，亡魂归祖界，活魂返人界，锁住祖灵路，区隔阴间与阳间，人与祖灵相安无事，各自有序地生活。同时祈求祖灵庇荫，将生育魂、五谷魂、牲畜魂、福禄吉祥和祖先的优良品德留下，赐予为其虔心献祭的子孙，让子孙重新获得安全和健康，人口不断繁衍生息，兴旺发达，生活更加幸福美满。

最后，亡魂通过净化变得洁净，进一步净化为纯洁或圣洁。祛秽洁灵贯穿整个尼木措毕仪式，仪式至少需要三天才能做完，而仪式上要花大部分时间为"玛杜"进行祛污除秽。凉山彝族认为，人死后身上沾染污浊和秽气，若不将污秽清除干净，亡魂就不能进入祖界，也就不能与祖先相聚。不仅如此，离散的亡魂还会游荡在凡间，变成孤魂野鬼来危害亲人，给家人带来危险。因此，子孙后代要举行尼木措毕仪式，献祭超度亡魂，净化亡魂。毕摩插设神枝，摇动神铃，舞动神扇，诵经请神驱逐、剿灭一切鬼怪祸祟和污秽。拿净水洗脚，洗脚润脚掌，洗脚则干净；用净水洗身，洗身润心窝，洗身则净白；拿净水洗头，洗头润脑间，洗头则纯洁。把不洁之物全清除，让亡魂变洁净，才能进入祖界。只有把旧的、坏的、肮脏之物和一切污秽清除，推陈出新，主人家的子孙才能越来越多、越来越壮、越来越漂亮。只有达到纯洁的状态，才能进入圣洁的祖界与洁净的祖先相聚。凉山彝族民间信仰文化中白色也象征洁净，尼木措毕仪式上的神座全部用白色神枝插，牺牲为一头纯白的母绵羊，祭牲为一只洁白的大公鸡，它们不能有任何一点瑕疵，必须是洁净的。可以说，颜色象征了净化程度，黑色的鬼界是祖灵的污染状态，花色的人界是祖灵的半洁状态，白色的祖界则是祖灵的纯洁状态。

## 三、祖灵的血脉："洁灵"与"污灵"的身份区隔

在凉山彝族看来，祖灵的归宿与其是否洁净有关，只有洁净的灵魂通过尼木措毕仪式进行超度最终才能送往祖界。洁净与污秽是祖灵的阶序，只有洁净的亡灵有资格回归祖地，上升为祖灵，而不洁的亡灵却没有这个资格。亡者生前是否生有儿子是确认祖灵身份的重要标准，有儿子的亡灵是"洁灵"，没有儿子的亡灵为"污灵"，有无儿子是"洁灵"与"亡灵"的身份区隔，具体情况如下：

其一，生有儿子和正常死亡者，其亡魂可以通过尼木措毕仪式进行祭祀和超度，这样的"玛杜"是最为完美的、纯洁的，所以最有资格回归祖界成为祖灵，受到子孙后代的供奉和尊敬。

其二，生有儿子和凶死者，在尼木措毕仪式中要进行祛除凶秽，将凶秽清除、砍断凶秽之路，净化干净之后，才能与其他"玛杜"合在一起。否则会污染其他洁净的"玛杜"，凉山彝族认为，服毒、跳崖、跳河、上吊、车祸、被打致死等自杀和他杀而死之人都是不洁的，这样的亡灵必须单独举行祛污除秽仪式，从严重的黑秽和凶秽之中净化出来，是归祖的重要前提条件。

其三，只生有女儿、没有生儿子的人，包括没有结婚之人、已经结婚而没有生育之人，死后其亡魂可以参加尼木措毕仪式进行超度，但是"玛杜"不能送进岩洞中，因为无儿子的亡灵是不洁的，会带来污染，所以要与其他"玛杜"隔离起来。即无儿子的"玛杜"被丢弃于山林间，而有儿子的"玛杜"放于岩洞。这就是完整的"洁灵"与不健全的"污灵"之间的阶序。

其四，夭折的婴儿或早逝的小孩均不能回归祖界，其"玛杜"被扔进竹林之中，不能放置于岩洞。因为他们是极其不洁的，还没有成人，也没有成家生子，不管在仪式中怎么净化，也无法达到真正的洁净，所以这些不完整的亡灵往往被丢弃于竹林之中。

其五，在凉山彝族中，并不是参加尼木措毕仪式的亡灵全部都能回归祖界。最终可以前往祖界的亡灵必须膝下有子，儿子是打开祖界之门的"金钥匙"。只要生前生有儿子，不管男女、是否正常死亡或凶死，只要他（她）的身体是完整的，那么其亡灵也是

洁净的，通过祭祀超度后就有资格上升为祖灵。从祖灵的阶序与归宿角度来看，祖灵的阶序主要在于有无儿子，只要生有儿子，亡者不论是正常死亡还是凶死，经尼木措毕仪式净化后都可以成为祖灵。但没有儿子的亡者，其灵魂是最为不洁，不管怎么祛污除秽，最终不能前往祖界。在彝族人的心目中，洁净的亡灵成为善灵，是神圣的，它能保佑和造福子孙；不洁的亡灵成为恶灵，是危险的，它会给子孙带来破坏与危害。

总的来说，祖灵的血脉在于儿子，儿子是"洁灵"与"污灵"的身份区隔。"洁灵"变为"善灵"，可以进入祖界上升为祖先，由子孙后代供奉。"污灵"变为"恶灵"，只能进入鬼界下降为恶鬼，被子孙后代诅咒。在凉山彝族民族生活中，受洁灵与污灵观念的影响，不管怎么样都要生一个儿子，就是为了死后能够洁净地回归祖界。即使生有再多的女儿，亡者的灵魂也不能归祖。前面已提到，在尼木措毕仪式上持祖灵牌的必须是男性，不能由女性拿祖灵牌，他们认为会影响亡灵归祖。由此可见，凉山彝族社会中重男轻女问题，实质上是洁净与污秽观念问题。生育儿子是父母身体洁净的保证，也是确保父母亡灵洁净的"金钥匙"，更是传承父子连名谱系的家支血缘。凉山彝族男人为了死后能够洁净地回归祖界，生前一定要生有一个儿子。不管是谁的生育能力问题，一般生育问题都会被推到女人身上，请毕摩为女人招生育魂，若仪式失败，男人则再娶妻生子。没有尽到这个责任的男人，就如一个"不正常的人"。举行尼木措毕仪式时，若其亡灵是严重污秽的，再怎么祛污洁灵，最终也不能回到祖界。因为人们通过祭祖送灵祈求多子多福，若没有儿子的亡灵送往祖界的话被认为会污染子孙后代，所以在送祖灵的过程中，将不洁的（无儿子）祖灵牌丢弃在山林间，把洁净的（有儿子）祖灵牌放到岩洞，以此隔离洁灵与污灵，这是为了强调父子纽带的"纯洁"本质。

# 结　语

凉山彝族坚信通过尼木措毕仪式进行祛污除秽，把圣洁的亡灵送往祖界，祈求祖先的庇佑，赐得洁净的生育魂，其子孙后代会变得俊俏、美丽，并认为这样就不会生出残疾，更不会生出畸形婴儿，每个孩子都会是完整健康的。可见，在凉山彝族审美文化中，洁净（美）以完整性来衡量，而污秽（丑）则以仪式性净化来改变。人们往往对污秽（丑）恨之入骨，向往和追求洁净（美）。尼木措毕仪式中有各种各样的祛污除秽仪式，净化"玛杜"上的一切污秽，让亡灵变得干干净净、漂漂亮亮，圣洁地回归祖界。这是一种"美感的神圣性"，把信仰观念引入审美之中，认为人死后前往祖界过美好的生活，所以彝族人对美的追求永无止境，它是人们死后梦寐以求的美好世界。它激发了一种行为动力和精神能量，使"美感的神圣性"通过仪式感知和体验打破了时间和空间的限制，审美空间得到无限的拓展，从而把美引向一种高远的境界，成为人们追求美好人生的理想和信念。凉山彝族宗教美学和审美文化具有"伦理"化民族特色和"祖界"化的宗教神性美，这种美与一般的自然美和世俗的人为美不同，它是一种"天人合一""万物一体"的美，充分体现在祖界的神圣与洁净之美。

# 民国时期民众祈神禳灾心态探赜[①]

## ——基于民国时期两广地区的分析

湖南师范大学历史文化学院　李华文

**内容提要**：祈神禳灾是民国时期常见的社会现象，主要有求神祈雨、请神驱虫、赶鬼驱疫等。诸举古已盛行，并与鬼神迷信风气相融，成为民众认知中的正常行为。从民众心理动机来看，祈神禳灾多系被动无奈之举，是他们寻找心理慰藉与生存机会的特殊反映。同时，祈禳过程中的款物施赠等举，也能给民众带来实际益处与心理满足，促使他们相信神明显灵庇佑的奇迹。乱世荒年之下，频繁且极端的祈禳行为成为民生困蹙状态的一个侧面写照。

**关键词**：平民大众；祈神禳灾；心理动机；灾时环境；两广地区

在中国历史上，自然灾害是普遍且严重的问题，历代官民的应对措施常因具体灾情、民情、地情、社情等差异而不尽相同甚至五花八门。其中，民众自发的祈神禳灾之举是传统社会极为常见的应对方式，并以残存形态延续至今。从民国灾害历史来看，民众祈神禳灾行为仍随处可见，且是当时一种民间习俗。若自民众自身视角观之，其心理动机究竟为何，能否简单地以鬼神迷信或无奈之举概而括之，还是存在习以为常甚至主动为之的想法，抑或有更为复杂的考量？相关问题的解决，有待学界进一步探究。

目前，国内史学界关于民国灾害史的研究，虽已蔚然成风、成果迭出，然而基本沿用"灾情梳理—官民赈灾—灾害环境下的国家与社会—灾害历史的反思与启示"等研究路径，较少从受灾民众视角出发考察灾害历史，缺乏对灾时民众心理状态的察析，对民

---

[①] 本文是湖南省教育厅科学研究优秀青年项目"近代南洋华侨慈善公益事业研究"（编号：22B0059）的阶段性成果。

众祈神禳灾之事虽屡有述及，但多停留在现象描述层面，缺少对既有现象的深入分析。①行龙在"个体灾害史"论述中，即认为以灾为主体的灾害史研究固然重要，但以人为主体的灾害史研究同样不可忽视，后者能够"更人性化地看到自国家到地方、自个体到家庭面对灾害的切身经历和感受"②。鉴于此，本文以民国时期灾害频仍且祈禳成风的两广地区③为考察点，从典型做法、心理基础、被迫而为、功用考量等四个方面对民众祈神禳灾心态进行拊析，以期从人的切身感受视角对灾害历史作一更为细致的考察，希冀有助于灾害史研究的关注点从赈灾方延伸至受灾方，强化相关研究的人文取向。

## 一、祈神禳灾的典型做法

民国时期天灾人祸频仍④，官民虽屡有施救，仍无法妥善解决灾时民众生计问题。民众无计可施后，转而求助代表超自然力量的鬼神世界，将求神问鬼当作主要应灾方法。民初时政府便认为，国人普遍因"科学未明，往往骤遇天灾，诿为大数，徒事祈禳，何补凶荒"⑤！民众为获得鬼神庇佑，摆上各种供品、烧去大量纸钱，流下婆娑泪水，不停地祈祷与磕头，举办一出又一出的祈禳活动。众多活动中，又以求神祈雨、请神驱虫、赶鬼驱疫等数种做法较为常见，并以祈雨最具代表性。仅以当时两广地区为例，祈禳之事堪称频繁。

旱年求神祈雨自古以来有之，古时祈雨不仅常见于民间社会，也是朝廷官府的重要荒政措施。近代以后，官方带头祈雨之事渐少，可是民间自发祈雨却始终常见，且伴随

---

① 国内探究近代以来灾时民众心态的史学论著并不多见，相关成果有：胡勇：《清末瘟疫与民众心态》，《史学月刊》2003年第10期；李勤：《三十年代水灾对灾民社会心理的影响——以两湖地区为例》，《江汉论坛》2007年第3期；李华文：《疯癫与文明：抗战时期灾民心态探析——以1942-1943年河南大饥荒为中心的考察》，《河南科技大学学报（社会科学版）》2016年第4期；郭红霄：《1963年海河水灾的灾害社会心理研究——以邢台专区为例》，河北大学2018年硕士学位论文。同时，现有灾害史著作以宏观思考或微观考察等方式，亦对灾时民众心态有所探讨。笔者目力所及，未发现专门探讨两广地区民众祈神禳灾心态的史学论著，此为本文研究留下较大学术空间。

② 行龙：《个体灾害史：中国灾害史研究中的重要视角——从刘大鹏〈退想斋日记〉说起》，《河北学刊》2020年第5期。

③ 民国时期两广地区包括今广东、广西、海南三省（区）。

④ 已有研究表明：1912-1948年，河北、山东、河南等19个省区，至少有16,698个县遭受水旱风虫震等各类灾害侵袭。夏明方：《民国时期自然灾害与乡村社会》，中华书局，2000年，第383页。

⑤ 《农商部关于附送征集植物病害及虫害等规则令》（1914），中国第二历史档案馆编：《中华民国史档案资料汇编》（第三辑·农商二），江苏古籍出版社，1991年，第121页。

乱世荒年而愈发频繁，地方政府对此多持沉默甚至许可态度。两广地区的祈雨法会同样屡见不鲜。比如，1935年广东新兴县秋旱不雨，当地绅商僧道联合打醮祈雨、演戏酬神，县长亲临朝拜，盛极一时；1938年广西贵县亢旱，三里同心村集资游神，共祈"大王爷"降雨济民；1943年广东海丰县空前旱荒，县内游神祈雨法会络绎不绝，参与民众动辄数以百千人计等。① 与此同时，祈雨法会过程中还有诸多禁忌。据李宗仁回忆，其故乡广西临桂举办祈雨游神时，路边行人均须把洋伞、草帽摘下隐藏起来，否则便被认为冲撞神灵而受到驱赶及殴打。② 从实际成效来看，求神祈雨多以失败告终，但其结果并未能阻挡民众的热情，各类祈雨法会仍旧盛行不衰。

求神祈雨以外，请神驱虫也是两广地区常见祈禳行为。两广民众对虫神的崇拜及畏惧，虽不及北方频繁与极端，但当实际性驱虫、除虫手段告之无效后，他们同样会采取祭拜方式，希望借助"神力"请送害虫离开自己的田地。1933年广东省从化至清远一带螟虫为害甚重。人力驱虫无效后，当地民众转寄希望于鬼神之力，"谓因触怒地主娘娘及其他菩萨鬼神所致，故多往庙宇拜神，或请巫人'打醮'解灾，怪状百出，荒谬绝伦"③。即使民众未将虫害与鬼神联系到一起，也很难从科学治虫角度寻得良策，而是归咎于天命，认为非人力所能更改。该年广东虫害调查报告即言，本省民众"一般皆谓害虫出于天，非人事所能歼灭"④。

至于借助"神力"赶鬼驱疫，更是疫病流行时两广民众的主要对策之一。民初时北海关官员就注意到，当地居民感染疫病后，第一反应不是问医服药，而是求救于巫医或神婆，力图通过灵丹、圣水、解咒等方法治病救人。⑤1927年广西龙津县霍乱肆行，县民惊惶不安之余，"自动将马伏波神像游行，并扎大龙，随后街上民家燃香烧爆，恭迎"⑥，希望借助"神力"达到驱除疫灾的目的。到民国后期，诸类做法仍为流行。四十年代初粤东梅县乡民感染疫病后，"专请僧尼巫卜以求神力"，因此耽搁病情者不在少数。⑦

---

① 新兴县地方志编纂委员会编：《新兴县志》，广东人民出版社，1993年，第21页；贵港市地方志编纂委员会编：《贵港市志》，广西人民出版社，1993年，第1153页；海丰县地方志编纂委员会编：《海丰县志》，广东人民出版社，2006年，第115页。
② 李宗仁：《李宗仁回忆录》，政协广西文史资料研究委员会，1980年刊印本，第15页。
③ 赵善欢：《广东虫害初步调查报告》，中山大学农学院，1934年刊印本，第49页。
④ 赵善欢：《广东虫害初步调查报告》，中山大学农学院，1934年刊印本，第49页。
⑤ 《北海关十年报告（1912-1921）》，北海市地方志编纂委员会编：《北海史稿汇纂》，方志出版社，2006年，第73-74页。
⑥ 广西僮族自治区通志馆誊抄：民国《龙津县志》（下卷·前事·附灾异），据1946年稿本抄录，1960年复印本，第87页。
⑦ 谢复生：《梅县要览》，中华书局，1941年，第21页。

粤北乳源县亦是如此，县民"若遇疫疾流行，则用轿抬着神像巡行，谓能以镇压"①。将此"特殊"驱疫之法发挥到极致者，当属两广黎、苗、瑶民族地区。比如，海南岛黎、苗族区乡民若遇疫灾，"多延请道士驱鬼，小儿曰进胎，老人曰进流年"②。

以上不过是当时两广地区民众祈神禳灾的数起实例。实际上，凡洪涝、飓风、地震及战乱等天灾人祸侵袭过后，都会看到各式各样的祈禳法会，相关情况在两广方志中屡有记载。以广东省五华县为例，县内水母娘娘、桥伯公（伯婆）、龙王爷等水神庙随处可见，每至朔望日，拜神祷告者络绎不绝。若逢水旱灾害，村落更有大型祭拜法会，"河川祀水神"之事极为普遍。③又如广西那坡县，凡县内出现久旱、洪水、疫病、歉收等灾害，县民多认为系鬼神作恶。故隔三岔五便有形式不一的祈禳法会，相隔数年或逢闰年，更有大规模敬天祭祀活动，且多以祈神福佑避灾为目的。④更甚者如广西东兰县，即便虎患狼灾等猛兽灾害，县民亦认为是妖邪作祟，故在荒郊野岭设坛祭拜，敬请鬼神驱除之。⑤况且，频繁祈神禳灾行为并非两广地区独有，而是民国社会的普遍现象，即便上海等摩登都市，祈禳之事依旧不时涌现。⑥

## 二、祈神禳灾的社会心理基础

民国时期频繁的祈神禳灾行为，并非近代方有之事，亦非两广地区独有或民众一时兴起之举，而是古已有之的普遍现象，亦是近代中国随处可见的事情，并与浓厚的鬼神迷信之风相融，演化成一种普遍的民间习俗，此系两广民众祈神禳灾行为的社会心理基础。

从古代各时期做法来看，历代典籍记载了大量祈神禳灾之事。而且，相比于近代民众自发的求神祷告，古时祈禳事宜常由朝廷官府乃至皇帝亲自主持操演。受"天人感应"

---

① 《乳源县农村调查报告》（1941），郑成林选编：《民国时期国情资料续编》（28），国家图书馆出版社，2017年，第464页。

② 陈铭枢修，曾骞纂：《海南岛志》，神州国光社，1933年，第83页。

③ 详见广东省地方史志办公室辑：民国《五华县志》（卷十五·礼俗志），岭南美术出版社，2009年，第687-688页。

④ 那坡县志编纂委员会编：《那坡县志》，广西人民出版社，2002年，第116页。

⑤ 东兰县志编纂委员会编：《东兰县志》，广西人民出版社，1994年，第6页。

⑥ 比如，1934年全国多处旱荒，上海的王一亭等名流与太虚法师、"天师"张瑞龄等佛道人士于7月下旬联合举办全国祈雨消灾法会，场面与程序均极为讲究。参见《本市新闻·全国祈雨消灾大会昨日发符祈禳》，《申报》1934年7月21日第11版。

观念影响，人世间一切灾异都被描绘成人世作孽、苍天降罚的体现，故需世人祈求神明原谅，并以自身去恶行善之举加以证明。即便一己独尊的君王亦须遵循此等"天道"法则，否则同样会遭致天谴，轻则灾异频生，重则王朝覆灭。正因如此，历代君王才会在灾祸发生后频频祈神禳灾，甚至不惜以下"罪己诏"的方式来向上苍表明自己悔意，以求获得苍天谅解，保证"天祚"得到延续。以古时祈雨为例，已然成为历代朝野抗旱常策。商周时期已有君王亲领臣民祈雨抗旱之事，《竹书纪年》《吕氏春秋》等对此均有记载。[①]两汉之后，官民祈雨活动更为常见。频繁如清代乾隆一朝，仅皇帝亲自参与的祈雨活动便达三十八次[②]，民间自发祈雨之事更随时、随处可见。由是可知，近代祈神禳灾现象并非新近之事，而是旧时现象的历史延续。

从古代各时期社会心理来看，虽早在先秦时期孔子即云"子不语怪力乱神""未能事人，焉能事鬼""务民之义，敬鬼神而远之"等[③]，但鬼神怪异之事不仅从未淡出中国历史舞台，而且一直长存于百姓日常生活。正如费孝通对其幼时生活描述那样："人和鬼是一样的具体，真实。人事忘得了，鬼事却磨灭不了。"[④]虚幻的鬼神之事与真实的人世之事交错并列，认为营造出一种人神共存共处的社会心理现象。人对于由超自然力量组织起来的鬼神世界，既感到寻常可见，又充满敬畏之心。一方面，人事即神事，人对鬼神世界的认知，实则是其对现实世界认知的一部分。两种认知间或有诸多细微差别，但本质一致，即人对自然和社会的主观理解。另一方面，神事又超出人事范围，人想象中的鬼神世界，拥有超越自然、主宰人生死的神秘力量。人既能够得到鬼神的庇佑，也可能受到鬼神惩罚。此番鬼神世界的矛盾式"存续"状态与其超自然力量的传说效果，正是千百年来祈神禳灾现象长盛不衰的社会心理基础。

具体至两广地区，其与全国其他地区一样，民国时鬼神迷信成风。据1930年调查，汕头市"人民迷信神佛，神祠庙宇颇多，凡朔望神诞等日，往往具果帛牲礼膜拜"[⑤]。抗战初期，广州市区佛道"斋堂"不下200所，拜祭法会常年不息。[⑥]1947年广东省政府对全省自然及人文情况展开摸底调查，结果同样显示各地鬼神迷信成风。普通民众遇

---

① 参见邓拓：《中国救荒史》，北京出版社，1998年，第260-262页。
② 武裁军：《明清皇帝天坛祈雨》，《紫禁城》2004年第3期。
③ 杨伯峻译注：《论语译注》，中华书局，1984年，第61、72、113页。
④ 《鬼的消灭》，费孝通：《美国与美国人》，三联书店，1985年，第95页。
⑤ 《广东全省风俗调查》（1930），国家图书馆选编：《民国时期社会调查资料汇编》（27），国家图书馆出版社，2013年，第433页。
⑥ 《广东年鉴》编纂委员会编：《广东年鉴》，广东省政府秘书处，1942年，《社会事业编·宗教》，第167页。

有灾祸或困扰，不着力解决、反求神问鬼者比比皆是。比如，定安县民"多迷信鬼神，迷信风水"；普宁县民遇有疾疫，"不专于延医服药，兼用巫觋祈禳及神庙许愿"；蕉岭县民若染疫病，"求于神道，以仙姑之草药治病"；保亭县民"医药缺乏，病多求神，杀牲畜拜祭"等。① 诸番求神问鬼之举在两广民族地区尤为严重，凡重大事宜施行前，必有或繁或简的祭拜仪式，征得鬼神肯定或指引后方才行之。1935年费孝通、王同惠调查广西象县花篮瑶社区时便注意到该现象。当地瑶民常求教于专职通灵人员，依照鬼神"旨意"行事。② 直到20世纪50年代，瑶民仍迷信赶鬼驱疫之法，"如果有人病就杀鸡请道公来赶鬼"，"人死后都请道公来开路"，否则"'鬼'就不离开家里。她就时常在家扰乱，使家里的人成病"③。旧时两广方志更记有大量鬼神灵异事件。对文化水平普遍偏低的乡民而言，方志是其学习文化知识的重要载体，故对方志所记之事，他们往往深信不疑。④ 如此一来，当地鬼神迷信风气更为浓厚。

此是可见，鬼神迷信风气的盛行，加剧了民众对祈神禳灾成效的心理期待。他们自发地认为鬼神之力可以帮助其躲避灾祸，否则无法解释为何会有数以万计的人聚集在神像前祈求祷告，更无法解释那些不时传来的神明显灵之事。在灾祸频仍、科技不昌的近代中国，民众并没有意识到此系集体性思维认知误区（抱团取暖的心理需求）和三人成虎的社会谣传，反而一厢情愿地认为是神明济世救人的表现。此番认知误区还会随持续性乱世荒年的到来而变得愈发严重。

## 三、祈神禳灾背后的民众无助状态

乱世荒年的时代环境，是民众持续性祈神禳灾行为的根本原因。民众频繁祈禳的背

---

① 详见《广东省各县市自然及人文概况调查表之一（内有地图）》，1947-1948年，广东省档案馆馆藏，广东省政府民政厅档案：3-1-54；《广东省各县市自然及人文概况调查表》（吴川等23县），1947年，广东省档案馆馆藏，广东省政府民政厅档案：3-1-55；《广东省各县市自然及人文概况调查表（三）》（中山等23县市），1947年，广东省档案馆馆藏，广东省政府民政厅档案：3-1-56。

② 王同惠：《广西省象县花篮瑶社会组织》，商务印书馆，1936年，第18页。

③ 中科院民族研究所广西少数民族社会历史调查组编：《广西僮族自治区田林县渭标乡、大瑶山瑶族自治县长垌人民公社瑶族社会历史调查报告》，1964年刊印本，第29页。

④ 《贺县志》就记有"坠龙"事件：1925年"六月初八日，风雨雷电交作，九崀山崩十余处。同时，姑婆山发现独角龙，风雨雷电绕至鬼仔坪岭角，为巨雷霹毙，长二丈余，大逾数抱，淘锡砂丁烹而食之"。参见韦冠英修，梁培煐、龙先钰纂：民国《贺县志》（卷五·前事部·灾异），成文出版社，1967年，第267页。

后，正是天灾人祸频仍剧烈年代普罗大众无计可施之后的无奈乃至绝望心态的一种特殊反映，此系民众祈神禳灾的根本心理动机。

以两广地区为例，1912-1949年两广地区至少发生水旱风虫震等各类自然灾害3,638县（市）次，又至少有霍乱、鼠疫、天花等各类疫病2,365县（市）次。① 依当时两广地区200余个县（市）计算，每年至少有一半以上县市遭遇自然灾害侵袭。频仍灾害已让民众无法安生，惨烈战乱更令社会雪上加霜。仅全面抗战期间，两广地区直接与间接伤亡人口至少有6,230,849人，直接与间接经济损失高达国币921,958,684,683元。② 面对惨重灾祸，民众自身无力妥善应对，官民赈济又多呈杯水车薪之态。以1947年广东大水灾期间的赈济为例，官民施救能力远无法满足民众实际需求。据是年4月省社会处数据显示：广州灾民130万人，分发救灾善款国币674.9万元；三水灾民25万人，分发64.8万元；台山灾民105万人，分发408.9万元；南雄灾民25万人，分发48.6万元；惠阳灾民60万人，分发272.6万元；紫金灾民25万人，分发48.6万元；南澳灾民5万人，分发16.2万元；五华灾民35万人，分发22.7万元；吴川灾民20万人，分发25.9万元；徐闻灾民15万人，分发48.6万元；澄迈灾民20万人，分发38.9万等。③ 由此可知，灾民人均所得救灾款最多者不过国币5元有余，最少者不足1元。款额本即微薄至极，通货膨胀的经济形势还在持续恶化，以致赈灾活动很难取得实际成效，灾民生活的改善也多停留在理论构想中。正因如此，灾民不得不上演诸如逃荒异乡、典卖妻女、暴力劫粮、卖身求食、淘洗粪中谷粒为食等极端求生方式，甚至恶化至人吃人境地！可即便如此，数以万计的民众仍难逃被乱世荒年吞噬的命运，其中1943年广东旱荒饥馑尤为惨烈，全省非正常死亡50万人以上。④

从群体心态角度来看，较于承平时期的人群，极端年代的弱势群体更容易相信鬼神

---

① 详见李华文：《民国时期华南地区灾害救济与灾民状态研究（1912-1949）》，湖南师范大学2020年博士学位论文，第一章。

② 广东省抗战损失调研课题组：《广东省抗战时期人口伤亡和财产损失》，中共党史出版社，2010年，第69页；中共广西壮族自治区委党史研究室编：《广西抗日战争时期人口伤亡和财产损失》，中共党史出版社，2014年，第65-66页。广西战时财产损失，仅系日军第一、二次侵桂和日机空袭桂地造成的损失。

③ 《广东省社会处经收国内外捐助赈款拨给各县（市、局）赈灾救荒款额分配表》（1947年4月28日），见《广东省社会处关于各县水灾情况报告、救灾办法及款项分配表》，1948年，广东省档案馆馆藏，广东省政府社会处档案：9-2-89。

④ 李文海等：《近代中国灾荒纪年续编》（1919-1949），湖南教育出版社，1993年，第576页。

显灵的"奇迹",相信一切关于超自然力量的虚妄之事。① 因为他们迫切需要寻找到心理慰藉与生存机会,以暂时消除或缓解乱世荒年带来的内心恐惧。当现实世界已无可能后,那些虽虚无缥缈却盛传"奇迹"的鬼神世界便填补了灾时民众的生存与安全需求空缺,促使他们相信活着并非全无可能,毕竟还有拥有超自然力量的神明在关注自己。可见,并不是虚妄的鬼神世界能够怜悯、帮助民众,而是走投无路的民众需要搬出鬼神世界来安慰、欺骗自己及他人。尤其对以种地为生的农民来说,他们"从来就没有和灾分过手,七八成的收成已经说丰年"。其应对灾荒的常见方法亦是求神拜佛,"除了祈祷烧香、立庙供奉之外,农民们并没有积极控制的办法"②。民国佛山忠义乡某海神庙石碑更如是记载:"洪水肆虐……回天乏力,唯有靠神。"③ 此虽系"死马当活马医"的思维逻辑,但终究是民众求生的一丝希望。况且,神明显灵济世的事迹在历朝历代均有流传。倘若民众通过虔诚祭拜与祷告,果能感动神明降下福佑,岂非皆大欢喜的事情。

受上述群体心态影响,民众一旦遭遇乱世荒年,便会大批量地聚集在神像周边。他们通过重复的、大规模的祭拜活动,希望借此沟通起人神两界,进而得到神明帮助与庇佑。因为"鬼神"作用本即在于显现奇迹,利用超自然力量将世人带入一个"神圣"的世界。④ 虽然民众自己也不敢确定频繁的祭拜与祷告能否收到实效,能否让"鬼神"知晓世人心愿,但是做了总比不做强,万一有神迹发生呢!毕竟对无计可施的他们来说,"万一"本身也是一种求生的机会,他们不会放过任何可能的机会。

杨庆堃对中国民众求助鬼神之力以度过乱世荒年的情况有过精辟的阐释:

> 中国这样一个前工业化社会中,艰苦的生活环境使人们逐渐意识到自身知识是有限的,他们希望得到超自然力量保佑,来抵御严寒、暴风雪、洪水、遮天蔽日的蝗灾、一夜之间令所有牲畜毙命的瘟疫以及各种毁灭庄稼的破坏力量带来的各种自然灾害。"天灾"是古老的农业方面的灾祸。在阻止大自然的灾害时,人们经常是无能为力的。因此,人们自然而然地对与自然作搏斗不再抱

---

① 参见[法]古斯塔夫·勒庞:《乌合之众:大众心理研究》,戴光年译,新世界出版社,2010年,第27-28页。勒庞认为:"群众会相信子虚乌有的一切,诸如刀枪不入,诸如神怪显灵,诸如语言谶语,诸如一切与精神力量相关的事情,但凡这一类事情不合逻辑,总是能够获得他们近乎疯狂的虔信。"

② 《不是崩溃是瘫痪》,费孝通:《乡土中国·生育制度·乡土重建》,商务印书馆,2011年,第372页。

③ 转见[美]杨庆堃《中国社会中的宗教——宗教的现代社会功能与其历史因素之研究》,范丽珠等译,上海人民出版社,2007年,第75页。

④ 参照金泽《宗教学理论新探》,商务印书馆,2022年,第25页。

希望，放弃了面对自然威胁的斗争，而是将希望转化成了宗教仪式。如果灾难再降临，人们就追忆以往神灵显圣的奇迹和那些有求必应的情形，从而再度燃起希望，恢复信心，从失败和废墟中走出来，面对未来，确信这一次神将与他同在。①

不管从任何角度进行解读，民众以求神问鬼的方式来躲避灾祸的做法，根本原因在于他们无路可走、无计可施，唯有仰望神明庇佑。即使是赶鬼驱疫等陋习的盛行，仍可归因于医疗资源的匮乏，以致民众长期处于无医可诊、无药可治的境地，进而使巫医之说获得存在及延续的空间。这也是为什么越偏僻落后的民族地区及山地林区，鬼神迷信风气越为浓厚。因为诸类地区相对城镇地区来说，基本不存在先进医药资源，民众无法从中体验到近代医药技术对治愈疾疫的重要作用，故唯有回到求神拜佛、赶鬼治病的老路上。归根结底，仍是现实生活逼迫下的不得已之举。

进一步看，民众即便没有从鬼神视角看待灾害问题，也多半不会从科学视角进行探索，而是形成另一种认知偏见。1933年广东虫害调查过程中，粤北农民即多将水稻白穗归咎于雷电劈击或风雨吹袭。②然事实上，水稻病害、螟蝗虫害、异常气象等均能导致水稻出现白穗。可见，近代科学文明并没有深入到底层世界，民众仍普遍缺乏必要的科学知识。他们纵使不相信鬼神，也相信老天爷，可老天爷又是中国鬼神体系中位阶最高的神，虽无名无相且无依无据，却无处不在且无所不能，堪称主导生民万物的运转法则（道）。

为此，民国时期两广地区政府曾多次开展鬼神迷信破除运动，以求引导民众正确认识与科学防范灾害。抗战时期广西省政府便展开疫病科普工作，帮助民众认识霍乱等疫灾非人世作孽、苍天惩罚结果，而是有一定的发病与传播规律，亦是可防可控及可治的事情。当时张贴在南宁街道的标语如是写道："预防霍乱，第一要打预防针；第二要喝用开水；第三要扑灭苍蝇"；"要防疟疾，常吃奎宁，即金鸡纳霜"；"要免天花，快种牛痘"等。③1947年广东省政府更在全省范围内展开大规模破除鬼神迷信运动，计

---

① ［美］杨庆堃：《中国社会中的宗教——宗教的现代社会功能与其历史因素之研究》，范丽珠等译，上海人民出版社，2007年，第73-74页。
② 赵善欢：《广东虫害初步调查报告》，中山大学农学院，1934年刊印本，第49页。
③ 《关于霍乱方面之标语及漫画》（1938），见《内政部卫生署华南区防疫专员、国联防疫委员会第三防疫团联合办事处广西区半年工作报告》，1949年，广西壮族自治区档案馆馆藏，广西省政府民政厅档案：L5-1-675。

30个县市参与，举办30场大型活动，参加人员达36,372人等。①

政府宣传不可不谓用力，最终却收效甚微。民众非但没有从鬼神迷信中走出来，反因持续性天灾人祸的到来而变得更加笃信鬼神之力。个中根源在于民众并没有得到妥善救助，反而屡屡陷入生死无依的绝境，甚至恶化到宰杀、啃食活人躯体充饥的境地。②此般惨烈处境下，民众根本无可能听进政府宣扬的科学文明知识，更不可能去思考鬼神迷信造成的负面影响，他们急切关心的只是如何获得食物以延存性命。毕竟"对于一个饥饿已经达到危险程度的人，除了食物，其他任何兴趣都不存在了"，"生活本身的意义就是吃"③。正如1928年广西旱荒时，"庆远、河池、南丹一带米粮没有了，继以草根树皮，最后把农民赖为生产力的牛只，都吃光了，而仍不免于死亡"④。此时，民众已无法通过外界救助来获得生存机会，除末日狂欢式的暴力抢掠外，他们唯有寄希望于陌生又熟悉的鬼神世界，即便终是自我安慰与自欺欺人的结果。

## 四、祈神禳灾与民众功用性考量

民国时期民众祈神禳灾之举，固然是乱世荒年下的无奈求生体现。不过，普遍的祈禳行为背后也潜藏着一定的功用性考量。择要言之，约有三：一是民众能够通过祈禳等人神对话活动获得不等数额的赈济粮款，此系物质层面的益处；二是民众对鬼神世界的自我塑造能够满足其自欺欺人的需求，此系心理层面的慰藉；三是民众能够将祈禳等人神对话活动融入日常生活，此系日常生活层面的调节需求。

从第一种情况来看，降鸾扶乩、济幽超度等祈神禳灾活动，可以聚拢起大批无依民众。此等人群聚集方式，除能部分地满足民众心理安全需求（表象）外，也能给予他们一定的实际益处。一方面，祈禳法会结束后，用来供奉鬼神的米粮、肉类、瓜果及慈善团体捐献的衣物、善款等，都会分发给围绕在法会周边的民众。比如，1946年广东潮阳县旱荒饥馑之际，县内仁济善堂便在中元施孤法会后，将15,000斤大米和5,000件布衣

---

① 《推行社会运动》（1947），见《广东省社政概况统计》，1947年，广东省档案馆馆藏，广东省政府社会处档案：9-1-91。
② 《一九四三年广东旱灾史料》[政协广州文史资料研究委员会编：《广州文史资料》（第八辑），1963年内刊本] 以幸存者口述回忆的形式，记载了当年广州、台山、惠阳等地的极端案例。
③ [美]亚伯拉罕·马斯洛：《动机与人格》，许金声等译，中国人民大学出版社，2012年，第21页。
④ 黄绍竑：《黄绍竑回忆录》，广西人民出版社，1991年，第152页。

及大批日用品施济给周边300多名灾贫。① 同年，广州惠行善院代办云云和尚济幽法会。完毕，亦举行大规模慈善施饭活动，为期月余，每日受领者约千人。② 诸类将法会和善举相结合的活动屡见于两广地区，借此施舍方式得以存活者亦不在少数。如此一来，民众自然对祈禳之举怀有好感，甚至期许多办几次祈禳法会以便改善自身艰辛处境。另一方面，祈神禳灾过程中还会出现各种神明训示，借此引导各界广发善心施救饥贫灾黎。比如，1943年潮汕大饥荒前夕，当地达濠镇德教信众开乩于滨海楼，借大峰祖师之口，训示信众组织善堂，以收殓尸骨、施济灾黎。随后，饥荒肆虐潮汕，各善堂主动出击、救生殓死，赢得各界好评。③ 又如，抗战胜利后，广州道教至宝台慈善会借助神明福佑的旗号，主动向市内灾贫施赠米粮及其他物资，"每日上午九时到十二时施医赠药，下午一时三十分施粥，日施粥五百人"④，一边宣扬道教信仰，一边施救灾贫。诸等活动虽无不含封建迷信色彩，但确有引人向善和施善的意向，亦有助于改善民众基本生计。

平心而论，民众关注的焦点并非祈禳仪式本身，亦非神鬼如何施法福佑，而是祈禳活动之后的款物施舍，即其能够从中获得哪些实际益处，又能否据此改善自身生计。他们对祷告和祭拜的对象即鬼神世界本身或无虔诚信仰，而多怀揣功用性想法。他们祭拜鬼神更像一场不同世界间的利益交易，即拥有超自然力量的鬼神需要人间的供奉，遭受频仍灾祸的人间则需要鬼神的庇佑，两者结成一种人想象意义上的利益共同体关系。换言之，民众眼中的人与神，除寿命长短和超自然力量有无外，并无绝对的高低贵贱之别，双方需要遵守共有的规则。一旦一方违反规定，便会受到惩罚。于是，频仍灾祸被描绘成人世作恶、神明惩罚的结果，偶尔的暴晒、鞭打龙王塑像等行为，则被民众认作是神明受罚的体现。对此问题，费孝通曾有精辟的论述："我们对鬼神也很实际，供奉他们为的是风调雨顺，为的是免灾逃祸。我们的祭祀很有点像请客、疏通、贿赂。我们的祈祷是许愿、哀乞。鬼神在我们是权力，不是理想；是财源，不是公道。"⑤ 对祈神禳灾的民众而言，他们相信的并非"鬼神"世界的"虚"面，即所谓超自然力量如何神奇；

---

① 汕头市广济善堂编：《广济善堂创建一百周年纪念特刊》，1999年刊印本，第140页。
② 《广州市惠行善院一年来工作概况报告书》（1946），见《救济总署广东分署1946年业务报告、汕头等县市救济机关慈善团体调查表、广州市惠行善院工作概况报告》，1946-1948年，广东省档案馆馆藏，广东省政府社会处档案：9-1-26。
③ 《1940年代达濠紫濠阁与德教的发展与建构——近代潮汕侨乡与东南亚地区文化互动的个案研究》，陈景熙：《潮州学论集》，汕头大学出版社，2006年，第379-380页。
④ 《各县市救济机关及慈善机关调查表》，见《省政府社会处、各县市局救济机关 慈善团体调查表》，1946-1948年，广东省档案馆馆藏，广东省政府社会处档案：9-1-23。
⑤ 《眼睛望着上帝》，费孝通：《美国与美国人》，三联书店，1985年，第110页。

而是相信"鬼神"世界的"实"面，即施赠款物这一事实。① 此时，祈禳已经不仅是民间信仰的一种仪式，更是一种能够惠益灾贫的现实行为。

受此影响，民众在困顿潦倒、衣食不继时，依然热衷于祈神禳灾活动。据杨庆堃1949年的调查，广东南庆村"村民毫不吝啬地花了大约500美元举行庙会，庆祝土地公——这个地方的保护神的诞日。与此同时，他们却无力募到同等数额的钱来修葺村里的水库，或募到三分之一的钱来让穷人家的孩子读书"②。从实用心理角度来看，民众祭拜行为表面上是出于对鬼神（土地公）的信奉，深究之则是基于保佑农地丰收的愿望。因为土地公是司职农地出产的神明，保佑属地风调雨顺是职责所在。民众若因神诞庆祝事宜而惹恼土地公以致降下灾歉，那么将极有可能陷入饥馑困境。此等生死攸关之事，自然是他们头等考虑的事情。相反，兴办教育和兴修水利，则不是短时间内非办不可的事情，自然难以唤起民众的积极态度。

从第二种情况来看，频繁祈禳行为也是民众对"鬼神世界"主观认知的一种反映。安稳良善的环境可以引导民众看清鬼神世界中封建迷信与虚妄缥缈的面相，灾祸频仍的环境则会迫使他们选择相信鬼神世界具有福佑避灾与拯救世人的能力。乱世荒年之下，民众并不知晓老天爷持着"天地不仁，以万物为刍狗，圣人不仁，以百姓为刍狗"③的态度对待所有人，并不会因他们的哭诉和拜祭而格外开恩庇佑。他们也没有意识到灾荒年代的人群聚集处极易滋生、传播出各类神明显灵济世的谣言。相反，他们对由超自然力量构造出来的鬼神世界无不充满权威崇拜之情，该崇拜态度促使他们相信鬼神有能力帮助自己渡过劫难。于是，他们从一开始便在所谓代表超自然力量的鬼神世界面前低下了头、弯下了腰，顺从鬼神"指示"而行。因为"有关上天和阴间的观念反映的是道德的启示，通过上天奖赏善事，阴间的恶鬼来惩罚恶行"④。民众自发地认为灾荒疾疫的泛滥正是人间作孽、老天爷收人的结果，自己唯有按照神明指示才能去灾避祸。1943年广东潮汕地区旱荒饥馑前夕，曾流传济佛"神谕"："惜乎一般人民，未明因果报应，

---

① 参照金泽《宗教学理论新探》，商务印书馆，2022年，第7页。金泽认为宗教信仰有着"虚"的一面，即信仰对象具有"尚未证实"或"尚未实现"的属性；但同样有"实"的一面，即信仰过程形成的心理事实和社会事实或文化事实。
② ［美］杨庆堃：《中国社会中的宗教——宗教的现代社会功能与其历史因素之研究》，范丽珠等译，上海人民出版社，2007年，"导论"第31页。
③ 《老子》（第五章），饶尚宽译注，中华书局，2006年，第13页。
④ ［美］杨庆堃：《中国社会中的宗教——宗教的现代社会功能与其历史因素之研究》，范丽珠等译，上海人民出版社，2007年，"导论"第28页。

尚有多少蛮干，以致上天震怒，降此十魔大劫，收回凶恶，归幽处罚。"① 可见，民众将频仍灾祸视作自身恶行的报应，仅依靠自己并无化解可能，需听从神明旨意行事。

长久以来的功德成神观念和降鸾扶乩仪式，更使民众选择相信鬼神具有福佑避灾的功能，渐而形成"人世作孽—上苍降罚—神明济世"的固化思维逻辑。就前者来看，神之所以成神，多系其凡世功德累积而成，而非天生圣人。按《抱朴子》说法，"人欲地仙，当立三百善；欲天仙，立千二百善。若有千一百九十九善，而复忽中行一恶，则尽失前善，乃当复更起善数耳"。② 由是观之，凡人成神之路实与造福世人、普度众生的善念善绩紧密相关。受此观念影响，民众无计可施时，会将最后希望寄托在传说曾经造福万民的天地神祇身上，认为曾经依靠施济灾贫而成神的神明如今依然会怜悯并帮助他们渡过一时劫难。就后者而言，降鸾扶乩从来不仅是一种民间信仰仪式，更代表神明对凡人的道德训示与人生指引。尤其身处乱世荒年、走投无路的民众更容易相信扶乩所传达的神示。因为他们相信巫师可以代神开口指导民众如何救灾治病、如何延存性命，如何重启灾后生活③，即使相关指示本质上不过是一种心理慰藉。

从第三种情况来看，长期的祈神禳灾活动和神祇显灵之说，使得民众主观认知中的鬼神形象逐渐脱离神秘色彩，转而融入世俗世界与日常生活。1934年广州沙南社会调查报告即指出："全沙南人的宗教信仰，差不多都是多神的信仰。甚么地方都可以有鬼神的存在，甚么东西都可以有鬼神的凭寄。"④ 此等多神崇拜的观念，实则将虚幻的鬼神世界放置在真实的世俗生活中加以观察和描摹，衍生出一种鬼神世界世俗化、大众化的认知取向。大批通灵行业人员的存在，又进一步淡化了鬼神世界的神秘性，使之变得与民众日常生活无异。以新中国成立前后广西瑶族金秀四村茶山瑶区为例，全村共816人，师公、道公等通灵人员就有97人，占总人数11.88%。⑤ 这批通灵者实则就是生活在民众周边的亲朋故旧，彼此之间实无秘不可言的"神迹"，他们所勾勒、描述的鬼神世界实际上就是民众日常生活的世俗世界，并不具有绝对的神秘色彩。

在"声光化电"远未普及农村地区、底层民众生活极单一的年代，此番认知取向有

---

① 《1940年代达濠紫濠阁与德教的发展与建构——近代潮汕侨乡与东南亚地区文化互动的个案研究》，陈景熙：《潮州学论集》，汕头大学出版社，2006年，第379页。
② （晋）葛洪：《抱朴子》（内篇·对俗），上海书店，1986年，第12页。
③ 详见[美]焦大卫、欧大年《飞鸾：中国民间教派面面观》，周育民译、宋光宇校，香港中文大学出版社，2005年，第31-32页。
④ 岭南社会研究所编：《沙南蛋民调查报告》，《岭南学报》第3卷第1期，1934年。
⑤ 全国人大民委办编：《广西大瑶山瑶族社会历史情况调查（生活习俗文化宗教部分）》，1958年刊印本，第82页。

一个积极作用,即民众不再恐惧鬼神世界,反将与鬼神世界相关的事宜视为日常枯燥生活的"调节剂"。因为对底层民众而言,鬼神相关事宜是他们为数不多甚至唯一的娱乐活动。1947年广东省政府对各县市调查报告便认为迎神等活动极大丰富了民众单调生活。比如,当时化县民众"娱乐多为演戏、游神、集会";平远县民"除民间赛会外,并无任何娱乐活动";英德县民"每年秋冬多借酬神建醮,以资娱乐"①。由是可知,祈神禳灾等人神对话活动的益处并不限于物质层面的粮款施予,也在丰富民众社会生活方面起到一定积极作用。受此影响,民众对祈禳行为的态度,变得更加自然与主动,起码不会有明显的反感及排斥之意。

## 结　语

综上所言,民国时期普遍的祈神禳灾行为背后蕴含着民众复杂的心理考量,是他们对灾时世界的主观认知及自发应对的体现。民众之所以会选择并相信鬼神世界能够福佑避灾,根本原因是乱世荒年已经令他们无计可施、无路可走,不得不转而投向虚无缥缈的鬼神世界,以期待"万一可能"的神明显灵奇迹眷顾到自己。但同时,祈神禳灾的悠远历史传统与现实物质益处等因素,又让民众发现祈禳行为不全是虚无缥缈的传说或是自我安慰的谎言,也能收到一定的实质性成效,他们由此亦对此举抱有些许希望。

民众频繁祈禳的背后,一方面表明祈神禳灾是传统社会人们面对天灾人祸的主要因应手段之一,千百年承袭下来的祈祷神明去灾避祸的方法已经成为一种风俗习惯,内化成为民众的一种应激反应,而发展落后与科技不昌的现实则是这一习俗的社会土壤。另一方面,乱世荒年的极端祈禳行为又是民众心态失衡与社会秩序失范的特殊反映。频繁灾祸之下,祈神禳灾本应只是民众临时行为,然而民众却在走投无路之际将此举当作最后一棵救命稻草,甚至出现自身饥寒无着之时仍旧举办法会以求神明搭救的荒谬情况。此时,祈神禳灾已然不是传统风俗的正常表现,而是社会失序的极端环境下民众心理失衡的反映。而且,笔者研究发现,民国时期两广地区灾害频仍程度在全国范围内而言,尚处于中等灾区范围。中等灾区内民众心态尚且失衡至此,那么重度灾区内民众心态的

---

① 详见《广东省各县市自然及人文概况调查表之一》(内有地图),1947-1948年,广东省档案馆馆藏,广东省政府民政厅档案:3-1-54;《广东省各县市自然及人文概况调查表》(吴川等23县),1947年,广东省档案馆馆藏,广东省政府民政厅档案:3-1-55;《广东省各县市自然及人文概况调查表(三)》(中山等23县市),1947年,广东省档案馆馆藏,广东省政府民政厅档案:3-1-56。

失衡程度又会如何？若非时代亲历者，恐难有精确的回答。试想可知，若社会安稳、民生安乐、国家安定，那么对已迈入近代文明社会的中国民众来说，鬼神显灵济世的荒诞之说就会不攻自破，祈神禳灾行为也会还原到民间习俗与民间信仰的应有面目，民众对其态度亦会由乱世荒年的救命稻草转为社会生活的调节剂。据此可知，祈神禳灾的泛滥与否，实与民众生计问题密切相关。灾时民众若能在现实世界获得妥善救助或寻得有效方法，他们自然不会将求生希望寄予虚幻的鬼神世界。故此，维护社会长期安稳，妥善解决民生问题，是防止祈神禳灾行为走向泛滥的根本之策，此亦是相关历史研究的当代意义。

# 民间信仰空间分布的历史形成及其发展[①]
## ——以珠三角佛山市为例

中山大学马克思主义学院、中山大学华南农村研究中心　杨思敏

**内容提要**：以佛山市的民间信仰活动场所作为一个整体进行纵向比较，不难发现，在近代科学技术未广泛应用之前，佛山市的民间信仰因受自然地理条件、生计模式的影响而以水神信仰为主。同时，受到历史上国家与地方社会在民间祭祀上的互动的影响，该区域民间信仰格局中具有正统地位的主要神明的分布状况存在着非均等化的扩张态势。自改革开放以来，一些地方的民间信仰呈增长态势，由于现代通信技术与交通条件的发展，以及中华传统文化在中国当前文化格局中的地位上升，佛山市的民间信仰分布亦有新变化：该区域内庙宇数量居前的神明，因其被广为传播且在历史上均属有丰富文献记载的正祀神明的特点，而为地方社会关注，该区域内主要神明的庙宇数量与造像数量上都呈扩张态势，且其所具有的社会功能逐渐丰富。

**关键词**：民间信仰；宗教地理学；佛山市；空间分布；结构过程

民间信仰活动场所是民间信仰的空间载体，而民间信仰活动场所中特定神明的居所的空间分布与其所蕴含的社会功能密切相关。近年，民间信仰管理已被列入了政府公共事务管理之中，通过对其研究，明晰民间信仰在基层社会结构当中的作用，对厘清当前基层治理的社会基础来说是必不可少的环节。本文力图展现在受现代化的冲击下的中国熟人社会中，各类民间信仰活动场所的空间结构的历史形成，并追问这一空间分布状况的意义及其当前的发展态势。

在现代化的背景下，对中国社会中的民间信仰场所的分析暗含着传统与现代的融合。

---

[①] 本文系教育部人文社会科学重点研究基地重大项目"珠江三角洲民间宗教地理空间分布调查研究"（项目号:13JJD720020）的阶段性成果。

现代的生活方式是如何影响民间信仰场所的空间分布的？民间信仰场所空间分布形成的历史过程体现了传统的人地关系、人神关系与现代的生活方式之间怎样的关系？这也是本文意图揭示与分析的问题。除此之外，民间信仰在强化民间权威、满足村民心理需求等方面具有重要作用。中国乡村社会有其自身的社会结构、文化传统与历史经验等，而民间信仰的形成与特定区域内的空间位置、经济、文化乃至政治等因素有密切关系。民间信仰增长现象根源于当前中国乡村正处于社会结构转型时期，本研究对佛山市这一相对中观的区域对民间信仰场所的空间结构分布及其意义进行阐释，也是对当前中国乡村基层社会基础的再认识。

近年来，中国社会中的民间信仰总体呈现出增长的趋势。以佛山为研究对象，不仅因该区域的民间信仰增长现象突出，而且从历史和现实来看，佛山市目前所辖范围是一个相对稳定、独立的经济、文化区域，对其研究能够以区域性的视角更好地分析民间信仰在特定区域内的空间伸缩的中观机制。因此，本文旨在对佛山市的民间信仰活动场所空间分布的历史形成及其发展进行研究。

## 一、文献综述

在理论层面上本文主要涵盖了中国民间信仰与宗教地理学。首先，对于"民间信仰"，学者们基本是从不同学科进路与不同研究旨趣来对之加以定义。因此，目前并不能得出一个较为统一的关于民间信仰的定义。但可以明确的是，民间信仰作为一种特殊的社会存在形态，是深深根植于中国社会的经济、文化等深层结构当中，在这个意义上，国际著名汉学家欧大年认为，对中国民间信仰的研究需要具有"长时段的历史眼光"，也即着眼于"整个历史上的相对稳定时期"，而这样的研究取向有赖于对历史记载、经书文献的研读，以形成一种地方性的统一的信仰传统的认识[1]。然而，对中国民间信仰的研究过于看重历史性的文字材料则容易导致将民间信仰简单理解为中国官方文化的民间形态。随着田野研究的深入以及民间信仰的比较研究的展开，学界对中国民间信仰的认识不再拘泥于 Robert Redfield 的"大传统"和"小传统"（即 great tradition 和 small tradition）的区隔[2]，而开始通过对地方性民间信仰存在形态的直接观察与描述，从民间

---

[1] [美]欧大年：《中国民间宗教教派研究》，刘心勇等译，上海古籍出版社，1993年，第1—2页。
[2] [美]罗伯特·芮德菲尔德（Robert Redfield）：《农民社会与文化》，中国社会科学出版社，2013年。

信仰的角度去探讨大小传统之间的互相融合，并进而挖掘出各社区成员在多大范围内共享同一套民间信仰资源。

尽管对中国民间信仰的研究必然需要注重其历史传统，但就其现实性而言，中国的民间信仰的生命力离不开其在社会整合过程中所具有的功能与作用，这就引入了功能主义视角。杨庆堃认为，中国宗教（其中包括"制度性宗教"与"弥漫性宗教"）因其在中国生活和组织中承担了特定的社会功能从而成为社会生活与组织发展与存在的基础之一[1]。郑振满和陈春声则认为民间信仰研究在揭示中国社会的内在秩序和运行法则方面，具有独特的价值和意义[2]。值得关注的是，在华南学派注重民间文献和田野调查的区域社会研究中，对珠江三角洲的民间信仰研究已有丰硕成果，这对理解佛山地区民间信仰空间分布的历史形成具有重要作用与意义。其中，珠江三角洲历史上的沙田开发及背后反映的地方社会与国家制度之间的互动关系[3]对理解该区域内庙宇的空间分布，尤其是民间信仰庙宇在民田区与沙田区之间分布的明显差异是至关重要的。而由于佛山地区大多属开发较早的民田区，其宗族发展兴盛[4]，相应地，该区域内对具有正统地位的神明崇拜是居于主导地位的。[5]

再者，中国各民间信仰所塑造出来的神圣空间是具有界域性的，信仰仪式是围绕特定地理范围开展的，而不同民间信仰场所之间的关联性又将更大范围的民间信仰勾连起来，通过对特定区域范围内民间信仰之间的联系与互动关系进行研究，有助于侧写出该区域的社会形态与地方民众的生活状态。那么，以功能性为视角对从传统农耕社会延续至今的民间信仰加以研究，就必然关切到其与地理空间条件之间深刻的内在关系。我国台湾学者潘朝阳就认为"依据区域理论，可以研讨区域内民俗宗教的独特性及其在区域内和其他现象之间的关系"[6]。王元林在其所著的《国家正祀与地方民间信仰互动研究：宋以后海洋神灵的地域分布与社会空间》一书中以区域社会史、历史地理学研究方法为

---

[1] 参见[美]杨庆堃《中国社会中的宗教：宗教的现代社会功能及其历史因素之研究》，范丽珠等译，上海人民出版社，2007年，第19页。

[2] 郑振满、陈春声：《国家意识与民间文化的传承——〈民间信仰与社会空间〉导言》，《开放时代》2001年第10期，第62-67页。

[3] 梁庆寅、郑振满、陈春声等：《学术共同体》，《开放时代》2016年第4期，第11-42页。

[4] 萧凤霞、刘志伟：《宗族、市场、盗寇与蛋民——明以后珠江三角洲的族群与社会》，《中国社会经济史研究》2004年第3期，第1-13页。

[5] 刘志伟：《神明的正统性与地方化：关于珠江三角洲北帝崇拜的一个解释》，《中山大学史学集刊（第2集）》，广东人民出版社，1994年。

[6] 潘朝阳：《台湾汉人通俗宗教的空间与环境诠释》，厦门大学出版社，2008年，第20页。

主，探究了国家正祀与地方信仰的互动过程①。因此，鉴于民间信仰与地理形成之间存在的特殊的人地关系，对民间信仰场所的空间分布及其意义的分析可以以地理学为方法和角度来丰富其内涵。

综上，本文将民间信仰理解为广泛存在于民间、围绕具有特定边界的民间信仰场所展开的一系列"具有自发性的一种情感寄托、崇拜以及伴随着精神信仰而发生的行为和行动"②。这既将人文地理学的视角引入对民间信仰的研究，又因将其"描述为一种动态的、独立的社会力量或者说社会行动"表明了其与社会之间存在的相互形塑的关系，观照到了嵌入特定社会结构的民间信仰的能量。在此基础上，本文将关注的焦点放在佛山市的民间信仰上，采取区域观照的方式，根据生态、社会、经济、政治的地理空间来分析佛山市民间信仰分布的历史形成及其演变。

## 二、佛山市民间信仰格局历史形成的多重因素

民间信仰场所林立的佛山市位于广东省中南部，地处珠江三角洲腹地，东倚广州，邻近深港澳，西靠肇庆，南邻江门、中山，北接清远，陆运、水运、空运交通基础设施齐备，交通便捷③，现辖禅城、南海、顺德、三水、高明五区。据统计，佛山的常住人口超960万人，其中户籍人口495.4万人。佛山也是著名的侨乡，目前祖籍佛山的华侨、华人和港澳台同胞约190万人。④需要指出的是，尽管《2022年佛山国民经济和社会发展统计公报》显示，佛山市常住人口的城镇化率已高达95.22%⑤，但是佛山市下辖的五个区均属涉农区，共有329个行政村，其中自然村数量高达4823个⑥。这意味着，佛山市绝大多数的民间信仰场所仍由村集体统一管理，而极少部分因其居于市中心或历史悠久等因素则在城镇化过程中移交给地方政府统一管理，如佛山祖庙、水上关帝庙等。

---

① 王元林：《国家正祀与地方民间信仰活动研究：宋以后海洋神灵的地域分布与社会空间》，中国社会科学出版社，2016年，第4-5页。
② 吴重庆、陈韵如：《一种可能的新视角——从博弈论看民间信仰与世俗国家、制度性宗教的互动》，《山东社会科学》2016年第9期，第86页。
③ 援引自佛山市人民政府网：http://www.foshan.gov.cn/zjfs/fsnj/2020nj/index.html，参见2020年鉴总述部分，2023年9月10日访问。
④ 援引自佛山市人民政府网：http://www.foshan.gov.cn/zjfs/fsgl/csgk/，2023年9月10日访问。
⑤ 《2022年佛山国民经济和社会发展统计公报》，《佛山日报》2023年4月16日A03版。
⑥ https://www.sznews.com/news/content/2023-03/06/content_30104475.htm，2023年9月16日访问。

因此，佛山市民间信仰的空间分布主要具有的是乡村的特色。

历史地看，珠江三角洲作为冲积平原并非完全是自然沉积的结果，其地理环境的形成过程同时是人为参与开发的过程，这是理解珠江三角洲社会民间信仰基本生态形成的历史过程的一把关键钥匙。珠江三角洲位于广东南部，虽然在广东设行政建制的时间较早，但由于距离政治中心较远，且有"五岭山"形成的自然地理屏障，一直到南宋迁都后，珠江三角洲才得到了真正的开发，并进而使宋代海岸线成为一条清晰的地理及社会分界线。科大卫指出，这条历史的海岸线把当时珠江三角洲的主要城镇连接了起来，"这些城镇包括：石楼、石桥、沙湾、大良、容奇、桂州、小榄、外海、江门及新会城。这条海岸线以南，就是所谓'沙田'，'沙田'北面，则有所谓'外田'"[①]。单从当前的佛山市的地理区域来看，这条海岸线由顺德区的东北向西南斜穿，该路线的北面，即佛山市的绝大部分为外田（民田），而现顺德区的东南侧为沙田区。佛山市境内属亚热带季风气候，夏季雨水充沛，尚未被真正开发的佛山地区作为西江、北江流进入海的必经之地饱受水灾之苦，而经"无数小小股人群无数互不相干的小型项目"[②]的逐步改造，才约束了河水，稳定了河道[③]，使得当地的商品粮经济得到长足的发展。同时，南宋迁都还带来了广袤的食米市场，当地村落与乡民借此迅速地壮大了经济实力，进而推进了沙田的开发。因此，今佛山市"地势总体有北高南低、西高东低的特征，大部分地区较为低平，地势起伏较小，以平原为主，为珠江水系之北江、西江三角洲平原，河汊众多，桑基鱼塘密布，其间零星分布有丘陵残丘和残留台地"[④]，是人为参与地理环境的构造的结果。

明朝后，得到长足开发的佛山包含了南海县（包含了今南海区与禅城区）、顺德县、三水县和高明县这四个独立的县，可以说是一个具有相对稳定、独立的经济、政治、文化的区域，且在商贸上与广州密切联动，以至于在当时，南海、顺德、番禺三县被合称为"南番顺地区"。然而，陈春声指出，相比于18世纪的广州，"佛山一直没有设县以上的行政管理机构，具有一定的自治取向"[⑤]。而神明作为文化象征力量在团结地方力量、参与沙田开发上具有独特作用，因此在明清时期的顺德县、南海县受王朝敕封的

---

① [英]科大卫：《皇帝和祖宗——华南的国家与宗族》，江苏人民出版社，2009年，第63页。
② [英]科大卫：《皇帝和祖宗——华南的国家与宗族》，江苏人民出版社，2009年，第64页。
③ [英]科大卫：《皇帝和祖宗——华南的国家与宗族》，江苏人民出版社，2009年，第65页。
④ 援引自佛山市人民政府网：http://www.foshan.gov.cn/zjfs/fsnj/2020nj/index.html 参见2020年鉴总述部分，2023年9月10日访问。
⑤ 陈春声：《市场机制与社会变迁：18世纪广东米价分析》，中山大学出版社，1992年，第79-80页。

神明及其庙宇数量骤增，民间信仰现象兴盛。比较而言，佛山市西部的高明、北部的三水地区有连绵的山体，为丘陵—低山地貌，地势陡峻，相对高差大，山谷纵横，植被茂密。[1] 因而不利于农耕，人口较少，未能形成发达的农、商业，亦产生不了强有力的沙田开发集团，而无法借靠诸如祖先、对具有正统地位的神明的崇拜等文化象征力量参与沙田开发的竞逐当中，其零星可见的民间信仰的庙宇大多为当时新形成的地方性民间信仰，未能形成深厚的民间信仰传统。另一方面，从总体的自然地理条件来看，佛山市在经过长期的人工干预后，大部分平原地区河汊和运河交错纵横，可广泛用于通航、灌溉及养殖，其农业、商业和渔业较为发达，但佛山市地势低洼，临江临海，仍会遭受洪涝灾害的影响。所以，在现代交通未发达以前，佛山主要依靠水路交通（河运、海运）进行商贸、人员往来，大小船只几乎可以通达区域内的每个角落。以上述自然、社会条件为基础的生计模式自然形成了佛山地区对北帝、天后、洪圣、龙王等神明的广泛崇祀。

据2010年10月官方发布的有关佛山市民间信仰活动情况的报告记载，经初步统计，全市有各种民间信仰场所1156间（禅城271间、顺德553间、南海289间、三水33间、高明10间），主要分布在基层乡村，供奉从佛、道教的神灵到历史人物有近100个。然而，其中禅城区的基础数据是由宗祠和民间庙宇共同构成的，本文的研究对象集中为以民间庙宇为依托的民间神明信仰。因此，剔除掉宗祠、书院的数据，在这一统计表中，禅城区的民间庙宇数量修正为99间，总计佛山市民间场所为984间。通过对相关数据进行追踪调研，并进一步补充、修正数据，确定禅城为95间、顺德为607间、南海为283间、三水为33间、高明为10间，共计全市的民间信仰场所为1028间。

笔者根据各民间信仰场所的修建时间制成下表。其中，新中国成立后的时段分期主要以新中国成立以来的重大历史事件分界点，并以实地调研过程中所反映出的民众在不同历史时期对民间信仰的认识和参与情况为辅助的分期依据。在实地调研过程中，可以明显感受到，民众对与民间信仰有关的回忆基本被划分为三个时段，具体为：新中国成立前、"文化大革命"时期及改革开放后，而这三个时段并非连续性的。因此，笔者综合考虑分期的时间的均衡性和阶段性，将新中国成立后的分期划分为：1949-1966年、1967-1976年、1977-1989年、1990-1999年、21世纪初。

---

[1] 援引自佛山市人民政府网：http://www.foshan.gov.cn/zjfs/fsnj/2020nj/index.html，见2020年鉴总述部分，2023年9月10日访问。

表一：佛山市各民间信仰场所在各历史时期的修建数量统计表

| 修建时间 | 唐朝 | 宋朝 | 元朝 | 明朝 | 清朝 | 民国时期 | 1949-1966 | 1967-1976 | 1977-1989 | 1990-1999 | 21世纪初 | 不详 | 共计 |
|---|---|---|---|---|---|---|---|---|---|---|---|---|---|
| 庙宇数量 | 1 | 16 | 2 | 26 | 157 | 83 | 20 | 36 | 191 | 175 | 108 | 213 | 1028 |

表一显示出，佛山市建庙的高峰时段为明清时期与改革开放后至今两个时间段，其中明清时期的建庙风潮与上述所说的珠江三角洲的沙田开发密切相关。而就改革开放后至今这一时段而言，与清朝顺德县、南海县、高明县、三水县的地方志相对照，可以发现，顺德县的民间信仰场所为374间，南海县为245间，三水县为30间、高明县为17间。这表明，自改革开放以来，中国民间信仰的增长现象很大程度上是对以往的地方信仰格局的承继，因而当前呈现出佛山市民间信仰场所的空间分布与此前相异不大的状况。

## 三、佛山地区民间信仰的地理空间分布及其结构过程[①]

### （一）佛山地区各庙宇主祀神明的数量及其分布状况

佛山市不仅民间信仰庙宇林立，而且大量庙宇内是大小神像林立的状况。然而，一般"每座庙宇皆有其独具的特质……庙性主要根据庙中主神及陪祀神明的职司及所擅而定"[②]。也即，庙中所供奉的主神基本决定了庙的特性。因此，笔者根据庙的主祀神明来做基本的分类。对佛山市内各庙宇进行统计，除去部分庙宇的主祀神明不明，其他庙宇的主祀神明具体情况如下页表所示。

---

[①] 萧凤霞在一篇英文文章中使用"structuring"一词用以概括"个人透过他们有目的的行动，织造了关系和意义（结构）的网络，这网络又进一步帮助或限制他们做出某些行动；这是一个永无止境的过程"。刘志伟将之译为"结构过程"。参见刘志伟：《地域社会与文化的结构过程——珠江三角洲研究的历史学与人类学对话》，《历史研究》2003年第1期，第54-64、190页。

[②] 蔡佩茹：《穿梭天人之际的女人：女童乩的性别特质与身体意涵》，唐山出版社，2001年，第111页。

**表二：佛山市民间信仰各神祇庙宇数量明细表**

| |
|---|
| 观音（132座）、北帝（真武大帝）（117座）、天后（82座）、土地公（46座）、华光大帝（43座）、康公（主帅）（41座）、关公（关羽）（24座）、文武二帝（23座）、洪圣（23座）、财神（20座）、龙母（15座）、医灵（15座）、社公（10座）、包拯（8座）、天道圣人（6座）、华佗（6座）、车公（6座）、大圣（4座）、金花娘娘（4座）、地母（4座）、赵元帅（3座）、吕纯阳（3座）、马大元帅（3座）、先锋（3座）、城隍（2座）、龙王（2座）、黄大仙（2座）、李九相公（2座）、孔子（2座）、王灵官（1座）、药王（1座）、仓颉（1座）、乡主（1座）、二郎神（1座）、济公（1座）、医帝（1座）、孟大元帅（1座）、李元帅（1座）、侣伯公（1座）、谭公（1座）、贤善大师（1座）、张大天君（1座）、何仙姑（2座）、佛公（1座）、南昌王（1座）、地藏王（1座）、蚕姑（1座）、花王（1座）、侯王（1座）、魁星（1座）、道观（1座）、五岳（1座） |

**表三：佛山市各区民间信仰各神祇庙宇数量明细表**

| 地区 | 神祇数量 |
|---|---|
| 顺德区 | 观音（55座）、天后（49座）、北帝（真武大帝）（41座）、康公（主帅）（25座）、土地公（19座）、华光大帝（18座）、关公（关羽）（16座）、文武二帝（11座）、武帝（5座）、文昌帝君（1座）、财神（11座）、洪圣（10座）、龙母（6座）、社公（8座）、医灵（8座）、包拯（7座）、天道圣人（6座）、华佗（5座）、大圣（4座）、车公（4座）、赵元帅（3座）、地母（2座）、城隍（2座）、龙王（1座）、金花娘娘（1座）、吕纯阳（1座）、黄大仙（1座）、王灵官（1座）、药王（1座）、仓颉（1座）、乡主（1座）、二郎神（1座）、济公（1座）、医帝（1座）、孟大元帅（1座）、李元帅（1座）、侣伯公（1座）、马大元帅（1座）、谭公（1座）、贤善大师（1座）、张大天君（1座） |
| 南海区 | 北帝（47座）、观音（36座）、天后（24座）、华帝（16座）、土地公（15座）、康公（11座）、龙母（7座）、洪圣（7座）、关帝（6座）、文武帝（5座）、先锋（3座）、金花娘娘（3座）、财神（3座）、李九相公（2座）、医帝（2座）、马大元帅（2座）、吕洞宾（2座）、车公（2座）、南昌王（1座）、龙王（1座）、黄大仙（1座）、华佗（1座）、佛公（1座）、包拯（1座）、蚕姑（1座）、地藏王（1座） |
| 禅城区 | 观音（19座）、北帝（13座）、财神（6座）、天后（5座）、华光大帝（5座）、土地公（6座）、康公（3座）、医灵（2座）、孔子（1座）、花王（1座）、侯王（1座）、魁星（1座）、道观（1座）、地母（1座）、五岳（1座）、何仙姑（1座） |
| 三水区 | 观音（3座）、北帝（3座）、洪圣（3座）、社公（2座）、关帝（2座）、龙母（2座）、康公（2座）、土地公（1座）、文武帝（1座） |
| 高明区 | 洪圣（3座）、北帝（1座）、龙王（1座） |

据表二、表三可以看出，佛山市民间信仰中的数量居前的各神明，基本与中国民间

信仰中数量居前的神明相一致①。另一方面，佛山市各神明的占比与类型状况亦呈现其浓厚的地域特色。其中，庙宇数量居于首位的是观音，其次是北帝、天后，且居于前三的数量状况差距不大。数量居于第二的包括有康公、土地公、关公和华光大帝，数量较第一而言骤减，而居于第三的神明较多，包括有文帝、武帝、财神、洪圣、龙母、医灵、社公、华佗、包拯、天道圣人，其余的可作为第四。如前所述，佛山地区自南宋以来因其自然地理条件与农业经济开发之需，水神庙宇林立。就佛山地区建庙的次高峰期——明清时期来看，在已知建庙时间的庙宇中，数量居前的神明均为在历史上具有正统地位的正祀神明，是以明清时期佛山地区建庙之风潮表明了当时国家制度与地方社会之间的较为密切的互动关系。据此，笔者对上述主祀神明按"正祀神明"与"淫祀神明"作划分，并制成下表：

表四：佛山市民间信仰各型神祇分类明细表（1）

| 类型 | 神祇 |
| --- | --- |
| 正祀神明（历史上具有正统地位的民间信仰） | 观音、天后、北帝（真武大帝）、关公（关羽）、洪圣、华光大帝、文帝、武帝、财神、医灵、龙母、龙王、社公、土地公、乡主、城隍、孔子、华佗、药王、仓颉、医帝、包拯、康公（主帅）、济公、吕纯阳（吕洞宾）、金花娘娘、先锋、佛公、天道圣人、黄大仙、贤善大师、五岳神 |
| 淫祀神明（历史上不具有正统地位的地方性民间信仰） | 地母、蚕姑、花王、二郎神、车公、王灵官、赵元帅、孟大元帅、李元帅、侣伯公、马大元帅、谭公、张大天君、南昌王、何仙姑、李九相公 |

在传统社会中，从官方层面来看，民间信仰场所的首要功能是举行祭祀。祭祀在中国古代社会是与礼制紧密相连的，一定程度上维护着王权的神圣化，而祭祀场所在历史中的作用被认为"实际上是国家出现以后，政权对地方控制在礼制上的变现"②，这意味着古代王朝对民间祭祀场所是需要加以管控的，在《礼记·曲礼》就指出："非其所祭而祭之，名曰淫祀，淫祀无福。"③但是，历史上国家对民间信仰场所的管控是时严格、时松动的，且宋代以降，国家逐渐将地方性的民间信仰及其场域纳入国家祀典的体系中去。由此，国家正祀打开了缺口，带动了民间争取将地方性的民间信仰纳入国家正祀中去的做法。在这个互动过程中，一方面，国家通过"收编"地方性神灵将国家权力进一

---

① 目前中国民间势力最大的神明包括有观世音菩萨、吕纯阳、关圣帝君（关羽）、玄武大帝、文昌帝君等神祇。参见吕宗力、栾保群《中国民间诸神》，河北教育出版社，2001年，前言第3页。

② 王元林：《国家正祀与地方民间信仰活动研究：宋以后海洋神灵的地域分布与社会空间》，中国社会科学出版社，2016年，第8页。

③ 参见《礼记疏63卷》第五卷，（汉）郑玄注，（唐）孔颖达疏，嘉庆二十年南昌府学重刊宋本十三经注疏本。

步延伸到民众的社会生活中去,武雅士在研究我国台湾地区的民间信仰时就指出他们是"以行政科层体系来构想神与神之间的关系"[①]且"超自然科层体系对人间的科层体系并无凌越其上之权威,反而二个科层体系平行的,任一个体系中的高位者均可管另一体系中低位者"[②]。可见,国家祭祀与地方民间信仰的互动有利于国家权力在地方的延伸。另一方面,地方社会力量主动参与正祠的建造,举办崇祀正祀神明的活动既是向上表达对王朝的认同,更是强化其对地方的控制的一种方式。在这一历史过程中,地方性的神灵的影响力若要跃出小范围的社区而获得地域乃至更大范围的认同,除了民众向该神灵所祈之事是较广大范围内民众所共同面对的问题(这一点在水神崇拜上尤为明显)之外,更意味着,民间可以通过跨村落的乃至更大范围的仪式联盟获得一定程度的自主性,并谋得发展。郑振满基于对莆田平原的研究就指出:"实际上,仪式联盟是一种社会合作的机制,这种合作经常是可以超越竞争和矛盾冲突的,所以才有可能维持社会秩序的相对稳定和长治久安。"[③]

当然,佛山市的开发是渐次向前推进的。其中,顺德县与南海县开发得较早、较充分。顺德县自宋代起利用河网平原的地势,塞堑为塘,叠土成基,"顺德便通过'桑基鱼塘'的生产模式产生了商品农业经济的萌芽。明中叶以后,发展成为全省缫丝业和丝织业中心"[④]。清朝《广东通志》统计康熙元年的实际人丁为28956人,到嘉庆二十三年达到了399826人[⑤],再到20世纪20年代初,统计顺德县人口竟达到180万人[⑥],这般增速与其成为商业重镇密切相关。事实上,以顺德县、南海县为中心的华南蚕丝产区由于是地处沿海的冲积平原,地势较低,"大部分地区仅稍高于夏季汛期的潮水线,每年七八月份,这低洼土地易遭受洪患"[⑦],而水神信仰,诸如北帝、妈祖、洪圣及龙母等,则顺理成章地受到了该区域民众的广泛崇祀。实质上,水神信仰在商贸发达的佛山更重要的是作为行业保护神而受到崇祀的,这是因为"行业神崇拜除了能够激发人们对其危

---

① [美]武雅士:《神、鬼和祖先》,张珣译,《思与言》第35卷第3期,第241页。
② [美]武雅士:《神、鬼和祖先》,张珣译,《思与言》第35卷第3期,第248页。
③ 郑振满:《莆田平原的聚落形态与仪式联盟》,《地理学评论(第二辑)》,商务印书馆,2010年,第25-37页。
④ 李开林等:《公证为民营经济发展保驾护航:以"顺德模式"为蓝本》,《中国公证》2019年第6期,第28-33页。
⑤ 《广东通志334卷(道光)》卷一训典一,(清)阮元修,(清)陈昌齐纂,清道光二年刻本。
⑥ 转引自[美]苏耀昌《华南丝区:地方历史的变迁与世界体系理论》,中州古籍出版社,1987年,第30页。
⑦ 转引自[美]苏耀昌《华南丝区:地方历史的变迁与世界体系理论》,中州古籍出版社,1987年,第30页。

险性、不确定性的工作和职业充满信心与乐观精神外，还起到了整合有组织的职业团体的作用"①。因此，在佛山，无论是以商品农业生产为生计的农民，还是以贸易为生的商人都会向具有正统性的水神信仰神祇祈愿风调雨顺，求得水神庇护。于是，拥有了广泛信众与足够的资金支持的水神信仰就在商贸往来繁盛的佛山及其周边区域传播开来。

需要指出的是，具有正统地位的民间信仰进入地方社会或在其中得以传扬的历史过程并不相一。具体来看，观音庙（又常见记作水月宫）在佛山地区数量最多，较集中于顺德区、南海区，尽管三水区只有三座，其数量亦居于此区的前列。与传统佛教中的观音不同，中国民间信仰中的观音是长时段历史过程中佛教与中国文化交融的结果，李利安就指出："在这种（中国民间的）观音信仰体系中，中国文化对印度佛教文化进行了彻底的改造，成为一种以中国文化为主体的观音信仰体系。"②同时，观音信仰在中国广泛传播与佛教在中国的盛行、观音女性形象的建构、相关的富有伦理色彩的民间传说及其具有的航海保护的社会功能密切相关。此外，观音信仰在佛山地区的盛行亦与该区域内有大量的出国华侨密切相关，他们建造观音庙、传播观音信仰一方面是因为将观音奉为航海保护神③，另一方面，他们需要借助观音这一正祀神明来表达对王朝的顺从，并整合、团结在同一地缘或业缘的人群，所以必然带来观音信仰在东南亚华侨所来与所及之处的传播。

观音并非"主职"航运保护的神明，而佛山曾经专主航运保护的水神主要包括北帝、天后、洪圣和龙母。其中，北帝和洪圣的"本土性"更强，因在历史上，他们被王朝敕封的部分过程与佛山区域社会的努力密切相关。比较佛山历史上不同的水神信仰之间的数量与分布差距，可以看到，除了北帝庙外，原本在本土得到传扬的洪圣、龙母信仰都未能超过"外来"的妈祖。据地方志记载，清朝佛山地区的北帝庙数量居于首位，总数为57座，其中顺德县有33座，南海县23座。那么，北帝庙作为水神信仰之一何以在佛山脱颖而出？这是因为，北帝庙的弘传与佛山的历史发展有着更为密切的关系。虽然

---

① ［美］杨庆堃：《中国社会中的宗教：宗教的现代社会功能及其历史因素之研究》，范丽珠等译，上海人民出版社，2007年，第80页。

② 李利安：《从中国民间观音信仰看中国道教文化与印度佛教文化的对话》，《人文杂志》2004年第1期，第16-20页。

③ 《毅轩杂志·传闻录》卷七之二《竺云寺观世音应验记》载："明季,此间（即福建省晋江市东石、安海一带，竺云寺在晋江市东石镇张塘村东北郊——引者注）乡民大批出洋谋生，往来洋上。每遇风浪震荡，只须呼喊观世音菩萨之名号，即刻红光一道，过后风浪顿息，故旅外乡亲尽请观音大士圣像随船庇佑焉。"转引自李天锡《观音信仰在东南亚华侨华人中传播的原因及其作用》，《佛学研究》2000年，第226-231页。

在中国，北帝信仰由来已久："北帝是道教中司水之神。北帝信仰起源于古代的星辰崇拜，它本为二十八宿中北方七宿的总称，后经长期演变并被道教吸纳入其神仙系统而逐渐人格化。"[1] 然而，北帝庙在佛山地区分布之广、影响之深主要得益于位于佛山南海的真武庙（亦名祖庙）。该庙在历史上的弘传、扩散彰显了国家正祀与地方社会之间的互动关系："明正统十四年（1449）黄萧养起义，围攻佛山，民众抵御……正因为神助，平定起义后，祖庙被封为'灵应祠'，佛山敕封为'忠义乡'……真武神在地方的事迹得到官方认可。崇祯八年（1635）与十四年（1641），邑绅李敬问及各姓重修，祖先荣耀，子孙重修，自认为分内之事。康熙二十四年（1685）士商又共捐重修，浚锦香池。"[2] 由此，介入到历史政治事件当中去的北帝信仰一举跃升为具有正统地位的神明信仰，受到地方社会不同利益集团的推崇，他们意在借助正祀神明这一文化象征力量将自己改造为受正统规范所认同的社会力量，因为对他们而言，"崇祀像北帝一类被标为正统性的神明，也是社会群体表达自己身份认同的一种重要方式"[3]。

比较来看，虽然妈祖信仰在庙宇数量上与北帝信仰作比较仍有一定的差距，但其作为一种外来的民间信仰，仍能够在水神信仰兴盛的佛山取得一席之地，并在数量上远高于诞生自珠江流域的龙母信仰及自唐朝就出现的洪圣信仰。从同为官方信仰的角度来比较，洪圣（南海神）崇拜虽历史悠久，但在受王朝的认同程度上远不及妈祖。据统计，妈祖在宋、元、明、清四个朝代共获得36次褒封。可见，妈祖比洪圣更能作为王朝的文化象征，其更受到地方的推崇亦属正常，而佛山地区中天后庙数量尤为集中于作为民田区的南海县、顺德县，则印证了地方集团积极利用妈祖信仰来达到对地方的控制。而龙母信仰尽管也被纳入官方正统之中，但其被重视程度远不及妈祖和洪圣。因此，龙母信仰虽诞生自珠江流域，但在珠江三角洲的影响远不及天后、洪圣。其次，妈祖、洪圣与龙母都首先是作为一种水神信仰得到民众的崇祀，从社会功能的角度比较而言，妈祖在被向外传播的过程中，其职能被不断扩大。在明代的《栅下天妃庙记·一》中便有记载："溯稽路允迪、张源、陈嘉猷、彭必盛、林霄、姚隆前后诸公，获福于神者如此显应，吾乡所梯山航海、出入商贾、涉历宦途，以至于耕凿歌咏，其徼惠岂浅哉！"[4] 由此可见，

---

[1] 黄晓蕙：《论佛山祖庙北帝诞祭祀仪式及其价值功能》，《佛山科学技术学院学报（社会科学版）》2006年第3期，第58—62页。

[2] 参见王元林：《国家正祀与地方民间信仰活动研究：宋以后海洋神灵的地域分布与社会空间》，中国社会科学出版社，2016年，第269—270页。

[3] 刘志伟：《在国家与社会之间：明清广东里甲赋役制度研究》，中山大学出版社，1997年，第224页。

[4] 冼宝榦、佛山市图书馆：《（民国）佛山忠义乡志》，岳麓书社，2017年，第301页。

妈祖的社会功能已从单一的航海保护泛化为全能型的护佑之力，能为更广泛的人群排难解困，所以也就吸纳到了更多不同的社会人群。时至今日，洪圣、龙母仍主要因其作为航运保护神而受到崇信。再次，在妈祖被广泛地向外传播的过程中，妈祖显灵传说层出不穷，与之相关的民间传说远多于洪圣、龙母，也在不断地强化信众对她的信仰。由此，妈祖信仰在佛山地区的香火更甚于洪圣、龙母是必然而非偶然。

### （二）社会变迁下神明的社会功能的嬗变及其空间分布的新发展

对于一般民众而言，民间庙宇能否为他们提供广泛功能性的福佑才是最重要的，也就是说，神明能否满足一般民众的社会诉求才是信众所最为关切的。从这一角度来看，民间信仰的神明的社会功能及其变迁是我们认识特定民间庙宇数量的扩张或减少的现象的另一个重要面向。

杨庆堃曾指出："人们祈求保佑的内容通常是求子嗣、治疾病、财运亨通、险途平安、功成名就。这些要求中任何一个的偶然实现，都可能成为被神化的英雄声名远播的契机。"[①] 这一传播机制意味着，随某一神明的向外传播，其所主的社会功能受到了向之祈愿的民众的塑造，而祈愿目标的多样性引起其功能的逐步多样化。在信众的观念中，神明的传播范围一定程度上意蕴着神祇的灵力大小，此与王朝的科层体制的对应相关，越是受到中央的敕封，越是威名远播，其权力越大，这也能够解释诸如土地、社稷之神虽受到广泛的崇信但其在人们的观念中仍只是地方小神。某一神明的"威名"传播历程包括传播路径、传播范围，进而牵动着其所具有的社会功能的变化。一旦某一神明传播到某地并受到了当地民众的崇祀，包括建起庙宇并开展崇祀活动，其背后意味着该神明已通过某种途径与地方发生关联，或是该神明在地方产生的显灵传说，或是该神明所主的社会功能回应地方社会的现实需要，这是因为某一神明从威名传播到落地成庙是需要时间以及人力的推动的，而地方上的推动者往往是那些受惠的信众。事实上，无论受惠的是个体或是群体，都有可能改变传播至该地域内的神明的社会功能。这是因为，"在中国人多神崇拜的传统中，人们为不同的目的向不同的神明祈祷"[②]，且不同地域的民众的主要社会诉求可能是不同的，如原为水神信仰的北帝在其传播过程中因其极富政治伦理的超自然力量与神话传说而受到佛山地区民众的认可，民众除了向其祈愿风调雨顺

---

[①] [美]杨庆堃：《中国社会中的宗教：宗教的现代社会功能及其历史因素之研究》，范丽珠等译，上海人民出版社，2007年，第161页。

[②] [美]杨庆堃：《中国社会中的宗教：宗教的现代社会功能及其历史因素之研究》，范丽珠等译，上海人民出版社，2007年，第25-26页。

外，亦向其寻求护佑，以免受盗匪之患和叛乱之祸；又如传至广州的先锋将军已远离了移民时期与土著部落时期所具有的政治伦理功能①。于是，神明的社会功能在传播的过程中不断被塑造，而越是广泛传播至不同地域范围的神明，其社会功能越是趋于多样化。但在交通与通信技术匮乏的传统帝制时代，往往是那些具有某种政治伦理性质的、具有较强公共性的显灵故事才得以远播，并且也只有具备政治伦理的神明能够得到中央的宣扬及受到传入的地方社会的接纳，因而在这一阶段某一特定神明虽会因广泛传播而变化其社会功能，但仍是有固定性的一个或几个主要功能。

时移世易，随着中国社会发生历史性的转型，神祇的社会功能亦随之嬗变。在古代中国，某些民间信仰神明虽能远播，但其社会功能尚只是多样化而非全能化。改革开放后，现代技术与交通条件的发展使得人们突破了地理空间的限制，民众的生计模式与交往空间亦发生了巨变，越是广泛传播至不同地域范围的神明，其社会功能越是泛化，当前佛山地区分布最广的观音、天后及北帝即为例证。

神明所承担的社会功能不断发生变化，出现了诸如神明由主掌单一的社会功能向多种社会功能集于一身的转变、神明现今主掌的功能与其起源性质相距甚远等状况。《中国民间诸神》一书以各神祇起源的性质为依据来对神祇进行分类，收录了两百多个神名（其中有个别重复），将他们划分为最高神、从自然崇拜发展而来的诸神、由鬼神崇拜发展而来的诸神以及道教与佛教诸神中在民间影响较大的神明②。民间信仰的复杂性就在这一分类中得到具体体现。例如在书中，作者将天后归于"从自然崇拜发展而来的诸神"，而与江神、海神同列，其实质即以神祇所主祀的功能为依据。对此，该书作者有言："随着鬼魂崇拜的发达和自然神人化的强化，又出现了以人鬼代替自然神行使其职能的现象，泰山神、黄河神、海神、江神等，都经历过这样的演变……但是由于这些人鬼神行使的是自然神的职能，它们代表了自然神演变过程中的一个环节，所以不归在人鬼之类。"③事实上，与西方体系化、系统化的一神宗教相比，中国民间信仰中的神祇与个体之间存在更为密切的共存关系，其根本原因在于，他们承担了特定的、为广大民众所需的社会功能。因此，笔者暂且进一步依据神明现今所承担的社会功能的单一与否为依据，将上述各庙宇的主祀神明划分为两类："多功能型神明"与"单一功能型神明"。

---

① [美]杨庆堃：《中国社会中的宗教：宗教的现代社会功能及其历史因素之研究》，范丽珠等译，上海人民出版社，2007年，第166页。
② 吕宗力、栾保群：《中国民间诸神》，河北教育出版社，2001年，前言第10页。
③ 吕宗力、栾保群：《中国民间诸神》，河北教育出版社，2001年，前言第10页。

**表五：佛山市民间信仰各型神祇分类明细表（2）**

| 类型 | 神祇 |
|---|---|
| 多功能型神明 | 观音、天后、北帝（真武大帝）、关公（关羽）、洪圣、龙母、龙王、包拯、康公（主帅）、济公、吕纯阳（吕洞宾）、佛公、天道圣人、二郎神、华光大帝、贤善大师 |
| 单一功能型神明 | 文帝、武帝、财神、医灵、社公、土地公、乡主、城隍、五岳神、孔子、华佗、药王、仓颉、医帝、地母、蚕姑、金花娘娘、花王、黄大仙、车公、王灵官、赵元帅、孟大元帅、李元帅、侣伯公、马大元帅、谭公、张大天君、先锋、南昌王、何仙姑、李九相公 |

结合表二、表四和表五可以看出，多功能型神明中大多数是正祀神明，而且从庙宇数量来看，既是正祀神明又是多功能型的神明的庙宇数量是居前的。总的来说，在传统社会中，得以不断传播、继承的神明所承担的社会功能大多越来越趋于多功能化，诸如观音、天后、北帝。另一方面，那些长期保持社会功能单一性的神明也会因应其所在地区的社会诉求而得到维系，但在对外传播上有所乏力，例如广州的金花娘娘庙、中国大部分地区的地方性保护神明。

在现今的佛山地区中，北帝庙、天后庙数量居第二、第三，其中北帝庙数量多达117座，主要集中于南海区（47座）、顺德区（41座）；天后庙有82座，主要集中于顺德区（49座）、南海区（24座）。比较而言，北帝庙在观音、天后信仰未能深入的高明区仍有行迹。根据地方志显示，清朝的佛山地区观音庙的总数达到56间，亦集中在顺德区、南海区，这意味着从空间分布情况来看，这些神明在佛山的信仰空间布局从清朝至今并未有太大变化。然而，从数量上看，当时佛山地区的观音庙虽仅比北帝庙少了一座，且与天后庙数量相等，而今观音庙的数量与清朝相比不仅陡增一倍有余，更是跃居北帝、天后之上，这一现象的背后折射出的是中国社会结构的变迁。

自改革开放以来，佛山地区的民间信仰庙宇数量激增，其中极大部分为旧庙重建。这一现象的出现除了由于当地的神明本身有较为广泛、坚实的信众之外，还有赖于许多外部条件的推动，而重建或新建民间信仰场所首要解决的就是资金来源问题。据表一显示，在已知建造时间的815座庙宇中，"文化大革命"之前建造并保留至今的庙宇共有205座，有36座庙宇是在"文化大革命"期间建造的，而在"文化大革命"之后短短四十年间竟建起了474座庙宇（其中包括部分是对遭到破坏或已倒塌的庙宇的重建）。实际上，佛山地区素有"顺德祠堂南海庙"一说，其民间信仰氛围之所以如此浓厚与其内部延续几百年的宗族社会脱不开关系。当地人按照宗法传统聚族而居，逐渐壮大的宗族群体除了依靠血缘关系得以维系之外，也会通过以家族为中心的仪式性的活动，包括民间信仰活动来进一步维系。

无论如何，尽管中国民间信仰生态复杂丰富，但从中国历史文化的传统脉络来看，杨庆堃在《中国社会中的宗教》一书中所区分出的"家庭整合中的宗教"和"社会和经济团体中的宗教"无疑具有比较强的解释力[1]，其根本依据在于仪式连接的成员之间是否广泛存在血缘纽带。当然，佛山市的民间信仰活动的组织不能简单据此来界定。除了以宗族为中心的祭拜仪式（以祖先崇拜为主）之外，从一系列的民间信仰活动的组织来看，佛山地区内宗族势力强盛的各村的宗族时常作为一个组织单位一并承担着社区内乃至跨社区开展民间信仰活动的责任。这在一定程度上揭示了，佛山地区因其不仅是宗族发展繁盛之处，而且在一定程度上也依托于由血缘与仪式所连接的社会网络，这一网络跨越空间的界线，成为推动当地经济社会较快发展的力量之一，因此佛山在恢复民间信仰上具有较为自足的内部动力。

需要指出的是，佛山市重建庙宇的风潮之盛离不开其建置历史时间长与地处珠江三角洲的突出优势、佛山市人员的流动数量庞大并建立起的十分丰富的劳动力资源与侨力资源。据统计，佛山市2020年人户分离的流动人口就高达556.51万人[2]。事实上，以庙宇为中心的民间信仰活动能够有利于外来人员通过仪式活动融入当地，而当地民众也可以通过扩大民间信仰的仪式活动的参与人数，将社区内非户籍人口纳入仪式活动中去，如通过设围餐、划龙舟等形式，整合当地资源，维护社区内的秩序。由此看来，崇祀历史上的正祀神明不仅蕴含着国家与社会之间的双向互动，背后还交错着地方社会不同力量的博弈与合作。

当然，在我们当前所处的时代，传统的社区性危机如战争、饥荒等已基本被消除，民间信仰活动一般不再作为一种应对社区性危机的手段而被组织、开展，而是更多偏向于是信众之间缔结关系与进行社会集结性的生产与消费的场合[3]，也就鲜少有显灵故事能够传开。在乡土传统的复兴中，那些"曾被认为是封建迷信的要素被摒弃或刻意遗忘，而着眼于凸显民众的欢愉场景"[4]。

在改革开放以来新增的庙宇中，存在部分庙宇是对以往被摧毁了的庙宇的重建，其中也包括了那些在南宋以及明清时期被摧毁的庙宇。这些庙宇得以重建主要依托于当地

---

[1] [美]杨庆堃：《中国社会中的宗教：宗教的现代社会功能及其历史因素之研究》，范丽珠等译，上海人民出版社，2007年，第26-28页。
[2] 援引自佛山新市民服务信息网：http://fslgb.foshan.gov.cn/gzyw/content/post_5534708.html，2023年9月16日访问。
[3] 吴重庆：《孙村的路——后革命时代的人鬼神》，法律出版社，2016年，第96-97页。
[4] 麻国庆、朱伟：《社会主义新传统与非物质文化遗产研究》，《开放时代》2014年第6期，第153-167、168页。

人的集体记忆以及地方历史文献的支撑。而与之相关的民间信仰活动因其被地方社会阐释为符合正统定义的民俗活动或非物质文化遗产[①]，其背后所具有的公共性是二者实现对接的基础。随着当前乡村旅游作为乡村经济发展的一种重要模式，促进了对乡村历史文化深入挖掘与重构工作。于是，民间信仰因其兼具公共性和历史文化性的一面也成了乡村文化发展中需要加以创造性转化的部分[②]。而民间信仰庙宇一旦被纳入这一体系之中，则绝大多数是依托于村集体乃至地方政府经营，其神圣性色彩则会有所淡化，这一现象突出表现在那些位于佛山市区中的民间信仰庙宇。

另一方面，神明对个体的回应能力越来越被凸显，向外传播的显灵传说从以社区性的、具有政治伦理性质的为主转向以私人性、功利性的为主，受到广泛崇拜的民间神明的社会功能在这一影响下逐渐泛化，民众可以向某一神明发出任何祈愿而不受限于神明原本所主功能的"不足"。可以说，在信众眼中，他是全能的，能够予个体或群体以普遍的保佑，而通信技术的发达无疑加速了那些被广泛熟知的神明的向外传播及其社会功能的泛化。神明功能泛化既是现代化背景下广泛的个体化神人关系的总体性结果，亦是地方管理的出发点和落脚点，并会对地方的民间信仰空间分布产生影响。在这个意义上，我们可以从更大范围来理解观音信仰在佛山地区盛行的状况。观音信仰在中国民间影响广泛，除了建庙之外，在家中供奉观音神像亦是常见，其根源在于观音所主社会功能包括求子、驱灾、保平安等，既可作家庭的守护神，亦可是地方的保护神。在目前的乡村社会中，"农村常年在村的人口构成中，女性占了大多数"[③]，社区公共活动锐减，信众的民间信仰活动日益家神化[④]，围绕家庭的祈愿也成了女性信众外求的主要信仰需求。就此而言，佛教色彩浓厚、更具亲和力的女性形象的观音信仰无疑更能赢得在村女性信众的青睐。而新建的庙宇中，庙宇管理者需根据需求的增长而对庙内已有的观音神像进行更高规格的装点或直接更换神衣、神龛乃至更换神像使之醒目，或是增补原先并未供奉的观音神像，来吸引更多的信众。那么，观音信仰在佛山地区的不断发展便不足为奇了。更且，在珠江三角洲地区，观音信仰还发展出了正月二十六的"观音开库日"，

---

① 周星：《民间信仰与文化遗产》，《文化遗产》2013年第2期，第1-10、157页。

② 参见张祝平：《论民间信仰在乡村振兴中的作用机理和机制创新》，《学术界》2022年第3期，第73-83页；徐祖祥、罗张悦：《乡村振兴中民间信仰重塑的文化力实践逻辑——以贵州黔西南州望谟县H村苗族为例》，《中南民族大学学报（人文社会科学版）》2021年第7期，第57-67页。

③ 吴重庆：《民间信仰中的信息沟通与传播——基于对福建莆田民间信仰田野调查的思考》，《东南学术》2017年第6期，第210-218页。

④ 杨思敏、吴重庆：《庙宇承包经营、灵力生产困境与民间信仰格局的改变——广东新会北头村仙娘庙的个案研究》，《民俗研究》2019年第5期，第55-64、158页。

意味着观音甚至直接承担了求财的社会功能而能更广泛地吸纳不同的信仰人群，扩大其在佛山的影响力。

总之，土地与资金都是捐资建庙必不可少的要素，在某一社区内建庙首先是选择恢复社区旧时被拆除的庙宇，而较少选择由私人筹建的一社区内重建旧时的庙宇，亦有可能并非完全恢复旧有的信仰空间格局，而也可能选择新建在旧有的村庄民间信仰体系中尚不存在但在社会中广为传播的神明的庙宇。于是，那些越被社会所广泛认识、认可的多功能化的神明，则越有可能在某一村落的民间信仰体系当中得到新的安置，这一推论可在改革开放后佛山地区数量此前本就居前的神明的庙宇数量激增现象中得见例证。当然，一般而言，如果当地已有崇祀该神明的庙宇，则更多的是采取扩建空间、新造神像的方式来荣耀该神明。此外，神明功能的多功能化趋向的另一表现是，庙宇经营者在庙宇中不断地增加神明的数量，尤其是增加非地方性的民间信仰，以保证一庙之内能够满足外来信众的所有社会诉求。概之，在佛山地区多主体的庙宇经营性活动下，被广为传播的、在历史上有丰富记载的神明的数量增长及其所主社会功能的多功能化，是应社会经济发展、社会治理方式的转变等社会整体变迁下民众主动参与、建构的结果。

## 结　语

佛山市分布广泛的众多神明在其社会功能上涵盖了个体乃至公共生活的方方面面，一当民众有诉求，他们能够轻易地在距离生活区域不远的范围内找到可以祈愿的对象。杨庆堃就指出，中国社会中的弥漫性宗教可以被理解为"拥有神学理论、崇拜对象及信仰者，于是能十分紧密地渗透进一种或多种的世俗制度中，从而成为世俗制度的观念、仪式和结构的一部分"[1]，由此揭示出，中国的民间信仰因其能够渗透进社会生活的主要层面中去而对社会具有结构性的一定的稳定作用。正是在这种不间断的神、民互动当中，民间信仰得以不断增长，并应现实需要，在与其他文化的交融中不断地塑造与被塑造，形成了现在的具有一定稳定性的民间信仰体系。

历史上，佛山地区的民间信仰因受自然地理条件、生计模式的影响而以水神信仰为主，同时，该地区民间信仰中的主要神明的分布状况又受到历史上国家正祀与地方民间信仰之间的互动的影响，产生了非均等化的扩张态势。当前，佛山地区民间信仰的增长

---

[1] [美]杨庆堃：《中国社会中的宗教：宗教的现代社会功能及其历史因素之研究》，范丽珠等译，上海人民出版社，2007年，第269页。

态势迎来了新的历史条件，现代通信技术与交通条件的发展使得人们突破了地理空间的限制，民众对海上安全的公共诉求逐渐下降，但他们对以往具有正统地位的神明的信仰活动却不减其盛。笔者认为，这与在经济快速发展作为坚实的物质基础的前提下中华传统文化的地位上升有直接关系。在以多种组织形式的地方民众的参与和建构过程中，民间信仰中具有较为深厚的历史底蕴的神明，事实上也就是历史上的正祀神明，不仅庙宇数量得到扩充，而且在民间的影响力也进一步扩大。另一方面，随社会的整体转型，催动民间信仰的神明主掌的社会功能的逐渐多功能化，这一现象是与当下民众多面向的社会生活之诉求相契合的，并在地方庙宇的多元管理主体的积极推动下对民间信仰的空间分布格局产生影响。上述种种现象，突出展现了在围绕着民间信仰所构建起来的文化的权力网络中，地方民众是主动、自主地参与其在社会之中的结构过程的，并且他们的参与方式将进一步塑造民间信仰在特定地理空间上的分布形态。

# 俳谐文学的周边
## ——论俳谐文学与民间信仰、道教、佛教诸文学的关系

汉口学院文法学院　陈　芳

**内容提要**：文学与宗教的复杂的影响关系是学界津津乐道的问题，其中，有一类通俗文学，以诙谐、游戏、浅俗为特征。在以往研究中，出现不少宗教作品被误读为俳谐文学的情况。如王延寿《梦赋》、嵇含《诰风伯》等作品由于其原始宗教习俗而被误认为俳谐文学。而刘谧之、乔道元的《与天公笺》在当时应该是比较流行的俳谐文学，却被误判为道教章表。再如佛教文学因其严肃的宗教性，以往研究中便将佛教文学作品统统排斥在俳谐文学之外。而事实上，佛教文学与俳谐文学二者并不冲突。佛教在广泛传播过程中，因势利导，将其深奥的教义通俗化、幽默化、生活化，往往借助俳谐文学的外在形式，生动地阐释、演绎那些艰涩难懂的佛理。因此，如何界定和区分俳谐文学，需要根据其作品文本才能作出准确判断。

**关键词**：俳谐文学；宗教习俗、宗教信仰；宗教文体；误读

俳谐文学是呈现出诙谐、游戏、浅俗风格的文学，多描绘日常生活中丑陋、奇异的形象，记述诙谐的事件，抑或戏拟应用文体。谭家健先生将其定义为："诙谐文，或称诽谐文，滑稽文，是具有诙谐、幽默、讥刺、讽谕甚至调笑性质的杂文。它有别于章表、书启、议论、传记等正规的散文，虽然有时也借用其他文体名目，而内容却是游戏笔墨。"[①]由于其内涵、外延存在一定的模糊性，所以，在实际研究中往往容易出现俳谐文学被误读的情况。譬如，将俳谐文学作品误判为非俳谐文学，而将非俳谐文学误判为俳谐文学。这样的现象，在以往研究中，并不鲜见。有鉴于此，本文将以王延寿《梦赋》、嵇含《诰风伯》及刘谧之、乔道元《与天公笺》、六朝檄魔组文为例，对俳谐文学的周边及其与

---

① 谭家健：《六朝诙谐文述略》，《中国文学研究》2001年第3期，第15页。

原始民间信仰、道教、佛教文学的特殊关系加以阐释，以期对俳谐文学内涵和外延有更进一步的清晰界定。

## 一、俳谐文学的被误读：以王延寿《梦赋》与民间驱鬼习俗为例

王延寿《梦赋》是一篇记梦之作，描写了作者在夜半时分刚入梦境，各种鬼怪前来骚扰，意欲伤害作者。作者秉淳和之气，与鬼怪展开恶战，鬼怪踉踉跄跄逃走，倏尔不见。与此同时，窗外传来鸡鸣之声，作者也从梦中惊醒。他联想到历史上齐桓公、武丁等与梦相关的传说，告诉自己亦将转祸为福，辞赋自此戛然而止。

这篇辞赋，历来被学界认为是一篇俳谐作品。张鸿勋先生说："这类赋作，在当时十分普遍，上者如扬雄的《逐贫赋》、张衡的《骷髅赋》、王延寿的《梦赋》，以至王褒的《僮约》、束皙的《饼赋》等等，下者'连偶俗语，有类俳优。'《隋书·经籍志》著录集部总部类有《俳谐文》三卷，又十卷，《续俳谐文》十卷等，大约就是这类杂赋的汇编。"[①] 张先生将《梦赋》与《逐贫赋》《骷髅赋》《僮约》《饼赋》等俳谐作品并论，可知他认为王延寿此赋亦具有俳谐色彩。鲍震培先生认为"王延寿的《梦赋》写梦中与鬼相搏，出现鬼怪达十八种之多……给人留下深刻印象的是赋中对各种丑陋形象的描绘"[②]，将其作为俳谐体赋的典型。安晋芳亦认为王延寿的《梦赋》"可看作是对驱傩仪式继承的典型俳谐赋"[③]。这些看法，都有一定的道理。不过，笔者认为，《梦赋》的创作主旨应与当时的神鬼信仰相关，不能因为作品描述了王延寿与鬼作战的故事而将其视为俳谐文学。只有循其本，我们才能得知王延寿《梦赋》的创作主旨及这篇《梦赋》的文体特征。

在《梦赋》开篇的序文中，王延寿交待其创作缘由时说："臣弱冠，尝夜寝，见鬼物与臣战，遂得东方朔与臣作骂鬼之书，臣遂作赋一篇叙梦，后人梦者读诵以却鬼，数数有验，臣不敢蔽。"[④] 可见，王延寿因为在夜中梦见鬼物与自己格斗，得到东方朔的骂鬼之书，因而有所感创作了这篇驱鬼之文。他在作品中明确地交待：希望后人读了这篇作品也能学会如何驱除鬼怪。这是《梦赋》创作的初衷，后世承认并沿袭了这一说法。

---

① 张鸿勋：《敦煌俗文学研究》，甘肃教育出版社，2002年，第92页。
② 鲍震培：《中国俗文学史论》，南开大学出版社，2015年，第27页。
③ 安晋芳：《汉魏六朝俳谐赋的谐趣研究》，陕西师范大学2016年硕士学位论文，第59页。
④ 赵逵夫编：《历代赋评注》（汉代卷），巴蜀书社，2010年，第818页。

如东晋习凿齿《襄阳耆旧记》："（王延寿）曾有异梦，意恶之，乃作《梦赋》以自励。"①南朝《水经注》："昔王子山有异才，年二十而得恶梦，作《梦赋》。"②宋代邵雍《梦林玄解》："东汉王延寿有隽才，少游鲁国。作《灵光殿赋》。梦鬼物之变怪，有'蛇头而四角，鱼首而鸟身。三足而六眼，龙形而似人。群形而辈摇，伸臂而舞手，意欲相引牵'也。梦中惊怒，乃作《梦赋》以自广。"因此，《梦赋》自序所言的创作主旨一直得到古贤的尊崇和认同，直到近现代学者才开始有俳谐游戏之说，很显然这样的理解与王延寿的创作初衷大相违背。这一现象，值得我们重新反思。

近现代学者将《梦赋》视为俳谐文学，很大程度上是因为其中王延寿梦中打鬼的一段描叙：

> 尔乃挥手振拳，雷发电舒；斮游光，斩猛猪；批狒毅，斫魅虚；捎魍魎，拂诸渠；撞纵目，打三颅；扑苕茇，抶夔趡；搏睥睨，蹴瞝盯。剖列蹶，掔羯𦙄；剞尖鼻，踏赤舌；拿伦甄，挥髽鬠。于是手足俱中，捷猎摧拉，澎濞跌抗，揩倒批笿，强梁捶捊。刐挍撩予。总摄黵，拖额睛，抨撜轧。群邪众魅，骇扰遑遽。焕衍叛散，乍留乍去。变形瞪眒，顾望犹豫。吾于是更奋奇谲脉，捧获喷。扼挠岘，挞呷口忧，批擅喷。于是三三四四，相随俍傍而历僻，礚礚磕磕，精气充布，鞠鞠缪缪，鬼惊魅布。或盘跚而欲走，或拘挛而不能步。或中创而婉转，或捧痛而号呼。奄雾消而光散，寂不知其何故。③

在此段中，王延寿运用了一系列动词："斮""斩""批""斫""捎""拂""撞""打""扑""抶""搏""蹴""剖""掔""剞""踏""拿""挥"等近20个词。这一系列动词，实际上是当时驱鬼之法的系列动作，是一种纪实的文学。与近现代学者所认为的俳谐文学，二者实际相去甚远。此其一。

其二，上文《梦赋》中所描述的驱鬼之法，在一些先秦及秦汉典籍中常见。睡虎地出土的秦代简牍《日书·诘咎》就记载了当时的多种驱鬼之术：

> （1）人无故而鬼惑之，是筑鬼，善戏人，以桑心为杖，鬼来而击之，畏死矣。
> （2）大魅恒入人室，不可止，以桃梗击之，则止矣。
> （3）鬼恒召人出宫，是遽鬼无所居，冈呼其召，以白石投之，则止矣。④

---

① 习凿齿：《襄阳耆旧记校注》，舒焚、张林川校注，荆楚书社，1986年，第35页。
② 郦道元：《水经注疏》，江苏古籍出版社，1989年，第3153页。
③ 赵逵夫编：《历代赋评注》（汉代卷），巴蜀书社，2010年，第819页。
④ 刘乐贤：《睡虎地秦简日书研究》，文津出版社，1994年，第230页。

通过这些记载不难看出，在秦汉民众的生活观念中，驱鬼的方法有很多。当鬼怪接近之时，人类可以用桑木、桃梗、白石等物投击，这些动作可以恐吓、驱逐鬼怪。孔德超通过《睡虎地秦简·日书》《周家台秦简·病方及其他》《马王堆汉墓帛书·五十二病方》三种秦汉简帛文献的研究，考证出秦汉时期民间驱鬼的方法及动作有数十种之多。他说："出土简帛所见驱鬼术中涉及很多动态的动作，既包括一些具有攻击性的暴力动作，也涉及一些带有哄骗意味的温柔动作。具有攻击性的暴力动作，能对鬼起到驱赶或震慑作用。"[①] 三种秦汉简帛文献中的驱鬼动作与王延寿《梦赋》中的驱鬼描写有颇多相似之处。虽然其驱鬼具体动作不尽一致，但其与鬼怪展开博斗并将其击杀的动作描摹则是一致的，它们传达出相同的文字功用。由此可见《梦赋》所载并非出于俳谐意图，而是客观真实地记载当时民间驱鬼仪程动作，展现当时民间的鬼神信仰。

其三，无独有偶，东汉张衡《东京赋》中有一段驱傩仪程的描写，亦可进一步印证王延寿《梦赋》中的一系列驱鬼动作乃是当时驱鬼祛病宗教仪式的真实再现。《东京赋》记载：

尔乃卒岁大傩，殴除群厉。方相秉钺，巫觋操茢。侲子万童，丹首玄制。桃弧棘矢，所发无臬。飞砾雨散，刚瘅必毙。煌火驰而星流，逐赤疫于四裔。然后凌天池，绝飞梁；捎魑魅，斮獝狂；斩蜲蛇，脑方良。囚耕父于清泠，溺女魃于神潢。残夔魖与罔像，殪野仲而歼游光。八灵为之震慑，况鬾蛊与毕方。度朔作梗，守以郁垒。神荼副焉，对操索苇。目察区陬，司执遗鬼。京室密清，罔有不韪。

此赋描写了汉代岁末京城驱傩的盛大状况。巫师带领幼童，头戴红巾，身着黑服，操起扫帚，拿着桃木制成的弓、荆棘做成的箭，朝恶鬼投掷。对于魑魅、獝狂、蜲蛇、方良、耕父、女魃、夔魖、罔像、野仲、游光等各种鬼怪，巫师将其囚锁、斩杀、沉溺、歼灭。因此可以说，在汉代人的鬼神信仰中，采取击打、砍杀的方式可以驱除鬼怪，以减轻其对人的伤害。而张衡《东京赋》所描述的"凌天池，绝飞梁；捎魑魅，斮獝狂；斩蜲蛇，脑方良"等，王延寿《梦赋》记录自己梦中打鬼的场景"斮游光，斩猛猪；批狒貐，斫魅虚；捎魍魉，拂诸渠"等，亦颇为相似，它们都是当时驱鬼民俗的客观实录。正如董乃斌先生所言"东汉王延寿的《梦赋》以赋为名，其实是一篇祝文"[②]，也正是从这个意义上而言的。

---

[①] 孔德超：《出土简帛所见驱鬼术研究》，西南大学2017年硕士学位论文，第87页。
[②] 董乃斌：《中国文学叙事传统研究》，中华书局，2012年，第70页。

因此，王延寿《梦赋》中诸多的驱鬼祛病的描述，实际上是当时鬼神宗教信仰的一种纪实文学体现，而并非一种俳谐文学的体现，更不能据此判定《梦赋》一文为俳谐作品。

## 二、俳谐文学的文体迷惑性：以嵇含《诰风伯》与原始宗教信仰为例

晋朝嵇含《诰风伯》是一篇奇文，历来关注者颇多。可惜今仅残存五句："太康六年，狂风暴怒，腾逸相触。百川倒流，大山乃洇剥。"今残存句描写了太康六年狂风暴雨的情景，展示了恶劣天气所造成的江河倒灌、山体脱落的自然惨状。这一作品被不少学者视为俳谐文学。谭家健先生在《六朝诙谐文述略》中说："西晋嵇含有《诰风伯》，因狂风大作造成灾难，而谴责风伯，其文仅存五句。用意与《与天公笺》大致相近，亦戏谑之文。"[①] 马丽娅在《文化传播视野下的先唐说唱文学》中亦引用谭先生此句论述，认同《诰风伯》为诙谐文的说法。[②] 林佳燕亦将此篇列入其博士论文"六朝谐隐文本中的游戏精神"这一章节，并加以阐发。[③] 三位学者之所以将其归为戏谑之文，很大程度上在于该题名《诰风伯》体现出的戏谑手法。

"诰"是官方应用文体，起源夏商周三代。《文心雕龙·诏策》："其在三代，事兼诰誓。誓以训戎，诰以敷政，命喻自天，故授官锡胤。《易》之《姤》象：'后以施命诰四方。'诰命动民，若天下之有风矣。降及七国，并称曰'令'。"詹锳先生《〈文心雕龙〉义证》将"诰"解释为"对臣民训诫劝勉的文告"。[④] 黄叔琳《文心雕龙》注："诰以敷政，书召诰、洛诰是也。"[⑤]《尚书·召诰》《尚书·洛诰》即典型的诰命文体。因此，学者们根据"诰"体文的文体性质及其发展，认为《诰风伯》把上天风雨等自然之物视为人间官职体系中的臣子进行劝诫，从而产生俳谐的艺术效果。

但如果细审嵇含《诰风伯》及其相关"诰"体作品，不难发现其中的误会、误读之处。嵇含《诰风伯》之外，还有一篇曹植《诰咎文》。与《诰风伯》相较，曹植《诰咎文》

---

① 谭家健：《六朝诙谐文述略》，《中国文学研究》2001年第3期，第23页。
② 马丽娅：《文化传播视野下的先唐说唱文学》，山东大学出版社，2014年，第188页。
③ 林佳燕：《世变、迂回、荒唐之言：六朝谐隐研究》，台湾成功大学2009年博士学位论文，第217页。
④ 詹锳：《〈文心雕龙〉义证》，上海古籍出版社，1989年，第727页。
⑤ 范文澜：《〈文心雕龙〉注》，人民文学出版社，1958年，第361页。

保存完整。其序文曰:

> 五行致灾,先史咸以为应政而作。天地之气,自有变动,未必政治之所兴致也。于时大风,发屋拔木,意有感焉! 聊假天帝之命,以诰咎祈福。①

曹植在序文交待创作目的:彼时狂风肆虐,将茅屋吹翻,将大树拔地而起,因此他创作这篇《诰咎文》,希望假借天地的命令,让风雨退去。故元代王应麟《困学纪闻》:"曹子建《诰咎文》:假天帝之命,以诘风伯、雨师。"②胡克家《文选考异》说:"王伯厚常言曹子建《诘咎文》,假天帝之命,以诘风伯雨师,名篇之意显然矣。"③王、胡的看法一致,胡氏"名篇之意"显然更是一语中的。从王、胡二氏的评论中还可以看出:"诰",一作"诘";《诰咎文》,一作《诘咎文》。从篇名及残存的文句来看,嵇含《诰风伯》与曹植《诰咎文》颇为相似。《诰风伯》即对上天风伯雨师的诘问。

《文心雕龙·祝盟》中提及曹植《诰咎文》时,亦阐发了这一文体的文体渊源及属性:"至如黄帝有祝邪之文,东方朔有骂鬼之书,于是后之谴咒,务于善骂。唯陈思《诰咎》,裁以正义矣。"将曹植这篇《诰咎文》视为祝文。而嵇含《诰风伯》与曹植《诰咎文》极为相似,故亦当视为祝文,而并非诏诰文,更不宜视为俳谐文学。此其一。

其二,嵇含《诰风伯》与曹植《诰咎文》,与诏诰文体差异很大,二者不可混为一谈。如上文所述,《尚书·召诰》《尚书·洛诰》即典型的诰命文体。而此处《诰咎文》是祝祷文体。按《四部丛刊》景明活字本《曹子建集》等古籍记载,《诰咎文》又作《诘咎文》,故嵇含《诰风伯》亦可作《诘风伯》。睡虎地秦简《日书·诘咎》:"诘咎,鬼害民妄行,为民不祥。告如诘之。召导令民勿丽凶殃。""告如诘之"一句,饶宗颐先生等在《云梦秦简日书研究》中指出:"此云'告如诘之',告即诰也。《周礼》太祝六辞,三曰诰,诰,告于神也。告之所以诘之。故题曰诘,《说文》:'诘,问也。'"④由此可知,作为祝祷文体时,"诰"与"诘"不仅字形相近,字义亦相通。因此,曹植《诰咎文》、嵇含《诰风伯》,均与祝祷活动相关,从而失去了其将天地风雨等纳入人间官职体系进行劝诫时所产生的戏谑或游戏色彩,自然也就与俳谐文学无涉了。

其三,细审曹植《诰咎文》、嵇含《诰风伯》,其祝祷活动与原始宗教信仰遗存不无关联。原始社会中的先民,相信万物有灵,人类可以与自然对话。因此面对灾异之时,

---

① 《曹植集校注》,人民文学出版社,1998年,第456页。
② 王应麟:《困学纪闻》,上海古籍出版社,2008年,第1847页。
③ 《曹植集校注》,人民文学出版社,1998年,第457页。
④ 饶宗颐、曾宪通:《云梦秦简日书研究》,中文大学出版社,1982年,第26页。

他们与上天沟通，对其发号施令抑或诅咒，以此祛病禳灾。《文心雕龙·祝盟》就提到多篇上古秦汉时期的祝辞，如伊耆氏《蜡辞》："土反其宅，水归其壑，昆虫毋作，草木归其泽！"此四句对大自然中的沙土、河水、昆虫、野草发出命令，要求他们各自归位，祈愿消除自然灾害。又如《大雅·云汉》，方玉润、郑振铎等先贤已指出，这是一篇"禳旱文"，即祷雨辞。周宣王责备上天不庇佑子民，让旱魃在人间肆虐。上文引宋代王应麟："曹子建《诘咎文》：假天帝之命，以诘风伯、雨师。"《文心雕龙·祝盟》提及曹植《诰咎文》文体渊源时也说："黄帝有祝邪之文。"均体现了曹植《诰咎文》、嵇含《诰风伯》与上古原始宗教信仰遗存之间的关联及文学创作上的传承关系。因此，从这个意义上看，嵇含《诰风伯》也不宜被归入俳谐文学。

## 三、俳谐文学的世俗性：以刘谧之、乔道元《与天公笺》与道教关系为例

六朝文人刘谧之、乔道元都曾撰有奇文《与天公笺》。两文借笺表之体，向天公诉说自己的贫苦生活，希望获得天公的怜悯。对于这两篇《与天公笺》，有学者指出其与道教文体相似。[①] 原因在于，两笺中"天公"的称呼是道教文献的特色；两笺叙述自己生活困苦、希望获得上天怜悯拯救的模式具有宗教特性；《与天公笺》的书写范式与道教徒"上章首过"相类。不过，通过细读刘谧之、乔道元《与天公笺》，笔者认为并非为道教文体。

其一，"天公"的称呼并非道教徒的特权，在汉魏六朝众多非道教文献中广泛使用、流传。如有学者认为《与天公笺》中"天公"的称呼具有道教特征，并以道教经典《太平经》中天公问答情节与张角自称为"天公将军"为例证。其实，"天公"一语在汉代典籍中开始出现。据《韩诗外传》记载：

> 三公者何？曰司空、司马、司徒也。司马主天，司空主土，司徒主人。故阴阳不和，四时不节，星辰失度，灾变非常，则责之司马。山陵崩竭，川谷不流，五谷不植，草木不茂，则责之司空。君臣不正，人道不和，国多盗贼，下怨其上，则责之司徒。

---

[①] 林晓光：《中世书写的官文书体共同平台——拟体俳谐文与佛教伐魔文书、道教笺表之互证》，《新国学》2015年第1期，第47-79页。

又《尚书·大传》亦载：

> 烟氛郊社不修，山川不祀，风雨不时，雪霜不降，责在天公。城郭不缮，沟池不修，水泉不隆，责在地公。臣多弑主，孽多杀宗，五品不训，责在人公。

这两则材料在内容上具有相似性，均将天、地、人与司空、司马、司徒三公配置，因此出现天公、地公、人公的称呼。这是汉代天人感应学说的重要体现。伴随这一学说的流行，"天公"这一称呼已经出现并逐渐流传。

与此同时，汉魏六朝时人亦经常用"天公"来称呼上天、天帝。例如：

（1）驳曰：社祭土而主阴气，又云：社者神地之道谓社神。但言上公失之矣。今人亦谓雷曰雷公，天曰天公，岂上公也？（郑玄《驳五经异义》）

（2）七月中，齐郡临淄县昌兴亭长辛当一暮数梦，曰："吾，天公使也。天公使我告亭长曰：摄皇帝当为真。即不信我，此亭中当有新井。"亭长晨起视亭中，诚有新井。（《汉书·王莽传》）

（3）天公出美酒，河伯出鲤鱼，南斗工鼓瑟，北斗吹笙竽。（汉代《古艳歌》）

（4）王恭镇京口举兵诛王国宝，《百姓谣》云：昔年食白饭，今年食麦麸。天公诛谪汝，教汝捻唬喉。唬喉喝复喝，京口败复败。（《晋书·五行志》）

（5）建元元年，岁星犯天关，安西将军庾翼与兄冰书曰："……此复是天公愦愦，无皂白之征也。"（《宋书·天文志》）

在上述诸例中，（1）为经学家语，（2）为小吏语，（3）为民歌，（4）为谣谚，（5）为士族语，由此可见"天公"一词的使用在汉魏六朝时期具有普遍性和广泛性，并非道教特有词汇。正如张勋燎、白彬先生在《中国道教考古》中所指出的"'天帝'一词，是西汉末年成哀社会动乱时期随着传统方士巫觋文化的发展由'上帝'演变产生出来的，后来在天师道形成的过程中为道教所吸收"[①]。因此有学者在肯定《与天公笺》为道教文体的同时，又不得不指出"可见出汉魏六朝人称天为公，已成口语"[②]。因此，仅从"天公"的称谓来判定《与天公笺》与道教文学的关联性，没有太强的说服力。

其二，《与天公笺》并非道教徒向上天请愿之文。如有学者将《与天公笺》认定为道教文学，他认为此篇是"教徒将自身遭遇写成'简历'，逐条陈诉灾情，上呈给作为

---

① 张勋燎、白彬：《中国道教考古》，线装书局，2006年，第783页。
② 林晓光：《中世书写的官文书体共同平台——拟体俳谐文与佛教伐魔文书、道教笺表之互证》，第62页。

组织上级的天公，以求得到怜悯拯救"[1]。其实，向上天倾诉，也并非道教愿文独特的写作程式，古典文学亦常用此种创作模式。早在《诗经》中，诗人就以这种模式向上天发出追问：

  彼黍离离，彼稷之苗。行迈靡靡，中心摇摇。知我者，谓我心忧；不知我者，谓我何求。悠悠苍天，此何人哉？

  彼黍离离，彼稷之穗。行迈靡靡，中心如醉。知我者，谓我心忧；不知我者，谓我何求。悠悠苍天，此何人哉？

  彼黍离离，彼稷之实。行迈靡靡，中心如噎。知我者，谓我心忧；不知我者，谓我何求。悠悠苍天，此何人哉？（《王风·黍离》）

  肃肃鸨羽，集于苞栩。王事靡盬，不能艺稷黍。父母何怙？悠悠苍天，曷其有所？

  肃肃鸨翼，集于苞棘。王事靡盬，不能艺黍稷。父母何食？悠悠苍天，曷其有极？

  肃肃鸨行，集于苞桑，王事靡盬，不能艺稻粱。父母何尝？悠悠苍天，曷其有常？（《唐风·鸨羽》）

《王风·黍离》中，因周平王东迁，诗人只能随之流浪，因而他追问苍天，我颠沛流离的生活是何人造成啊？《唐风·鸨羽》中，战事不断，诗人无法归家种植五谷养育父母，因而他对苍天发出了三连问："茫茫的苍天啊，哪里才是我的归所？茫茫的苍天啊，这种日子什么时候才能结束？茫茫的苍天啊，什么时候才能过上安定的日子？"正如司马迁在《史记·屈原贾生列传》指出："夫天者，人之始也；父母者，人之本也。人穷则反本，故劳苦倦极，未尝不呼天也；疾痛惨怛，未尝不呼父母也。"当人面临穷途末路之际，就会对上天呼喊，抱怨命运的不公。因此，刘谧之、乔道元《与天公笺》的创作沿着问天、诉天的模式发展，演变为向天公撰笺以倾诉自己生活的贫苦。这也是颇合情理的。刘谧之、乔道元《与天公笺》的出现，也是对《诗经》《楚辞》"天问"文学创作模式的继承与发展。

其三，刘谧之、乔道元创作的两篇《与天公笺》并非道教的"上章首过"。如有学者认为："至于'笺'的文体书写，我们也不难联想到六朝道教的所谓上章首过……都

---

[1] 林晓光：《中世书写的官文书体共同平台——拟体俳谐文与佛教伐魔文书、道教笺表之互证》，第66页。

有类似于基督教忏悔性质的向上天奏章表行为。"① 其实,《三国志·张鲁传》注引魏人鱼豢《典略》,就记载了道教"三官手书"请祷治病之法:"请祷之法,书病人姓名,说服罪之意。作三通,其一上之天,著山上,其一埋之地,其一沉之水,谓之三官手书。"② 对此,台湾学者黎志添先生的阐释颇详:"《典略》所记载的请祷之法不应只视为雏形或简单的道教罪感意识,反之,它本身具备了以天地水三官为结构形式的完整的罪谪与赎罪的宗教伦理。本论文重复说明早期天师道三官信仰的结构结合了罪谪、考校、殃祸、疾病、灾祸、首过、忏悔、解罪、救赎及盟约等贯穿天、人、鬼三界互相影响的宗教元素。"③ 此外,林文引用的《世说新语·德行篇》《梁书·沈约传》亦对两人"上章首过"的原因介绍极为清晰:王子敬病情严重,沈约亦害病,并且梦见齐和帝用剑斩他的舌头。因此两人试图通过道教"上章首过"为自己解除病痛、消除灾难。而刘谧之、乔道元《与天公笺》陈述的仅是生活的贫困、家庭的苦难,与道教的"上章首过",有着本质的区别。

道教的"上章首过",有着一定的书写范式。以《赤松子章历·疾病困重收灭灾邪拔命保护章》为例:

> 具法位,上言:云云。缘身疾病困重,告急于臣,求乞章奏。为某所犯罪结尤重,依凭大道,如蒙哀佑,乞赐进算,令疾病即日瘥可。谨请阴阳治病功曹、五官医吏,诣凤凰太官日户之中,请取太清五色神药,灌注口中,流布百脉,腹内胸膈之中,癎疾皆能消愈。木官持药,火官主灸,金官持针,水官主汤,土官和剂,各随所使。九窍相承,五脏通畅,六腑和调。上请和考君、太和君、太阳君、延寿君、保命君、度厄君、五帝丈人、都气君,又请高魔大将军、返甲逆鳞兵士三十万众,下为某身五脏六腑、四肢关节、十二宫室,百二十关机,伏乞并力扫除恶鬼。或系缀某身者,请告天地水三官、五岳四渎、山林孟长、二十四禁忌,并与臣身中所佩刚风赤天骑吏,同共收捕恶鬼。又愿万福君、天仓君、东方青气君、南方赤气君、西方白气君、北方黑气君、中央黄气君,各领兵士,下为某身中驱遣邪气。乞蒙平复,延续性命,保守无他。得如所愿,三会吉日,言功举迁,不负效信。恩惟太上分别云云。为某身染重疾,困顿在

---

① 林晓光:《中世书写的官文书体共同平台——拟体俳谐文与佛教伐魔书、道教笺表之互证》,第65页。
② 陈寿:《三国志》,台湾"中华书局",1971年,第264页。
③ 黎志添:《天地水三官信仰与早期天师道治病解罪仪式》,《台湾宗教研究》第2卷第1期,2002年。

床，拜上拔命保护章一通，上诣某曹一召万。①

由引文可知，此篇道教的"上章首过"可分为三个部分，先陈述自己身患重疾、以往过错，再邀请各路道教仙人施法消灾，显灵后病人将加以报答。此种书写范式与两篇《与天公笺》差异极大。如刘谧之《与天公笺》："昔申酉之际，遭汤旱流烟。今子亥之岁，值尧水滔天，火延烧其庐，水突坏其园，何小人兮，顿偷双船，由是行无担石，室如悬磬。"此笺仅描述了自己遇灾之后的凄苦生活，并未提及祈求道教神仙消灾济贫。乔道元的笺文也与之相似，仅讲述了家中的贫穷生活以及奴仆婢女身患各种隐疾的情状，亦未涉及上述道教"上章首过"章表中祈求仙人拯救等内容。

综上可知，《与天公笺》既然与道教文本并无关系，更非道教文体，那么《与天公笺》究竟是一种什么文体呢？笔者认为是一种特殊的俳谐文学。

有关这一点，其实前贤也有所揭示。清末蒋超伯评论乔道元《与天公笺》："语质而韵，较之《责须髯奴辞》，更为胜之。"② 蒋超伯将《与天公笺》与王褒《责须髯奴辞》并论，将其视作俳谐文。钱钟书先生说："刘谧之《与天公笺》亦刻划己身穷乏之状，而出以诙谐。"③ 点出其俳谐文学的特质。伏俊琏先生说："《与天公笺》把自己讲得穷困潦倒、一无是处，而骨子里却蕴含着诙谐调侃，是通过自戕获得娱乐的一种文艺心理。"④ 谭家健先生论述俳谐文时亦谈及《与天公笺》："因贫穷而作笺以问天公，可谓胆大包天。语词通俗如说家常，而又隔句押韵，自然成趣。"⑤ 这些名家论断虽多是三言两语，却均给人很大启发，值得我们进一步探讨。

刘谧之《与天公笺》虽然残存不全，但其语言诙谐，令人印象深刻。⑥ 乔道元《与天公笺》文笔幽默，极尽夸张诙谐之趣。据其自述，乔道元家中有三个奴仆与三个婢女，这表明其家境尚可，并非贫穷落魄之辈。但是这六人身体、智商均有隐疾，居然无一可用。且看三个婢女：

> 长婢来成，左目失明。动则入井，已死复生。次婢良信，有桓公司马之疹。行步虽旷，了无前进。隐疾难明，辞不尽韵。小婢从成，南方之奚。形如惊獐，言语喽僆。声音骇人，惟堪驱鸡。

---

① 《中华道藏》第八册，华夏出版社，2004年，第647—648页。
② 蒋超伯：《南漘楛语》，大达图书供应社，1934年，第89页。
③ 钱钟书：《管锥编》第四册，中华书局，1979年，第1331页。
④ 伏俊琏：《俗赋研究》，中华书局，2009年，第279页。
⑤ 谭家健：《六朝诙谐文述略》，《中国文学研究》2001年第3期，第23页。
⑥ 刘谧之另有《庞郎赋》，对庞郎外貌极尽嘲弄之事，亦颇具有诙谐性。

乔道元描述其三个婢女：来成失明，一走动就掉入井中，经历一场死而复生的惊险；良信虽然走路步子迈得宽，实际上一直在原地打转；从成是南方的奚族奴隶，长得像一只受惊的獐子，声色奇特，与主人言语不通，能做的事情是赶鸡。这一段描写与生活常理相差太大，倘若奴婢的状况果真如此，那么作为主人的乔道元应该遣退她们，而不是向天公抱怨了。由此可见乔道元之所以《与天公笺》如此下笔，并非真的是向天公抱怨，也并非嫌弃患有隐疾的六位仆役，而是通过文学之笔写其生活之乐，笔墨风趣，诙谐传神。

王运熙先生说："汉魏六朝的四言体通俗韵文，其内容多数比较诙谐，《文心雕龙·谐隐》称为谐辞，六朝人亦称为俳谐文。"① 刘谧之、乔道元的《与天公笺》，亦均采用四言体通俗韵文，其语言形式采用的正是汉魏六朝俳谐文常用的文学样式。由此可见，刘谧之、乔道元的《与天公笺》在当时应该是比较流行的俳谐文，只是由于时过境迁，其真实面貌被历史尘埃所掩埋，以至后世对其文体样式的判断产生了分歧。今拂去其历史尘埃，还其本貌，其俳谐自乐的真情，不觉地跃然于笔端。

## 四、俳谐文学的多面性：以六朝檄魔组文为例

六朝檄魔组文是一类特殊的俳谐文学，已引起学术界的关注。日本学者加地哲定先生就说："这种破魔文可以说是俗文学构思的滥觞。从这个意义上讲，这类檄魔破魔文，作为佛教文学最有味道，也是最应该大书特书的东西。"② 这组檄魔文今存东晋释智静（道安）《檄魔文》和《魔主报檄》，宋释宝林《破魔露布文》，元魏僧懿《伐魔诏》《奉伐魔启》《慰劳魔书》《檄魔文》《魔主报檄文》《破魔露布文》《平魔赦文》《奉平魔赦文启》。这些檄魔组文，最初是为弘教明法而作。正如刘林魁先生所说："《弘明集》《广弘明集》中所载中古时期三位僧人的降魔文，都是以中土形式传播佛教理念的著作，是弘教明法之作。"③

这些檄魔文借用诏、启、檄、露布、赦等官书文体，描述了佛教徒与魔王斗争并将其降服的过程。以僧懿的组文为例，仅从内容上看，《伐魔诏》描述伪魔作恶多端，因

---

① 王运熙：《汉魏六朝的四言体通俗韵文》，《汉魏六朝唐代文学论丛》，上海古籍出版社，2014年，第292页。
② [日] 加地哲定：《中国佛教文学》，刘卫星译，今日中国出版社，1990年，第35页。
③ 刘林魁：《〈广弘明集〉研究》，西北大学2007年博士学位论文，第199页。

此帝王颁布诏书促令除魔；《奉伐魔启》是奉命讨伐魔王的启文；《慰劳魔书》是伐魔前劝诫迷途众生回头的文书；《檄魔文》是开战之前劝降魔王的檄文；《魔主报檄文》是魔王对劝降檄文的回复；《破魔露布文》是伐魔捷报，讲述伐魔战斗历程及对战俘的处置；《平魔赦文》是降魔之后帝王对众人的宽赦；《奉平魔赦文启》是奉命对平魔赦文的回复。

佛祖降魔是佛经中常见的故事，中古时期多种佛本生经均有保存。[①] 它讲述了太子将成道时，魔王波旬及其子女前来破坏，太子打败魔军成佛这一历程。这一故事在佛本生经中的叙述形式有两种：一种为《修行本起经》的韵散结合，另一种是宝云《佛本行经》的通篇韵文：这是常见的译经体式。檄魔组文则将太子与魔王的斗争以及降魔这一过程，借用中国官方战争文书如诏文、檄文、启文、露布文、赦文等加以展现，极具通俗性与趣味性。这一系列的檄魔组文，文体丰富，形式多样，故事生动，情节精彩。在一定程度上已经远远超出了最初的弘教明法的范畴，也已经逸出了宗教文学范畴，具有更为深远的文学影响与艺术魅力。日本学者加地哲定先生就说这组作品"叙述了佛与魔的应酬、平魔，直至获得心灵平和这样一个过程。这实在是一篇能使读者津津乐道的具有戏剧性的作品"[②]。

因而，有学者将这些檄魔组文视为一类特殊的俳谐文学。陈允吉先生就指出檄魔组文实为拟体俳谐文："征讨诏檄———原为军事讨伐发布的文告，所谓'震雷始于曜电，出师先乎威声'（《文心雕龙·檄移》），向属'威猛之辞'（《六臣注文选》卷四十四，李周翰注）。而与之相对应的拟体俳谐文，乃参仿其文体，别叙以他事，由此转移并抽掉它的实用目的，在充满杀伐之气的外罩下，强力反衬出拟作对某些事物肆意嘲弄的旨趣。如《弘明集》卷十四所载释智静《檄魔文》、释宝林《破魔露布文》，《广弘明集》卷二十九存录元魏佛徒撰述之《伐魔诏》《檄魔文》《破魔露布文》，梁代吴均之《檄江神责周穆王璧》，究其作意盖率皆若此。"[③] 美国学者孙康宜、宇文所安亦点明："5 世纪也出现了一种以动植物为角色对政治文体进行滑稽模仿的俳谐之文，比如袁淑

---

[①] 刘林魁的《〈广弘明集〉研究》指出，这一故事在中古时期下列佛经中就已经出现：（东汉）竺大力、康孟详译二卷《修行本起经》，（三国）吴支谦译二卷《佛说太子瑞应本起经》，（西晋）竺法护译八卷《佛说普曜经》（一名《方等起经》），马鸣菩萨造、（北凉）昙无谶译五卷《佛所行赞》（亦云《佛本行经》），（刘宋）宝云译七卷《佛本行经》（一名《佛本行赞传》），（刘宋）求那跋陀罗译四卷《过去现在因果经》（《〈广弘明集〉研究》，第 198 页）。

[②] [日]加地哲定：《中国佛教文学》，第 36 页。

[③] 陈允吉：《论敦煌写本〈王道祭杨筠文〉为一拟体俳谐文》，《复旦学报》2006 年第 4 期，第 83 页。

的此类作品，或沈约的《修竹弹甘蕉文》。袁淑还曾编撰过一部十卷的俳谐文集。此外，释宝林写过《檄魔文》。"①因此，从当时俳谐文学的发展来看，檄魔组文正是其中的一类特殊的俳谐作品。

当然，也有一些学者并不认同檄魔文为俳谐文学的说法。其一，如有学者指出："《弘明集》卷14所收释智静《檄魔文》、释宝林《破魔露布文》均为佛教徒拟公文讨伐妖魔鬼怪，内容与宗教有关，并不具有反讽意味，不可视为俳谐文。"②该学者认为檄魔文的内容无反讽意味，而将其排除在俳谐文学之外。不过，并非具有反讽意味的作品才可归入俳谐文。从俳谐文学的内涵来看，那些呈现出诙谐、游戏、浅俗的艺术特色与风格的作品，一般都被归入俳谐文学范畴。俳谐文学创作目的可以源于娱乐君主、普通大众，可以出于劝谏君主、讥讽社会世风，抑或阐发哲理等。因此从这个意义上说，檄魔文借用世俗的公文体的文体样式来揭示、阐发深奥的佛教义理，两者结合迸发出的正是俳谐的色彩。如《伐魔诏》以帝王颁布诏书的形式下令除魔；《檄魔文》采用的是世俗"檄文"形式，而交战双方却是佛与魔。又如《破魔露布文》，以世俗"露布文"传达伐魔捷报。这些世俗化的处理形式，让佛教更具有亲和力，佛魔之间的战争也顿时具有了世俗的味道，更多传奇的色彩，也更为信众所喜闻乐见。

以《魔主报檄文》为例，魔王陈述自己起兵的缘由中说：

> 惟苍生叠积，上天降祸。释迦皇帝奄然登遐，哀缠臣妾，悲浃率土。皇太子弥勒养德心宫，满月停山，深丛隐药。数钟百六之世，代亏九五之君。诸侯奸猾，猜忌相处，一十八部教轨参差，九十六道樽俎回互。狼噬海滨，枭鸣山曲。左不记言，右不记事。国宪朝典，与霜露而零；天玺帝璧，同冰销而叶散。臣怨民怒，众叛亲离，逃逝无归，伶足屏长往。
>
> 窃谓数属太平，沐浴朝化，时逢乱世，济难干戈，盖乃通人之权变也。谨率义兵，发愤忘食，并登山拉虎，临河斩龙，纬武经文，轻身重义。社稷是所不图也，天位非所倾望也。直以心城无主，邪戏尘劳，沓沱欲流，将心源而共远，恍惚大梦，与永夜而俱长；还因假寐，吊心伐罪。

六朝译经所讲述的佛祖降魔故事中，魔王意欲破坏佛祖修道，是担心佛祖技能精进、超越自己："念是道成必大胜我。欲及其未作佛，当坏其道意。"（《佛说太子瑞应本起经》）

---

① ［美］孙康宜，［美］宇文所安主编：《剑桥中国文学史》（上·1375年之前），三联书店，2013年，第268页。

② 陈玉强：《南朝公文体俳谐文的文体学意义》，《中山大学学报》2010年第1期，第22页。

而在《魔主报檄文》中，魔王为自己"出兵"编造了合理的缘由。他指出，释迦圆寂之后，弥勒无力统领国家，致使整个国家政事荒废、大臣争权夺利。因此，面对这一混乱局面，魔王心忧社稷，所率领的军队为正义之师，所做的为拨乱反正之事。在世俗的檄文等战文中，撰者花费笔力描绘政局之动荡，以表明自己"师出有名"，可见檄魔文未能"免俗"，亦采取了这一创作程式，由此让《檄魔文》顿时妙趣横生，充满了戏谑的色彩。

其二，如有学者说："佛教所谓的'魔'，正是将各种阻碍修行觉悟的'障'包括烦恼、死亡等拟人化，并且创造出一整套的世界系统，如魔王、魔子、魔女、魔军、魔民、魔乡、魔界等。既然魔鬼有这样的一整套军政体系，那么讨伐魔军的正义之师'六度'也有一整套的官号制度，岂不是理所当然的吗？僧人使用这样的体裁，乃源自其宗教本身的书写传统，完全是自然而然的——然而谁又会认为佛经是一种戏谑文体呢？"[①]这段阐述表达了两个观点：其一，佛教自有一套象喻体系，因此檄魔文中出现的官号制度不具有诙谐性。其二，佛教文学借助这一方式宣传宗教义理，不可被视为戏谑文体。

该学者所言确实有一定道理，佛教在传播的过程中，为了方便信众更好地理解深奥的佛教义理，佛教徒们往往会将一些深奥的佛理转化为形象化的譬喻。这些譬喻多采择于人们日常生活中的常见的自然实物，让信众感到亲切，通俗易懂。这样的例子，在佛教典籍文献习见。如《佛所行赞》："生老死大海，智能为轻舟。无明大暗冥，智能为明灯。诸缠结垢病，智能为良药。烦恼棘刺林，智能为利斧。痴爱駃水流，智能为桥梁。"又如《佛本行经》："手执智慧弓，无常箭射吾。"在这些譬喻中，"大海""轻舟""明灯""垢病""良药""棘刺林""利斧""水流""桥梁""弓""箭"等，都是日常生活常见的实体。

而与此同时，一些檄魔文通过世俗的官职和生活日常"乱搭"形式，来通俗地阐释佛理，从而产生诙谐的艺术效果。例如《魔主报檄文》作品中，将佛教中色、声、香、味、触五尘，分别比喻为"聚沫大将军、黄玄侯""硐响大将军、丝竹公""百和大将军、兰麝伯""六味大将军""七触大将军"。此处的"大将军""公""伯""侯"等本是世俗的爵位，而"黄玄"即"天玄而地黄"，是世俗颜色，"丝竹""硐响"是世俗音乐，"百和""兰麝"是世俗香料，"六味""七触"是味觉、触觉。《魔主报檄文》将这些"乱搭"组合在一起，有意"违和"，产生冲突，从而带来戏谑性的阅读感受。尤其是"聚沫大将军"，读来让人忍俊不禁。聚沫，是水中聚集之水泡，其形状常无定型，

---

[①] 林晓光：《中世书写的官文书体共同平台——拟体俳谐文与佛教伐魔书、道教笺表之互证》，第56页。

倏忽间变化莫测，转瞬即逝，化为虚无。而大将军是世俗中无比尊崇的荣誉和爵位，代表着富贵与权势。"聚沫"与"大将军"组合成"聚沫大将军"，显然颇有"违和"之感，从而形成噱头，让人感到轻松幽默，同时将佛教宣扬的"色即是空"等深奥的教义，以浅俗易懂的方式生动传神地表达出来，教化众生。

此外，有学者认为佛经具有严肃的宗教用途，不可能出现戏谑文体。这一点也是值得再探讨的。事实上，佛教常常将其严肃深奥的宗教义理通过通俗活泼、喜闻乐见的方式传向民间。佛教在向民间底层信众传播过程中，势必要将其深奥的义理通俗化、故事化、生活化，而俳谐文学贴近日常生活，贴近底层民众，天然地具备浅俗易懂的特质。因此，佛教借助俳谐文学的文本形式，是当时极为合理的、流行的一种创作模式。正如周裕锴先生在《禅宗语言》中所说："俳谐文学至少有两种功能：其一，所谓善巧方便，随机设化，用俳谐文学'辞浅会俗'的社会性，起到更好的宣传佛理的效果。其二，所谓逢场作戏，无可不可，利用俳谐文学'皆悦笑也'的游戏性，起到缓和紧张、消弭分裂的作用，即'游戏三昧'的作用。"[①]

僧懿在《伐魔诏》序文中回忆说："昔在年幼，尝作《破魔露布》，文虽鄙拙，颇为好事者所传。"可知《破魔露布》正是以其鄙俗诙谐的形式，在佛教信众中广为传播。而僧懿等僧人作家，也正是借助这些通俗、诙谐的作品形式，更好地向民间、信众生动地阐释、演绎那些艰涩难懂的佛理的。所以，这正是这些佛教文学作品颇具有诙谐性、通俗性的内在动因。

除檄魔组文之外，具有俳谐性的佛教文学并不少见。早在《百喻经》中，佛教徒就借用、改造印度民间诙谐故事来阐释佛理。颇具经典性的有《愚人食盐喻》：

> 昔有愚人，至于他家。主人与食，嫌淡无味。主人闻已，更为益盐。既得盐美，便自念言：所以美者，缘有盐故。少有尚尔，况复多也？愚人无智，便空食盐。食已口爽，返为其患。譬彼外道，闻节饮食，可以得道。即便断食，或经七日，或十五日。徒自困饿，无益于道。如彼愚人，以盐美故，而空食之，致令口爽。此亦复尔。

此篇讲述了这样的故事：一愚人在主人家吃盐感觉味美，返回家中空口吃盐，反而败坏了自己胃口。佛教徒借这一故事表明，那些听从外道邪说而绝食的人，与此愚人无异。正是此类诙谐有趣的愚人故事吸引着广大民众，在潜移默化中亦让信众对佛教义理有着

---

[①] 周裕锴：《禅宗语言》，复旦大学出版社，2017年，第320页。

更清晰的了解。

再如北周卫元嵩《十二因缘六字歌词》，序文以史传体的形式介绍自己身世以及与魔军战斗的故事：

> 余本是性净国人，属大般涅槃州，清升彼岸郡，寂灭法身县，萨婆若乡，止真如里，住无为村，坐无作舍。父名平等，母字慈悲。
>
> 余忽逢恶世，遭值魔军，寇敌甚强，遂即没阵，落在三界，沉溺苦海，波浪津流，寄流六道。随业种类，以住牵缠，旷劫弥延，于今不绝。恒与无明为奴，贪爱作婢，色、声、香、味、触，逐相羁绊，不得自在。今恼彼父母，大是乡居好人，离杀没阵，终日于家……

此序开篇交待了自己的籍贯、父母家世以及遭遇，与中国古典传记的撰写体例无二。卫元嵩巧妙地将佛教术语"性净""涅槃""彼岸""寂灭""萨婆若""真如""无为""无作""平等""慈悲"等镶嵌其中，将深奥的佛教义理与传奇的个人生平传记，有机地结合在一起，从而产生戏谑性、传奇性。而这一崭新的文学样式，对于普通信众而言，显然有了更多的新奇，对佛教义理概念等也有了进一步深入的了解。

还有如唐代王梵志所作佛教义理诗，亦多使用通俗、戏谑的语言。其诗有云：

> 自生还自死，煞活非关我。续续生出来，世间无处坐。若不急抽却，眼看塞天破。（零四七）

王梵志借诗说道：出生、死亡均是自然而然产生，与己无关。倘若众人接连不断地出生，而又无人死亡，那么世间将人满为患，无处容身，连天空都将不免被撑破。在夸张、戏谑的文字中，让信众懂得有生必有死，死是为了更好地生，从而不再畏惧死亡，对佛教生死观有了更深刻的体悟。

再如惠日文雅禅师《禅本草》、湛堂文准禅师的《炮炙论》，均为极具俳谐性的作品。此类诙谐文字亦获得其他禅师的高度评价，如晓莹禅师："世称韩昌黎《毛颖传》以文章为滑稽，若《禅本草》，宁免并按者欤。先佛号大医王，而修多罗藏得非方书乎？况《禅本草》从藏中流出，议病且审，使药且亲，其有服食，获证大安乐地也必矣。由是观之，雅岂徒然哉！"[1] 他又说："若夫《炮炙论》文从字顺，详譬曲喻，而《禅本草》相为表里，非真起膏肓必死之手，何能及此哉！"[2] 可见，禅宗并不避讳借用俳谐文学

---

[1] 释晓莹：《罗湖野录》，戴建国等主编《全宋笔记》（第五编），大象出版社，2012年，第269页。
[2] 释晓莹：《罗湖野录》，戴建国等主编《全宋笔记》（第五编），大象出版社，2012年，第270页。

的形式阐述佛理。

总而言之，与上文讨论的《梦赋》《诮风伯》《与天公笺》不同，檄魔文是兼具宗教性与俳谐性的文本。从创作主旨、文本内容而言，可称之为宗教文学；从文本形式、风格而言，可称之为俳谐文学。两者并不冲突。这体现了以檄魔组文代表的佛教文学的丰富性、多面性以及与俳谐文学之间的密切关系。

## 结　语

综上所述，倘若忽视对宗教习俗、宗教文体的观照，受原始宗教信仰影响而作的王延寿《梦赋》、嵇含《诮风伯》，就将会被视作俳谐文学；倘若仅从宗教角度剖析文学作品，对文本的俳谐特质不予置论，极具诙谐性的刘谧之、乔道元的《与天公笺》，就将会被归入道教章表的范畴。而倘若认为俳谐文学与宗教不可兼容，那么檄魔组文的艺术性、文体开拓性也将会被忽视。因此，在研究俳谐文学时，我们需要关注宗教信仰可能产生的影响，也需要根据其作品文本表现出的诙谐、浅俗等特质作出准确判断。

# 寻找神性意义的旅程[①]
## ——宗教视觉艺术的哲学审思

华中师范大学马克思主义学院　孟飞　詹蕊齐

**内容提要**：宗教视觉艺术是宗教神性观念的直接表现形式，它通过创作者的感知呈现出不同的样貌。而信众欣赏视觉艺术，会在内心活动中自觉阐释作品的意义。宗教视觉艺术的特殊中介价值在于，它还将逻辑上相悖逆的宗教想象和世俗世界进行了联结，极大拓展了神性意义精神层面的传播范围。审读不同时期、不同宗教的视觉艺术作品可以发现，宗教视觉艺术的阅读史即为人们思考艺术和神圣性关系的思想史的重要内容。

**关键词**：宗教；视觉艺术；神性；世俗世界；中介

## 一、导言：作为精神创造的宗教视觉艺术

艺术下辖于文化的范畴，而文化在普遍意义上指代一个时期民族、国家甚至人类世界的精神整体性，它凝结了诸如宗教、艺术、道德、经济、法律等超越性价值生产。"艺术不是自律的"[②]，与其同行的是人的意志、情感、冲动、幻想，虽然它沾染了如此非理性的因素，其与人类已固定下来的历史成就相比却宛如璀璨皇冠，占据了显耀的位置。但不可否认的是，想要了解文化的奥义，就必然经过科学、社会、道德……的通道。[③]

宗教和艺术的根本属性在文化人类学的语境中不同，但如果上升到严肃的生命哲学或生存论的向度，两者都表现出"物—我"的统一高峰状态，对社会生活都是深刻而具

---

[①] 本文系国家社科基金青年项目"基于生命自身感受现象学的情感伦理学研究"（18CZX050）阶段性研究成果。
[②] 沈语冰：《图像与意义：英美现代艺术史论》，商务印书馆，2017年，第264页。
[③] [德]玛克斯·德索：《美学与艺术理论》，兰金仁译，中国社会科学出版社，1987年，第408页。

有启发意义的。有趣的是，恰恰在人类的具体生活实践中，它们重叠、交错，换句话说，宗教和艺术的联姻在时间序列、数量规模和影响范围等方面都是被确证的。因此，在世界精神财富浩瀚的宝库中，艺术—宗教视觉资料极其丰富：圣保罗大教堂、佛像的手印、伊斯兰教的天房（克尔白）、敦煌造像、佛教绘画、印度教壁画、宗教电影、阿拉伯书法等等。而这些视觉图像作为崇拜的焦点，它的存在有助于引导奉献者的注意力并激发有关神的思想。① 如果我们可以把视觉艺术定义为由人类生产创造的兼具传达意义功能和输出美学价值的产品②，那么，以宗教母题形式出现的、同时触发审美意图和道德实践的、被提供观看的物质材料，都可以被称为宗教视觉艺术。对于宗教视觉艺术的研究延续了至少几百年，在这个漫长的学术史过程中，分属不同宗教的相异视觉艺术形式反复被讨论，可以肯定的是，前人的研究有一个坚强的基石，即从艺术和神圣性的关系出发思考视觉艺术在宗教和世俗世界中的存在问题。

相比其他视觉艺术形式，宗教视觉艺术更具有直观性，即使追溯到早期宗教文化中，艺术史家也都有近似的结论：艺术完成了工具性转换——从崇拜对象的位置置换到崇拜媒介的位置。③ 另外，视觉也是社会生活的主要媒介，它依靠凝视、抑视、俯视等具有众多褒贬色彩的运用方式构建起社会关系，由此当日常生活的身体成为主要观看对象，大众可以通过确认身体的组成和轮廓来喂养或维护身体，以共享群体特征、保持群体边界，同样的可以另行制造身体使其成为充满符号—想象元素。④ 宗教视觉艺术作品的流变是从远古时期开始的人类精神书写，而我们对这类艺术创造的回望、探索在信仰的意义流转中的作用机制是饶有趣味的，它淹没在数量浩繁的作品中。虽然宗教艺术在当代的识别度有所降低⑤，但在世俗化的社会中，这种关乎神圣的文化并没有消逝，而是需要使用不同聚焦的镜头去寻找。⑥

---

① Miranda Green, *Symbol and Image in Celtic Religious Art*. London: Routledge, 1992, p.5.

② [英]马尔科姆·巴纳德：《艺术、设计与视觉文化》，王升才等译，江苏美术出版社，2006年，第4—8页。

③ [美]杰内达·勒布德·本恩顿、[美]娄贝特·笛·亚尼：《全球人文艺术通史》（上卷），尚士碧、尚生碧译，山东画报出版社，2010年，第133页。

④ David Morgan, *The embodied eye: Religious visual culture and the social life of feeling*. Berkeley & Los Angeles: University of California Press, 2012, pp.38—43.

⑤ Mircea Eliade, The Sacred and the Modern Artist in *Mircea Eliade: Symbolism, the Sacred, and the Arts*, Diane Apostolos-Cappadona(ed.). London: Bloomsbury Academic, 1992, pp.81—82.

⑥ Phillip Hammond, *The Sacred in a Secular Age*. Berkeley, California: University of California Press, 1985, pp.4—6.

## 二、宗教视觉艺术作者对神性意义的生产

正如施莱尔马赫所言，为了识得宗教精神，进而更加深刻地理解其意义特征，人们必须长久地观察、努力地关注。① 考察社会意识中的宗教和艺术部分会发现，与其说艺术刻画宗教母题，毋宁说是宗教"选择"了艺术以再现其精神氛围和祭祀实践。每种视觉语言在构建对宗教文化和社会结构的情感承诺时，都以一种独特的符号学方式占用了观众的身体，而这种方式经过审美表现的文化技术被客体化为"艺术"，是情感或感觉受文化塑造和社会控制的主要媒介。艺术组织情感，从而激发人们投身于特定的社会角色或文化表征体系。艺术做到这一点的能力取决于人——审美表达和反应的可能性是建立在人类身体的生理事实所给予的感官愉悦的能力之上的。这为文化利用感性形式产生审美愉悦和塑造情感承诺的方式设定了某些参数。② 从宗教的生成阶段，到历史中的顶峰状态，再到晚近时期某种程度的"式微"，都不妨碍世界宗教稳固的功能结构，恰恰，随着宗教藩篱的溶解、宗教意义体系的衰微，把艺术生产纳入其精神生产的冲动会更为强烈。

宗教视觉艺术的创作者按照特定的历史语境、道德观念、社会习俗以及思维范式对宗教的文化结构施加有价值的传播。换句话说，艺术家的内心在广泛的意义上可称为宗教的。③ 不同宗教体系的艺术表达惯例不尽相同，有些宗教传统和实践活动较为理性，有些则更加凸显出神秘色彩。那么前者的艺术趣味也呈现出符合逻辑的、浅显易懂的形式，而后者执着于晦涩难解的符号和令人心醉神迷的幻象中。东方宗教艺术家的作品普遍"使观者沉迷于充满神秘性和情感色彩的状态中不能自拔"④，佛陀造像艺术中的平静与耶稣受难雕塑作品的痛苦拉开了很大的差距。但其实，二者在视觉意象上的表达是极为一致的，相似形态的回溯、记忆、重复使作品主题中的宗教象征形成了一般规定性。

宗教否定了凡人与神同格的可能、否定了神明世界在凡尘还原的可能，那么宗教的理想型只是康德所谓的"应有"而非"实有"，这必然带来宗教审美具体化的独特实践，

---

① [德]施莱尔马赫：《论宗教》，邓安庆译，人民出版社，2011年，第24页。
② Jeremy Tanner, Nature, Culture and the Body in Classical Greek Religious Art. *World Archaeology*, 2001(2).
③ [德]玛克斯·德索：《美学与艺术理论》，兰金仁译，中国社会科学出版社，1987年，第445页。
④ [美]简·罗伯森、克雷格·迈克丹尼尔：《当代艺术的主题——1980年以后的视觉艺术》，匡骁译，江苏美术出版社，2013年，第305页。

作为"物"的艺术作品也秉持同样的发生原理。当然，回溯艺术史，从工匠（比如大教堂建筑的图像雕凿工、构架工及其他工人）到艺术家（由拉丁文 ars 演化而来，指践行自由艺术的"艺术学士"）的漫长演化与分离①过程，完成了遵从真相和普遍性，镜像倒映现实世界，到实现个人志趣的重大转折。②在宗教视觉艺术领域，艺术作品就是人向神升华的通途，我们可以说，创作者被溶解在唯一笃信的神性中，又谋求独立个体的美学拯救。比如对于基督（以及其他神性物）的表现方式呈现"不相似的相似"的特性，即是说，艺术品把形象重点从虚幻—神秘的层次转到物质—精神层次上时，尘世本性和基督教认识论的二律背反③使宗教的规范情节在创作者那里显现异质性的意义输出。数量众多的耶稣受难、复活的绘画作品自不当提，在电影《黑色十字架》中，导演让·克劳德·拉马累塑造了深肤色的耶稣在受刑前 48 小时的生命轨迹，虽然耶稣的相貌问题是神学家论争的焦点之一，但是导演没有将情节执着于研究耶稣的身体形态，而是将基督教道成肉身的神秘事件用视觉语言转喻为可信的文本④，以提醒人们体会耶稣向人类发出的意旨。如果艺术家不是一位虔诚教徒，如果他没有丰富的宗教精神、实践经验，如果他不对基督"知觉性图像"展开自己的文化想象力⑤，他或许看待宗教叙事的方法就不会这么具有冲击力，即是说，宗教视觉艺术的作者创造出直观的、强烈的、个性的、主观化的信仰主题作品。再如，德拉克洛瓦的壁画《雅各与天使摔跤》是漫长欧洲宗教绘画史中第一次对《创世记》天使加百列和雅各彻夜摔跤故事的再现⑥，而《启示录》其实不适合用图画来表达，但丢勒不仅将其转译为图像，甚至比经文更加具有冲击力。⑦艺术家在大部分时间和大部分情况下是顺从的解释者⑧，而也有一种将艺术家视为像上帝那般"创造者"的传统，认为艺术家的活动就是在模仿上帝的创世之举，他们要重现

---

① [英]爱德华·卢西-史密斯：《世界工艺史》，朱淳译，浙江美术学院出版社，1993年，第159页。
② [法]雷吉斯·德布雷：《图像的生与死》，黄迅余、黄建华译，华东师范大学出版社，2014年，第164页。
③ [苏]雅科伏列夫：《艺术与世界宗教》，任光宣、李东晗译，文化艺术出版社，1989年，第192页。
④ [美]阿瑟·丹托：《何谓艺术》，夏开丰译，商务印书馆，2018年，第68页。
⑤ [德]克里斯托夫·武尔夫：《人的图像：想象、表演与文化》，陈红燕译，华东师范大学出版社，2018年，第78页。
⑥ [美]尼古拉斯·米尔佐夫：《身体图景：艺术、现代性与理想身体》，萧易译，重庆大学出版社，2018年，第20页。
⑦ [奥]德沃夏克：《作为精神史的美术史》，陈平译，北京大学出版社，2010年，第80-81页。
⑧ [法]埃米尔·马勒：《哥特式图像：13世纪的法兰西宗教艺术》，严善錞、梅娜芳译，中国美术学院出版社，2008年，第461-462页。

当年的盛况。[①] 这既暗示了艺术与宗教的微妙关系，也反映出为何艺术家总是顺从的解释者。通过视觉语言的传达，完成了宗教文化价值的最初生产，并构建了意义传输体系的源头，减轻了对文字阅读和理解的难度，教徒们得以用震颤性的方式跨越语言和文化障碍认知宗教信仰。

显然，宗教视觉艺术的创作是在宗教观念的层面上把艺术引入宗教的领地，而普列汉诺夫认为宗教体系的严整性体现在不仅有神话因素的观念、活动领域的仪式，还有感情领域的情绪。[②] 并且，信众在情感上对宗教视觉艺术的接纳（反向输出）造成的意识效应是更加突出的。

## 三、信众对宗教视觉艺术的意义吸收

特定时期的公众或艺术观众可以被理解为塑造性的结构，影响了艺术实践中的品位、传统和价值。[③] 同样，宗教视觉艺术和信众的关系问题是极其重要的，各类宗教都试图使人们相信其信仰体系中的幻想成分是真实的，这侧面明证了恩格斯在《反杜林论》中指认宗教是"人头脑中的幻想的反映"[④] 的论说。宗教学者莫西亚伊认为宗教艺术就是寻求"代表不可见的可见"，"翻译"宗教经验和形而上学的概念世界和人类存在的一个具象的形式，这个过程的中心要素是神的参与，他通过"向人展示自己，并允许自己以形式或形象被感知"而投入其中。"关键不在于信徒可能有的那些感觉，而在于信徒与神之间的接触体验"，正如莫西亚伊的精妙总结，"艺术中的每一种宗教表达都代表着……人与神的相遇"[⑤]。由此，宗教和艺术分离的情况下，幻想承担了对各自意识形式的构造任务，而当宗教与艺术相切近，甚至结合在一起，人们发达的形象幻想必然被唤醒。

宗教活动（祈祷、游行等）承担的功能是造设情感体验的氛围，更进一步，仪式功能的美学化加强了情感体验的实践效果。或者说，宗教视觉艺术的艺术—审美意义跃升

---

① Kathryn McClymond, *Religion and the Arts* in *Art and the Religious Impulse,* Eric Michael Mazure(ed.). London: Associated University Presses, 2002, p.27.
② 《普列汉诺夫哲学著作选集》第3卷，三联书店，1962年，第363页。
③ [英]乔纳森·哈里斯：《新艺术史：批评导论》，徐建译，江苏美术出版社，2010年，第138页。
④ 《马克思恩格斯选集》第3卷，人民出版社，1995年，第666-667页。
⑤ Eric Michael Mazure, *Introduction: A Religious Studies Approach to Religion and the Arts in Art and the Religious Impulse,* Eric Michael Mazure(ed.). London: Associated University Presses, 2002, p.27.

至实用—场所意义前，给信众带来了必需的审美环境，跳脱出这种背景，宗教情感很难被理解、被感知。教堂艺术是恰当的例证，建筑样式、梁柱结构和装饰风格等建筑本来的主要讨论域都不及礼拜者的感受，"因此集中于教堂作为提供心理与精神联想的物质场所的功能"①。这就自然地形成了一些固定表达范式，"自居"的情感发生方式最普遍的感受形式恐怕就是在宗教建筑里，教会深谙此道，以便满足教众幻想的形象结构，遍布欧洲的大教堂内部装饰尤为突出。例如，索菲亚大教堂圆形穹顶，回馈给信众隐秘幻觉（被上帝环抱）的满足。信众们把他们的内心精神体验作为艺术品的意蕴，视觉符号作为艺术品的外在形式，关注经验世界具有的象征神性启示，在这里，"艺术中使用的符号是一种暗喻，一种包含着公开的或隐藏的真实意义的形象"②。比如光在宗教视觉艺术中的使用展现出卓著的神学—审美意味，古希腊罗马时期对太阳神的崇敬得以延续，普罗提诺亦直言不讳：光是崇高、绝美的射线象征。苏赫拉瓦迪的"光照哲学"声称：高尚的灵魂可以见证真主之光。在基督教美学中，光对玻璃介质的穿透和融合营造了教堂神性氛围，哥特式教堂的建筑师把两侧的墙体用透明的彩色玻璃替代，这些不同色彩的玻璃被切割，并用铅丝拼贴成装饰画。光线透过玻璃射入窗内，投射到教堂里，图像并不如壁画那么清晰，但是通过光和色展现了图绘的表现效果，人们忽视了轮廓性而关注整体性，图像整体呈现了宗教故事的细节，神性力量在于光和色的交汇处打动观者。作为主色的蓝与红分别表征了天国和基督的鲜血，随着阳光升沉而变动着的流光溢彩与教徒进行情感互动，表达了信众和耶稣基督同样的向往和对天国的无限追求。

另一个极端，表现在科雷乔为帕尔马教堂所作的穹顶壁画中，科雷乔生活年代前后的画家在涉及教堂封顶装饰艺术时一般"强调和突出建筑物本身的特性和铰连布局"③。但科雷乔对既有的美学程式、建筑规则一一进行否弃，甚至在教堂顶部用绘画人造出开放空间，教众的目光和神思便也聚焦于无垠之中。在这样的情况下，"场所"成为宗教线索的"发散中心"④，艺术超越了外部的展示，它还包含着观看者的情感内化和信仰实践，人对神明的顶礼膜拜和对美的虔诚信仰同体了。同样，迪迪－于贝尔曼用法国马赛圣维克多修道院地下室中陈列的"神甫义山丧葬石棺"和意大利佛罗伦萨圣马可修道

---

① [英]卡罗琳·冯·艾克、爱德华·温特斯编：《视觉的探讨》，李本正译，江苏美术出版社，2010年，第213页。
② [美]苏珊·朗格：《艺术问题》，藤守尧、朱疆源译，中国社会科学出版社，1983年，第134页。
③ [法]于贝尔·达米施：《云的理论——为了建立一种新的绘画史》，董强译，江苏美术出版社，2014年，第1-2页。
④ [德]格奥尔格·西美尔：《宗教社会学》，曹卫东译，上海人民出版社，2003年，第73页。

院安杰利科的壁画《复活》做了精彩说明,他指出,基督教艺术创造了很多虚幻的空墓形象,也就是说,耶稣的尸体逸出了他在地上的最后实体居所——坟墓,而缺席的肉身恰恰用最精炼的"显现"启动了信仰的辩证法:我什么都没有看见,我却相信了一切。质言之,"视觉经验转换成了信仰的施行"①。因此,象征具有双重意义,它既是名词性的,又是动词性的②,宗教通过精神解答和审美作用的合二为一,在社会心理上巩固了教众的向心行为。

论述至此,我们可以做一个暂时的小结:艺术体系浸入宗教结构,其中发生的辩证矛盾运动可以帮助我们理解高度复杂的社会精神的普遍原则。③宗教视觉创作面向的无非是宗教本身投射出的社会意识,或回应世俗存在全部复杂性的愿望,或满足渴望得到心灵澄明的信众。总之,宗教的图像与视觉实践秩序化了一个时空,打造出一个想象的共同体,通过体现与神性交流的形式以让信众与神性或超验者进行沟通,从而借由劝服或者"魔法"的途径来影响信众的所想所为,并取代竞争对手的形象和意识形态。世界—宗教—人的三元结构互为渗透,但我们需要继续解答:人如何通过审美,挣脱世俗状态、企及神性世界?宗教如何把视觉艺术的审美可能性编制进自己的幻想体系中?世俗文化千百年来与神性王国矛盾互动中,如何把自己的美学观念结构进了宗教?

## 四、宗教视觉艺术勾连神性世界和世俗世界

宗教要么被伟大的宗教人物论述为不可言说之物:它是某种过于深刻的东西,所以无法对大众解说④;要么从外部的、经验的或社会学观点来看,宗教断言明显带有不合逻辑或不可全信的特质⑤。我们的日常经验事实显现出两种断裂:一是,无论东西方文化传统中,以往宗教典籍只能由神的中介⑥——僧侣等神职人员——加以撰写、誊抄和讲习,因此接触、了解神学内容对于普通信众和普罗大众来说是望尘莫及的。二是,

---

① [法]乔治·迪迪-于贝尔曼:《看见与被看》,吴泓缈译,湖南美术出版社,2015年,第17页。
② [法]雅克·德里达、[意]基阿尼·瓦蒂莫主编:《宗教》,杜小真译,商务印书馆,2006年,第115页。
③ [苏]雅科伏列夫:《艺术与世界宗教》,任光宣、李东晗译,文化艺术出版社,1989年,第244页。
④ [加]威尔弗雷德·坎特韦尔·史密斯:《宗教的意义与终结》,董江阳译,中国人民大学出版社,2005年,第353页。
⑤ [美]菲尔·朱克曼:《宗教社会学的邀请》,曹义昆译,北京大学出版社,2012年,第133页。
⑥ [意]马利亚苏塞·达瓦马尼:《宗教现象学》,高秉江译,人民出版社,2006年,第232-233页。

教会或教派居于严格的归管之下，但艺术家的行为和创造很大程度上不受到惯例的约束。①

　　艺术是经验、故事和愿望的形象化，它将人类的意义转化为可感知的意象，而宗教作为人类创造力和文化的精神灵感，通过仪式和神话将人性和神性联系在一起。② 宗教视觉艺术恰当地权衡了宗教神性和世俗世界的明显紧张关系，神性因素通过视觉传达的方式则打破了宗教教义与平民教徒之间的藩篱。上文提到，宗教建筑的景象让旁观者感受到世俗生活和另一种精神性生活的差异，但是这种差异不是一种隔绝，而是将神性引入世俗或曰将世俗领入神性的契机。宏伟壮美的教堂入口会怂恿并指引路人进入教堂，这样，教堂入口指涉世俗的事情，教堂内部指涉天国，参观者由大门进入内部即完成了世俗迈向神性的旅程。教会作为上帝的尘世机构，在圆形的教堂建筑中，从不同方位进入的信众越是逼近圆心（上帝），就和别的信众越接近（相似）。"通过废除自我的特殊性来归顺普遍性"③，由于委身于上帝，个性特征便融化了。又如，宗教规范也不与审美规范完全隔绝，基督教传统中的圣盒是用来保存遗物、隐藏遗物和增加遗物吸引力的容器，它的保存和展示足以说明宗教生活到世俗生活其实是一个连续体。圣盒不仅仅可能在圣餐仪式中彰显神性，它也经常和世俗物品一起陈列在教会的珍藏室里。此时，珍藏室可能扮演的角色是神圣与世俗之间的中途栖息地，人们为了祈求恩典或者为酬答已获得的恩典而将人工物品敬献到这里，无论它们价值高昂与否。这里的基本逻辑是，教众把自己的主观愿望转移到实体（圣盒、珍藏室，或者诸如十字架、雕像、彩色玻璃等）之上，它接受的不是一个艺术品，而是神的本质形象。实物性转向完美解释了宗教规范不能违反的性质并没有改变但审美介入其中的事实。

　　和世俗题材的美术作品相比，宗教主题的视觉艺术作品拥有深沉的内涵，也体现无法企及的神圣美，还蕴藏着更为复杂的隐喻。这并不意味着宗教世界漂浮于尘世之上，也不代表宗教价值无法深入人的价值观，因为公共意识服务社会现实的职能在美学上显现为宗教视觉艺术。它对神性和世俗的中介通过幻想机制得以呈现，之前提到，幻想是宗教作用于个人的最基本要素，是神圣真理的推动力，是与永恒现实最牢固的联系。④

---

①　[英]简·艾伦·哈里森：《古代的艺术与仪式》，吴晓群译，大象出版社，2011年，第1页。

②　Jane Turner(ed.), *Religion and Art in The Dictionary of Art(vol. 26)*, New York: Grove's Dictionaries Inc., 1996, p.138.

③　[丹麦]基尔克果：《恐惧与战栗：静默者约翰尼斯的辩证抒情诗》，赵翔译，华夏出版社，2017年，第32页。

④　Katherine Sirluck, The Master and Margarita and Bulgakov's Antiauthoritarian Jesus in *Jesus in Twentieth-Century Literature, Art, and Movies*, Paul C. Burns(ed.). New York: Continuum, 2007, p.77.

那么，幻想的具象化便是给予教众直接视觉刺激和情感体验的有效方法。于是，宗教的天国想象和神仙境界不是对世俗百态的一味拒斥——一旦宗教传统对象的形而上学重负被解除，它们会以生活化的形象出没在我们周遭。① 在宗教艺术发生的初期，人们就产生了艺术传达信息的深刻认知，它可以是显在的具体事件（希罗多德），还可以是隐匿的信仰结构等关联性议题②，这就是"语境"的材料可展现为艺术作品是其所是的决定因素。③ 宗教视觉艺术的美学创造也会纳入显在的尘世疾苦，日常公共生活的图像转化为视觉符号，以示意的方式成为视觉艺术范式。比如，印度的沙恭玛寺乞食者雕塑，描绘了佛陀乞食的场景，旨在以清贫、谦卑的佛陀形象展现宗教对世俗关怀的面相。而马克·夏加尔的《我与乡村》反映了流亡、迫害、苦难的主题，唤起犹太人与家乡离散的集体记忆。相似的例子是，在梅尔·吉布森的电影《耶稣受难记》中，他努力制造了一个"真实的"耶稣。④ 片尾相当长的篇幅叙述了耶稣肉体受到极度摧残的画面，在这些残忍得令人发指的长镜头分隔处，导演穿插了最后的晚餐中耶稣对门徒类似于泣诉的桥段。也就是说，抽象的宗教奥秘和具象的艺术形象之间的联结是信众的幻想，幻想机制串联了神性和情感、观念和经验等迥异的层次。

当然，宗教是世界图景的一种总体性，对此，欧克肖特反驳了以往的二分法，即不应强制性地划界世俗艺术与宗教艺术，他论证道：尘世与宗教的刻板印象应该被拆除，打破尘世与物的简单联结，打破宗教与狭隘趣味的简单联结，认识到此岸世界与彼岸世界这对竞争对手其实都是一套信仰体系和一套价值尺度。⑤ 宗教艺术对世俗的观照，一方面可以向外渗透，中世纪欧洲的大型修道院设有生产工艺品的作坊，一开始就带有培训目的，不仅给修道院和主教教堂，而且给贵族庄园和宫廷培养艺术后备人才。⑥ 因此，在缺乏专业培训的时代，走南闯北的艺术家和手艺人还多半来自修道院。而另一方面，宗教艺术还可以更加直接、便捷地吸纳尘世美学的现成范式，在佛教艺术中，印度、中

---

① [法]雅克·德里达、[意]基阿尼·瓦蒂莫主编：《宗教》，杜小真译，商务印书馆，2006年，第128页。
② [英]哈斯克尔：《历史及其图像：艺术及对往昔的阐释》，孔令伟译，商务印书馆，2018年，第269页。
③ [美]唐纳德·普雷齐奥西主编：《艺术史的艺术：批评读本》，易英等译，上海人民出版社，2016年，第237页。
④ [英]艾美利亚·琼斯：《自我与图像》，刘凡、谷光曙译，江苏美术出版社，2013年，第39页。
⑤ [英]欧克肖特：《宗教、政治与道德生活》，张铭、姚仁权译，上海译文出版社，2019年，第46页。
⑥ [匈]阿诺尔德·豪泽尔：《艺术社会史》，黄燎宇译，商务印书馆，2015年，第99页。

国、日本等东方国度的寺院装饰具有典型意义。京都的龙安寺被联合国教科文组织列入世界文化遗产，"枯山水"石庭院的美学精髓是挪用了信奉其教义的民间艺术形式。矩形白沙地上分布散乱的岩石构成了全部的景致，15世纪，日本禅宗与质朴美学兴盛相遇，龙安寺布景弃用真水，置换为砂砾。"假"在美学效果上却体现出寓于静态的动感、寓于无形的可塑性、寓于散乱的自律。回到《耶稣受难记》，一个尘世的、肉身的、可死的耶稣基督形象其实是导演的连续视觉幻觉（电影）和观者的现代文化实践（看电影）构造而成。海德格尔认为，基督教世界将教义转化为一种世界观，并以此进入现代。正如梅尔·吉布森用好莱坞的摄像机作用、炫目特效和风格化语言来转译耶稣基督一样，流行文化的铺展让神性与世俗世界的遭遇、嫁接和融合越来越普遍。宗教视觉艺术的发展史传达出的讯息是，随着时代的变迁，宗教世俗化倾向也总是与美学进展并行。这种与俗文化的趋同不仅是宗教视觉艺术客观映射现实，而且，世俗的表现形式也影响了宗教文化生成的范式。

更准确地说，宗教虔诚之于艺术家和受众都是最内在的生命特征，宗教视觉艺术是一种限定性和非限定性的糅合。一方面，它暂时性地以物质形式被固定下来；另一方面，完成不等于完型，它必须在限定之外开展超越创作者的精神生产。受众以宗教视觉艺术替自己获取到某种实体，"并进而与自身照面，亦即使宗教世界与宗教主体照面"①。正如 Maritain 所言"宗教作品必然是宗教的"②，人的感受力和想象力的天成极大丰富了作品的宗教意旨和作品之外的超验异象。因此，宗教视觉艺术的中介性恰恰在作者、信众和观看者之间进行了巧妙的勾连。

## 结语：宗教视觉艺术如何进入当代

精神是人类寻求更高价值希冀的指代，宗教在普遍意义上是对某种精神生活的承认，而进入现代社会的宗教得以持存，是因为它在锚定现代人的精神生活。这也就从一个维度回答了自古以来一系列缠绕在宗教周围的问题：为什么我们会感到，或我们以为感到了我们的感官并没有感受到，并且我们的理性也察觉不到的东西呢？③ 正如苏珊·索林

---

① [德]格奥尔格·西美尔：《宗教社会学》，曹卫东译，上海人民出版社，2003年，第67页。
② Jacques Maritain, *Art and Scholasticism*. Notre Dame, Indiana: University of Notre Dame Press, 1974, p.63.
③ [英]麦克斯·缪勒：《宗教的起源与发展》，金泽译，上海人民出版社，2010年，第1页。

斯所言："无论我们是否参与正式的宗教活动，人类状况似乎都要求我们去探索精神层面……并去审视那些看似无法解释的体验。"[①] 人们往往更倾向于通过挖掘宗教仪式、规范和文本来理解宗教意义甚至宗教图像的意义，而以逆向的路径去考察，宗教视觉艺术资料反映了宗教文本的意义，即是说，图像学语境中的宗教呈现改变了人们的认知体系并可能型塑时代的知识体系。正是由于艺术—宗教关系仍是当代的重要问题，那么对其历史回溯才是有意义的，黑格尔在《美学》中曾论述道："艺术首先要把神性的东西当作它的表现中心。"[②] 宗教惯常利用艺术作为信仰的表现形式，宗教内容大量注入艺术创作当中，于是宗教与艺术的双向互动便也是宗教史与艺术史交叉学科研究的中心议题。

  不过问题并未穷尽，还有更多的问题需要深入讨论。比如，宗教视觉作品是对宗教思想的图解和简化，审美是制作者强化其效果的一种手段，然而过度美术化并不被僧侣阶层所接纳，甚至被严厉排斥，因为审美会导致神圣性的弱化，我们需要澄清这种矛盾。又如，本文并未展开讨论伊斯兰教造型美术，其实在宗教戒律抑制中的伊斯兰视觉艺术形式如何找到教义的合法性而延续发展，至今是重要的学术话题。再如，宗教艺术千百年来都在承担着向观者诉说人类内心忧虑和终极关怀的角色，宗教艺术创作者如何在今天考察我们同宇宙万物的关系？当代人的思想、吁求、行为如何反过来丰满宗教艺术的视觉形象？

---

[①] [美]简·罗伯森、克雷格·迈克丹尼尔：《当代艺术的主题——1980年以后的视觉艺术》，匡骁译，江苏美术出版社，2013年，第304页。

[②] [德]黑格尔：《美学》第一卷，朱光潜译，商务印书馆，1996年，第223页。